EVENTOS CARCELARIOS

LITERATURE AND CULTURE SERIES

General Editor: Greg Dawes
Series Editor: Ana Forcinito
Copyeditor: Alejandro Sánchez Lopera

Eventos carcelarios

Imaginario revolucionario y subjetivación política en América Latina

Federico Pous

Raleigh, North Carolina

Copyright © 2022

All rights reserved for this edition copyright © 2022 Editorial A Contracorriente

Library of Congress Cataloging-in-Publication Data
Names: Pous, Federico, author.
Title: Eventos carcelarios : imaginario revolucionario y subjetivación política en América Latina / Federico Pous.
Other titles: Literature and culture series.
Description: [Raleigh] : Editorial A Contracorriente : Department of Foreign Languages and Literatures at North Carolina State University, 2022. | Series: Literature and culture series | Includes bibliographical references.
Identifiers: LCCN 2022020603 | ISBN 9781469672731 (paperback) | ISBN 9781469672748 (ebook)
Subjects: LCSH: Roa Bastos, Augusto, 1917-2005. Hijo de hombre (Novel) | Boal, Augusto. Torquemada. | Puig, Manuel. Beso de la mujer araña. | Latin American literature—History and criticism. | Political prisoners' writings—History and criticism. | Political prisoners—South America. | Prisoners in literature. | Politics in literature.
Classification: LCC PQ7551 .P68 2022 | DDC 860.9/98—dc23/eng/20220602
LC record available at https://lccn.loc.gov/2022020603

This is a publication of the Department of Foreign Languages and Literatures at North Carolina State University. For more information visit http://go.ncsu.edu/editorialacc.

Distributed by the University of North Carolina Press
www.uncpress.org

ÍNDICE

Dedicatoria vii

Agradecimientos ix

INTRODUCCIÓN
Eventos carcelarios 1

CAPÍTULO 1
La producción del aislamiento político en Paraguay:
Fuga y subjetivación histórica en *Hijo de hombre*
(Augusto Roa Bastos, 1960) 29

CAPÍTULO 2
La estética de las interrupciones: La trama del
imaginario político carcelario brasilero en *Torquemada*
(Augusto Boal, 1972) 87

CAPÍTULO 3
Las telarañas del encierro en Argentina:
Deseo y revolución en *El beso de la mujer araña*
(Manuel Puig, 1976) 149

Palabras finales: Los eventos del evento 214

Bibliografía 225

DEDICATORIA

A Luna, Iris y Jenny, desde el fondo de mi alma.

A los militantes políticos que hicieron de la cárcel
un sitio de lucha política y lo siguen haciendo.

AGRADECIMIENTOS

Mi más profundo agradecimiento a mis hijas, Iris y Luna, que me inspiran y me enseñan cada día a darle sentido a mi paso por esta tierra. A ellas les corresponde la gracia de darle vida a estas páginas, pues de otro modo no hubiesen sido posibles. Y, desde ya, a Jennifer Bowles, compañera de tantas batallas de la vida: por el intercambio intelectual constante, las lecturas críticas y el ímpetu emprendedor; y por el aguante en todos estos años. Gracias, de todo corazón.

Eventos Carcelarios es el resultado del procesamiento de mi tesis doctoral, *Beyond Incarceration: Prison Literature and Political Subjectification in Cold War Latin America*, que terminé de escribir en la Universidad de Michigan en 2014. De aquellos años del doctorado recuerdo el entusiasmo colectivo por la lectura, los grupos de estudios y los seminarios, los nacimientos de Iris y Luna, el año increíble que vivimos en Misiones donde Jenny hizo su trabajo de campo sobre los tareferos (trabajadores de la yerba mate), las reuniones donde convenían personas de todas las edades desbordando las comilonas y las discusiones académicas cargadas de una creatividad inusitada. Iris y Luna las recuerdan con mucha ilusión. De hecho, Luna me ayudó a elegir las fotos de la portada e hizo el diseño original de la misma. ¡Muchas gracias, hija!

De aquel momento idílico dieron cuenta los extensos agradecimientos que preceden la *dissertation* y que compartí en su momento, aunque haya sido a veces injusto con las palabras. Hoy, en cambio, asumo la distancia marcada por los años que prosiguieron, tanto más densos, arduos y confusos, por los que nos tocó transitar. Acaso ello se haya expresado también en la larga digestión de la tesis y su transformación en este libro que atravesó una escritura más árida y solitaria. Aun así, se vio inspirada por encuentros en algunas conferencias (las de LASA en Puerto Rico y en Perú, y la de LALISA en Portland) o las visitas de colegas y activistas a Elon, como las de Elodia Castillo, Irma Alicia Velázquez y José Balado; y las más recurrentes de los amigos Emily Ryhne y Roderico Díaz-Yoll que siempre alegran el alma. También resultaron estimulantes las búsquedas de material de archivo. Agradezco a Rosa Palau de los Archivos del Terror del Paraguay y a Rogelio Goiburú de la Codehupy en Asunción; y a los miembros del CeDinCi y de Memoria Abierta en Buenos Aires.

De mis tiempos en Michigan no puedo dejar de mencionar los profesores que me marcaron compartiendo su conocimiento, su guía y su amistad. Me refiero a Gareth Williams, Cristina Moreiras, Daniel Noemi, Gustavo Verdesio, Kate Jenckes, Sergio Villalobos, Vincenzo Binetti, Mayte Green-Mercado y Javier Castro. Un vínculo entrañable guardo con Jaime Rodríguez-Matos y María Dolores Murillo que se renueva cada vez que nos vemos. También debo mencionar a Luis Martín Cabrera y Susana Draper, quienes ya habían salido del programa, y no obstante fueron claves en mi formación. Y, en otro registro, a John Kraniauskas, León Rozitchner, Bruno Bosteels, Clara Valverde, Rubén Ortiz y Greg Dawes, así como también a mis interlocutores y amigos en Buenos Aires, Fabio Szteinhendler y Noelia Enriz, Hernán Ronsino, Javier Caramia; y desde ya, a mi familia y amigos en Argentina, que en distintos momentos y por distintas razones me inspiraron a seguir escribiendo.

De aquel colectivo de estudiantes que el doctorado convocó en el destino, sólo menciono los amigos que resultaron claves para la escritura posdoctoral del manuscrito. A Marcelino Viera y Alejandro Quin, con quienes consumamos la edición de *Exposing Paraguay* en intensas discusiones por Skype durante dos largos años. A Christian Kroll, Matías Beverinotti, Bruno Renero, Mara Pastor, Javier Entreambasaguas, Rachel Tenhalf, Erica Almenara, Ludmila Ferrari, Talia Dajes, Juan Leal, Roberto Robles, Federico Helfgott, Esteban Rozo, Luciana Nemtanu, Ana Ros y Brian Whitener por tantas conversaciones estimulantes y complicidades que compartimos, las cuales han impregnado este libro de un modo u otro. A Seba Díaz y Noe Cirigliano, ahora con el pequeño Moncho, por la fuerza y el cariño que transmiten cada vez que nos vemos. Y desde ya tengo que mencionar a Alejo Stark, con quien hemos conversado de tantas cosas entre partidos de fútbol, mates y otras derivaciones cósmicas. A todos ustedes, "michiganos" por adopción, muchas gracias por su amistad, su generosidad intelectual y su apoyo constante.

A la Universidad de Elon le debo el agradecimiento por el apoyo financiero y la incentivación para mantener la investigación, particularmente al comité de Fellowship Research & Development, al College of Arts and Sciences, y a la decana Gabie Smith. Y, pricipalmente, le agradezco al Provost Tim Peeples, por su apoyo con este libro y por todo lo que me ha ayudado en estos tiempos.

Agradezco también a mis colegas del Departamento de World Languages and Cultures en Elon por el recibimiento, el apoyo y la comprensión brindados en estos años. Especialmente, mi agradecimiento profundo a Nina Namaste, quien ha sido mi mentora y amiga desde el primer día. A Ketevan Kupatadze, por el compañerismo y el impulso innovador. A Mayte De Lama, por su gran corazón y su hospitalidad. A Sophie Adamson, por el apoyo constante, la guía en el laberinto universitario y su manera de hacer crecer el departamento. Y, desde ya, a Pablo Celis Castillo y a Juan Leal-Ugalde, compañeros organizadores de tantos eventos y conversaciones estimulantes —las cuales son fundamentales para sentirnos latinoamericanos—. Al amigo Juan, especialmente, por todo el aguante, la calma y la persistencia. Además, cabe mencionar mi agradecimiento al amigo y colega Nico Eilbaum, por su argentinidad, su apoyo y su lectura del capítulo 3. Y a Kel y a Steve, por la hospitalidad y la amistad. Gracias a ustedes me siento como en mi segunda casa.

Un agradecimiento especial requiere Ofelia Ros, entrañable amiga con quien desde su destino colombiano hemos podido reconectarnos como si el tiempo no hubiese pasado, para que me expliques con tanta claridad los términos psicoanalíticos que espero esta vez no olvidar.

A todos los aquí mencionados, mi más sincero agradecimiento por haber formado parte de este trabajo.

INTRODUCCIÓN

Eventos carcelarios

ESTE LIBRO ESTUDIA UNA serie de eventos carcelarios que condensan las aspiraciones y las contradicciones del imaginario revolucionario latinoamericano y la subjetividad política de izquierda durante la Guerra Fría. Específicamente, cada capítulo se enfoca en reconstruir un hecho singular sucedido en las prisiones de las dictaduras militares de la segunda mitad del siglo XX en Paraguay, Brasil y Argentina. La reconstrucción de estos eventos está atravesada por la lectura, según el caso, de una obra literaria escrita en ese entonces referida a la experiencia carcelaria de los presos políticos. Estas obras, a mi parecer, lograron canalizar la intensidad y la singularidad de la experiencia militante de la época, al mismo tiempo que reflexionaron sobre las contradicciones del proyecto revolucionario de entonces.

La propuesta consiste en indagar cómo esos eventos carcelarios singulares se instalaron en el imaginario político revolucionario con tal impacto que sus huellas profundas pueden sentirse en el corazón de la subjetividad política de izquierda contemporánea. Para ello partimos de la definición de subjetivación (*assujetissement*) de Michel Foucault que, según Judith Butler, "denota tanto el devenir del sujeto como el proceso de sujeción; por tanto, uno/a habita la figura de la autonomía solo al verse sujeto/a a un poder, y esta sujeción implica una dependencia radical" (en Butler 95). Esta paradoja de la subjetivación que combina autonomía y dependencia radical como partes inseparables de un mismo proceso, resulta significativa para abordar la formación del imaginario revolucionario. Porque en última instancia, es en ese registro donde se puede rastrear el efecto político duradero del acontecimiento.

En ese sentido, el término imaginario revolucionario latinoamericano refiere al horizonte de transformación radical de la sociedad que se erigió en los años sesenta y setenta sustentado en una lectura singular de las conjeturas políticas, con base en las cuales distintos sujetos y organizaciones intentaron llevar a cabo una revolución social en distintos países del continente. Esquemáticamente, este imaginario revolucionario estaba formado por la imagen de la toma del poder estatal por medio de las armas, la idea de una vanguardia como guía de las masas populares, y la proyección de una sociedad poscapitalista. Para algunos, esto significaba aliarse con la Unión Soviética, mientras que otros procuraban un desarrollo independiente, nacional y antiimperialista como paso 'necesario' para crear una sociedad socialista. De ese modo, la dependencia radical de ese imaginario se volvía cada vez más profunda a medida que se propagaba la sensación de una subjetividad independiente y autónoma de los poderes establecidos. Y, si bien podríamos establecer retrospectivamente que la Guerra Fría no ofrecía lo que entonces se denominaban condiciones objetivas para la expansión de un proceso revolucionario a escala continental, lo cierto es que a partir del triunfo de la Revolución Cubana en 1959 este imaginario revolucionario se propagó por toda América Latina. Y aunque no fue la única fuente de inspiración histórica que alimentó este ideal de transformación radical a nivel global, la impronta de esa revolución ha funcionado como el anclaje más prominente de este imaginario político continental.

Ahora bien. La persistencia de ciertos rasgos de ese imaginario como sustento anacrónico de los proyectos estatales de centroizquierda, que emergieron a principios de milenio en América Latina, constituye el problema central que nos convoca. ¿Por qué, y de qué modo, el discurso 'setentista' de las últimas dos décadas mantuvo vivo el imaginario revolucionario, al mismo tiempo que los gobiernos progresistas llevaban a cabo políticas reformistas (para usar el lenguaje de aquella época)? Desde esa perspectiva, la dependencia radical en el imaginario anacrónico, mediada por los años, ha llevado a una dependencia mayor del Estado como fuente privilegiada de transformación política. Mi hipótesis de lectura es que esa distancia no fue totalmente creada en función de la estrategia política contemporánea, sino que ya formaba parte del imaginario revolucionario en los años setenta. Y, en ese sentido, ese acontecimiento histórico que vive fielmente en el corazón de la subjetividad política de la izquierda actual se ha vuelto un obstáculo para la expansión de la imaginación radical latinoamericana.

Para desentrañar las raíces, la persistencia y la profundización de esta distancia política contrasto tres obras literarias con tres eventos carcelarios que iluminaron la experiencia militante durante la época dictatorial. En primer lugar, me refiero a la fuga de presos políticos de la cárcel de Peña Hermosa en

1961 en Paraguay, a través de una lectura de la novela *Hijo de hombre* (1960) de Augusto Roa Bastos. En segundo lugar, analizo la obra de teatro *Torquemada* (1972) de Augusto Boal para pensar los efectos de la liberación de presos políticos en intercambio por el embajador estadounidense secuestrado en Brasil en 1969. Y, por último, realizo una lectura de la liberación de presos políticos conocida como *El Devotazo* en Argentina en 1973 en comparación con la novela *El beso de la mujer araña* (1976) de Manuel Puig, para desentrañar la constitución subjetiva de la militancia armada en esa época.

Cabe destacar que las características de estas obras literarias, muy disímiles entre sí, presentan una mirada crítica con respecto a la experiencia de los prisioneros políticos que me ha permitido reflexionar sobre la subjetividad y el imaginario revolucionario en los años sesenta y setenta. Me interesaron estas novelas porque su narrativa no formaba aún parte de las tramas de la memoria histórica, que en los años posteriores se van a debatir entre la figura de la víctima y el héroe a la hora de referirse a la experiencia carcelaria. Desde esa perspectiva, hay algo de cada época que sólo puede percibirse y captarse en las tramas propias que reflexionaron sobre ella mientras los eventos tenían lugar. Y de ese modo, la prisión política se vuelve un lente de inteligibilidad singular: un lente que opera en un tiempo detenido en las entrañas del sistema que quiere destronar.

Al mismo tiempo, la elección (de por sí arbitraria) de analizar estos eventos y estas obras reconoce que ha dejado de lado otros sucesos y otros textos que podrían haber aportado una visión más amplia de la experiencia carcelaria en el Cono Sur durante el periodo dictatorial en el siglo XX. El recorte de tres países, con sus respectivos eventos y obras, se debe a una cuestión de priorización en la profundización del análisis. Pero también ha sido en gran parte el resultado del proceso de investigación y escritura de la tesis de doctorado en la Universidad de Michigan, sobre la cual se basa este manuscrito. Fundamentalmente, en *Eventos carcelarios* he dejado de lado mi trabajo sobre la memoria histórica en Uruguay (que se incluía en la tesis), el cual partía del contraste entre la figura del entonces presidente José Mujica y la figura del investigador médico Henry Engler, ambos guerrilleros de Tupamaros, que fueron encarcelados como "rehenes" por 13 años durante la dictadura militar (1972–1985).[1]

---

1. Los 9 hombres rehenes y las 11 mujeres rehenas fueron pres@s polític@s de la dirigencia de Tupamaros encarcelados bajo condiciones paupérrimas y en un circuito paralelo a las prisiones oficiales. Eran denominados rehenes porque pendía sobre ellos la pena de muerte en caso de que la organización guerrillera hiciese un

En ese caso, analizaba el documental *El círculo* de José Pedro Charlo y Aldo Garay (2008) sobre la vida de Engler para iluminar los límites y olvidos que la figura del rehén había producido dentro de las políticas de la memoria en Uruguay.[2] Entre otras cosas, señalaba que no sólo Engler había sido excluido por un tiempo del panteón de los rehenes por no haberse dedicado a la política en la posdictadura, sino que también las mujeres rehenas, pertenecientes a los Tupamaros, no habían sido reconocidas como tales.[3] Luego de varias disquisiciones internas, decidí no incluir el capítulo sobre Uruguay porque a mi parecer, funcionaba en torno a los dilemas propios de la memoria histórica y desplazaba mi argumento sobre el enfoque de la literatura producida durante el acontecimiento.

De modo similar, pensé incorporar el análisis de obras propias de la literatura carcelaria chilena con textos como el relato de Hernán Vidal, *Tejas verdes* (1974), o *Isla 10* de Sergio Bitar (1990) — llevada al cine por Miguel Littín bajo el título de "Dawson, Isla 10" en 2009—. De hecho, consideré por un tiempo adentrarme a investigar el escape de los miembros del Frente Patriótico Manuel Rodríguez en helicóptero de la Cárcel de Alta Seguridad de Santiago en 1996. Lo mismo sucedió con el excelente libro de José María Arguedas, *El sexto* (1961), basada en su propia experiencia carcelaria en los años treinta en el Perú. Más recientemente, surgió la idea de indagar las experiencias carcelarias de Álvaro García Linera y de Raquel Gutiérrez Aguilar en el caso de Bolivia para rastrear el proceso de consolidación de Evo Morales en el poder mediante los relatos de est@s pres@s polític@s. En todo caso, dentro de las limitaciones de este proyecto, estas líneas de investigación pueden resultar fructíferas para futuras exploraciones.

---

atentado. Sin embargo, ya para ese entonces, Tupamaros había sido desmantelada como organización.

2. Muy sintéticamente, me refiero al hecho que el proceso democrático posdictatorial en ese país dio lugar a la elección presidencial de Mujica, exguerrillero y ex rehén, en 2009, pero votó (en la misma elección) en contra del referéndum que buscaba derogar la Ley de Caducidad que amparaba legalmente los crímenes cometidos por militares durante la dictadura (ver la nota al pie 18 en la introducción para más información sobre este tema).

3. En efecto, a lo largo de la posdictadura, el énfasis estuvo puesto en los hombres rehenes, y las mujeres rehenas no fueron reconocidas sino hasta la aparición del libro de los historiadores Marisa Ruiz y Javier Sanseviero, que cuenta su historia.

Por lo pronto, *Eventos carcelarios* procura indagar en la distancia histórica entre la subjetivación y el imaginario revolucionario desde el locus de la prisión política en los casos antes mencionados de Paraguay, Brasil y Argentina. La intención de este enfoque consiste en avizorar un horizonte de pensamiento que reflexione sobre la experiencia carcelaria de los años sesenta y setenta, que vaya *más allá* del encuadre de las políticas de la memoria y la huella dejada por los gobiernos progresistas del nuevo milenio en cada caso analizado.

Eventos carcelarios: los acontecimientos dentro del acontecimiento

Mi premisa de trabajo gira en torno a la pregunta del acontecimiento, a su formulación y a la transformación de ésta a lo largo de la historia. De ese modo, el planteo opera según una doble perspectiva. En primer lugar, asumo que en los años sesenta y setenta tuvo lugar un acontecimiento político en América Latina que, usando como referencia la Revolución Cubana de 1959, motivó la emergencia de agrupaciones guerrilleras y otros grupos políticos a lo largo del continente.[4] Este *acontecimiento revolucionario* estuvo caracterizado por la ebullición de movimientos sociales, incluyendo las organizaciones armadas, que excedieron las estructuras de lo esperable instalando la sensación que la revolución social y la transformación radical de la sociedad eran inminentes. Sin embargo, el mismo acontecimiento puede ser pensado como un resultado de la dinámica polarizante propia de la Guerra Fría, que se expresó en la proliferación de la lucha armada como una opción política viable en ese entonces y, por lo tanto, ese desborde quedaría explicado y subsumido en la lógica de la historia.

En la confluencia de ambas perspectivas seguimos la hipótesis de Alain Badiou, quien sostiene que la paradoja del acontecimiento es que éste pertenece y no pertenece a la situación al mismo tiempo.[5] Es decir: si es una

---

4. Cabe aclarar que ésta no fue la única referencia en las narrativas de las distintas tendencias de la izquierda revolucionaria. Sin embargo, el efecto de su triunfo resulta fundamental para pensar la formación del imaginario revolucionario de entonces.

5. De acuerdo con Alain Badiou, "o bien el acontecimiento está en la situación y rompe el al-borde-del-vacío del sitio, interponiéndose entre sí mismo y el vacío, o

expresión de las dinámicas de la Guerra Fría, resulta una parte constitutiva de esa situación, y por lo tanto no es un acontecimiento. Y, de hecho, el proceso revolucionario fracasó rotundamente a nivel continental. Sin embargo, las acciones llevadas a cabo en pos de la revolución en ese entonces desbordaron las expectativas políticas calculables, generando la sensación que la transformación radical de la sociedad era posible por esos medios. ¿Cómo decidir entonces si se está ante un acontecimiento político en una situación determinada? De acuerdo con Badiou, "[l]a indecidibilidad de la pertenencia del acontecimiento a la situación puede interpretarse como una doble función. Por una parte, el acontecimiento connotaría el vacío; por otra, se interpondría entre sí mismo y el vacío" (*El ser* 206). De ese modo, el acontecimiento que evoca la revolución cuando ésta no ha ocurrido aun, procura llevarla a cabo al mismo tiempo en tanto la revolución se desdobla para interponerse entre ese vacío y sí misma. Y, como resultado, "[s]ería, a la vez, un nombre del vacío y el ultra-uno de la estructura presentadora". Pues para que haya un acontecimiento, sostiene Badiou, este ultra-uno tiene que devenir, en última instancia, una novedad política que opere como la existencia de un inexistente.[6]

Esta paradoja de la indecidibilidad (*undecidability*) sostiene las condiciones de la imposibilidad de la decisión sobre la pertenencia del acontecimiento a la situación y, en consecuencia, prefigura que la nominación del acontecimiento se lleve a cabo desde las consecuencias que esa situación generó. El dilema entonces es pensar cuál es ese 'más allá' de la situación que el acontecimiento ha desbordado y cuyo impacto solo puede medirse con el correr del tiempo. En el esquema lacaniano de Badiou, la explicación depende de un procedimiento de verdad que pone a prueba la novedad política frente a una nueva situación, una nominación *après-coup* que enmarca lo sucedido como un evento, y una conexión de fidelidad (los dilemas de la subjetivación) engarzada con ese *inexistente* que se hizo presente y dejó una huella inasible que, a partir de entonces, interpela constantemente al sujeto.[7]

---

bien no está y su poder de nominación sólo se dirige –si se dirige a 'algo'– al vacío mismo" (206).

6. En última instancia, concluye Badiou, "este ultra-uno-que-nombra-al-vacío desplegaría en el interior-exterior de una situación histórica, en torsión de su orden, el ser del no-ser, es decir, el *existir*" (206).

7. Para Badiou, no se trata de identificar el *petit a*, como el vacío que sirve de anclaje al sujeto, sino de pensar ese exceso o ultra-uno que forma al sujeto en tanto lo interpela ante cada nueva situación.

Aquí vale la pena detenerse a pensar este movimiento que opera más allá de la situación sin el cual la pregunta del acontecimiento carece de sentido. Al respecto, Jacques Derrida plantea que el evento es esa diferencia imperceptible, o *différance*, entre dos diferencias identificables ("Différance" 50).[8] Desde esta perspectiva, la *différance* funciona como condición irredimible del acontecimiento: es aquello que hace posible un tejido complejo de diferencias sustrayéndose a la posibilidad de presentarse como diferencia. Y, de ese modo, en el esquema freudiano de Derrida, el evento está en la retención de la potencialidad de acoger al acontecimiento al cual siempre hay que estar abierto. Por lo tanto, lo que se ve, lo que el sujeto vivencia, lo es el efecto retardado de esa retención, de esa decisión pasiva que precede al acontecimiento (Derrida, *Políticas* 86, retomo este tema más adelante en esta introducción).

Leído en clave comparativa (sin expandirnos profundamente en el entramado teórico que han tejido ambos pensadores) la *différance* 'es' ese *inexistente* que Derrida mira desde una sustracción precedente (pues no es posible su 'existencia'), y Badiou conceptualiza como el comienzo de un procedimiento de verdad que el acontecimiento habilita en una serie de situaciones históricas posteriores que lo identifican como tal. En cada caso se pone en juego la *indecidibilidad* del acontecimiento, sea como el resultado de una decisión pasiva que lo precede o como la respuesta subjetiva que lo resignifica *après-coup* renovando esa misma pregunta de la pertenencia, pero modificada de acuerdo con la nueva situación histórica. Desde mi perspectiva, ambas preguntas son válidas: no para optar entre retención y desborde; ni tampoco para identificar dónde exactamente la decisión fue decidida. Más bien, para reconocer cómo ese movimiento de sustracción que precede la paradoja del acontecimiento (y que también lo habilita) se imprime inconscientemente en la singularidad de la fidelidad del sujeto a la pregunta del acontecimiento.

Según Slavoj Žižek, "un acontecimiento es un punto de inflexión radical, que es, en su auténtica dimensión, invisible" (154). Por lo tanto, si se señala un

---

8. En su texto, "La différance", Derrida sostiene que la *différance* es " el movimiento [sin origen] según el cual la lengua, o todo código, todo sistema de repeticiones, se constituye 'históricamente' como entramado de diferencias" (47–48). Por eso el trabajo de "la deconstrucción consiste en invertir y desplazar un orden conceptual, tanto como el orden no-conceptual" con el cual el orden conceptual está articulado para poder dar cuenta del hecho de que, detrás de la lógica binaria de la producción de conocimiento, "nunca es el enfrentamiento de dos términos, sino una jerarquía y el orden de una subordinación" que la sostiene ("Firma" 371–372).

evento como un hecho, sería un evento falso, o no sería un evento. Tomando en cuenta esta paradoja de la *indecidibilidad* del evento, el dilema no pasa tanto por determinar si tuvo lugar o no, o si una serie de circunstancias que desbordaron una situación política pueden considerarse un evento real o un no-evento. Más bien, el pensamiento del acontecimiento asume que todo evento deja su rastro para poder transformarse como tal a medida que va desplegando sus potencialidades como consecuencia de su irrupción inicial. De ese modo, en vez de considerar al evento como un "Gran Despertar", Žižek propone identificar "un proceso dialéctico [que] comienza con alguna idea afirmativa hacia la que se esfuerza [...] porque la idea misma está atrapada en el proceso, (sobre)determinada por su actualización" (159). En consecuencia, la sobredeterminación del devenir del evento siempre estaría reteniendo esa indeterminación (invisible) en el sustrato del desborde que genera sus distintas reinscripciones en el plano político.

En este punto, cabe señalar la problemática de la desmentida o la forclusión que Jaques Lacan ha ligado, como resume Ofelia Ros, al mecanismo psíquico de "negar y afirmar una misma premisa a la vez" (*Lo Siniestro* 71). El término proviene del campo legal, y señala un elemento que queda desestimado (forcluido) del caso, y por lo tanto no tiene retorno. En ese sentido, la forclusión es distinta de la negación freudiana, donde el elemento negado queda reprimido en el inconsciente. De ese modo, el sujeto se engaña a sí mismo: niega la existencia del evento, lo desestima como existente, pero obtiene los beneficios del mismo. En el fondo, a diferencia de la negación, "la desmentida conserva un saber sobre el engaño, pero aun así se aferra a la mascarada; el sujeto cree, paradójicamente a sabiendas, en una ilusión" ("La Causa" 533).

Este mismo mecanismo puede pensarse en torno a la irrupción del acontecimiento político en América Latina en los años sesenta y setenta. En primer lugar, el evento visibiliza la forclusión de un discurso totalizante dictatorial frente a la sociedad. Lo desestabiliza y pone en evidencia sus contradicciones. Las fugas y las liberaciones de prisioneros que analizamos aquí funcionan de ese modo: rompen con el marco legal para mostrar que el dominio supuestamente total de la dictadura no tiene fundamento. Visibilizan la injusticia de encarcelar a los presos políticos para excluirlos del *caso*, a la vez que interpelan a la sociedad que ha creído en la ilusión del poder gubernamental castrense.

Sin embargo, en su reverso, la narrativa partisana sobre su misión política vanguardista también se vuelve totalizante dentro del campo de la izquierda.

En ese sentido, los eventos carcelarios cuestionan esa narrativa dado que, en las prisiones, los militantes de distintos sectores políticos e ideológicos tienen que unirse para enfrentar cotidianamente a los guardias carcelarios. Y, por lo tanto, se abre un hiato en su subjetivación que les permite visibilizar esa forclusión de la cual forman parte (aunque no por ello deciden desafectarse del proyecto revolucionario). Estas tensiones generadas por la exposición de la forclusión partisana en la cárcel se elaboran en las obras literarias aquí analizadas para desentrañar los dilemas subjetivos de los militantes. Por decirlo de algún modo, el desborde del evento se ancla en su decisión de dar la vida por la revolución, superponiéndose con el cuestionamiento de sus fundamentos políticos en la sustracción del circuito militante generado en las prisiones.

Desde mi perspectiva, el rastreo histórico de ese desdoblamiento del acontecimiento en sustracción y desborde, en nominación y subjetivación, y en sobredeterminación y forclusión, sólo puede llevarse a cabo si se considera la persistencia de ciertos valores y percepciones que se marcaron con fuego en el imaginario político. Es por eso que la apuesta consiste en destacar ciertos eventos singulares que interpelaron al sujeto como parte del acontecimiento político. Es decir, para elaborar los dilemas de la retención y el desborde, la sobredeterminación y la forclusión en torno de la *indecidibilidad* del evento, hay que pensar primero los eventos que tuvieron lugar dentro del acontecimiento. Esos eventos 'menores', por llamarlos de algún modo, tejieron la trama histórica y cultural del acontecimiento 'mayor' en una serie de situaciones concretas que lo convocaban y lo ponían en práctica. De esa manera, cada evento evoca al acontecimiento y lo pone en duda al mismo tiempo, permitiendo pensar que la subjetividad que lo extiende excede esa misma nominación hasta el punto de reforzar, reconfigurándolo ante cada nueva situación, el imaginario político que lo sostiene. Por lo tanto, ¿deberíamos pensar que cada 'sujeto político' es resultado de un sólo acontecimiento de ese orden? Me refiero a aquel que nos atravesó en el corazón de nuestra subjetividad y dio vida a una esperanza de cambio social 'dentro nuestro', el cual cargamos (y modificamos) ante cada nueva interpelación política. La pregunta no debería descartarse por ser unívoca; aunque sí es cierto que el uso del 'nosotros' en que se enuncia contiene otra grieta interna anudada al lenguaje del acontecimiento producido en los años sesenta y setenta.

En resumen, procuro pensar conceptualmente las ramificaciones de esta pregunta en torno al acontecimiento revolucionario latinoamericano de la época en la paradoja que lo distancia de los eventos históricos singulares—los cuales lo encarnan y lo interpelan a la vez—. Específicamente, me refiero a los eventos carcelarios que tuvieron lugar en ese periodo y que expresaron las contradicciones del sueño revolucionario de entonces. Cabe aclarar que desde ahora en adelante utilizo la palabra evento para referirme a situaciones históricas singulares en torno a la experiencia carcelaria de los presos políticos, para diferenciarlo del acontecimiento revolucionario que impregnaba la época. Por lo tanto, hablaré de *eventos del evento* para señalar cómo la distancia entre ellos tiene que ver precisamente con la fusión inextricable entre imaginario revolucionario y subjetivación política. Por ende, la hipótesis con la que leemos estos eventos asume que los mismos han dejado unas huellas indelebles en el imaginario revolucionario de entonces, las cuales han sostenido los valores políticos fundantes de una subjetividad de izquierda que se extienden hasta la actualidad.

La Guerra Fría en la prisión: el fundamento político de la polarización

Esta investigación interviene en los debates culturales acerca de las condiciones de reproducción política en América Latina durante la Guerra Fría. Desde el fin de las dictaduras militares del Cono Sur en los años ochenta, estos debates giraron en torno a las así denominadas "políticas de la memoria" (Boccia et al. *Es mi informe*; Bergero y Reati, *Memorias colectivas*; Jelin, *Los trabajos*; Montenegro et al. *Marcas*). Nos referimos fundamentalmente al trabajo llevado a cabo alrededor de la reivindicación de los derechos humanos frente al trauma profundo causado por los regímenes autoritarios en la región (Boccia et al. *En los sótanos*; Crenzel, *La historia política*).[9] Durante los primeros años de la posdictadura, estos debates giraron en torno a las cuestiones

---

9. En cada país hubo Comisiones de Verdad que produjeron sus respectivos informes de lo sucedido con el accionar represivo de las dictaduras. Las mismas consiguieron el apoyo de sectores del estado y de organismos internacionales de derechos humanos para llevar a cabo su tarea. Nos referimos al informe *Nunca Más* (1984) de la CONADEP en referencia a la dictadura argentina (1976–1983); al texto del Arzobispado de Sao Paulo, *Brasil: Nunca Mais*, sobre la dictadura brasilera (1964–1985); y al *Informe final Anive haguã oiko* de 2008 de la Comisión de

de ser testigo (y dar testimonio) de la violencia estatal-militar mediante preguntas referidas a la representación de lo irrepresentable en torno a la experiencia del encierro, la tortura, la muerte y la desaparición forzada de personas (Vezzetti, *Presente*; Jelin y Longoni, *Escrituras*; Crenzel, *Los desaparecidos*); mientras que otros se ocuparon del trauma y el duelo como condición de la escritura y el pensamiento (Avelar; Richard y Moreiras; Franco).

Si bien este corpus de trabajo ha resultado fundamental para comprender y analizar el efecto de los gobiernos militares en la constitución de las políticas de la memoria, su enfoque ha tendido a dejar ciertas preguntas de lado con relación a "la producción de subjetividades y de vínculos entre sujetos" (Oberti y Pittaluga, *Memorias* 31). En ese sentido, la literatura carcelaria escrita durante las dictaduras latinoamericanas resulta un sitio privilegiado para indagar por las contradicciones políticas, de clase, de raza, de género, etc. —propias del imaginario de izquierda— desde el punto de vista de las vivencias personales donde esas contradicciones se encarnaban. Allí, la cárcel se erige como uno de los sitios donde los militantes, vueltos prisioneros políticos, comenzaron a repensar esos dilemas: fueron interpelados en su subjetividad y vivenciaron su 'propio' evento carcelario dentro del acontecimiento revolucionario. Pues no sólo se enfrentaron a una derrota que vivían en carne propia todos los días, sino que también pudieron reelaborar sus estrategias de resistencias, repensarse como sujetos políticos y criticar los fundamentos del imaginario revolucionario del cual formaban parte.

Para poder indagar en esta pregunta del acontecimiento desde la subjetivación, cabe destacar que la prisión, como dispositivo de control social, atravesó una serie de transformaciones históricas de acuerdo con la *configuración polarizante* de la Guerra Fría.[10] En efecto, la dinámica de esta polarización se arraigó fuertemente en los países del Tercer Mundo durante la segunda parte del siglo XX, extendiendo la disputa a nivel mundial entre

---

Verdad y Justicia, que investiga un periodo que va más allá de la dictadura paraguaya (1954–1989).

10. La mayoría de estudios sobre la Guerra Fría en América Latina se refieren a la misma como "el período que empieza con el endurecimiento de las relaciones entre los Estados Unidos y la Unión Soviética alrededor de 1947 y terminó con la implosión de la Unión Soviética en algún momento entre 1989 y 1991" (Joseph, "Latin America" 400).

Estados Unidos y la Unión Soviética, produciendo intervenciones militares, dictaduras, revoluciones nacionales y enfrentamientos bélicos en regiones alejadas de los centros mundiales de poder.[11] Particularmente, cabe reconocer que esta dinámica intervencionista Norte-Sur en América Latina puede rastrearse hasta el siglo XIX ligada a los "intento[s] de los Estados Unidos (y de sus clientes locales [las élites nacionales]) de contener a la insurgencias que desafiaron las formaciones pos (o neo) coloniales asentadas en las economías dependientes y las desigualdades de clase, étnicas y de género" (Joseph, "Latin America" 402).[12]

En todo caso, la Guerra Fría aterrizó definitivamente en América Latina como respuesta a la Revolución Cubana (1959) y se consolidó con la expansión en todo el continente de la Doctrina de Seguridad Nacional (DSN), según la cual, "las actividades políticas, económicas y sociales quedaban subordinadas a la seguridad nacional" (Boccia Paz et al. *En los sótanos* 37).[13] La revolución nacionalista y antimperialista liderada por Fidel Castro había logrado tomar el poder en Cuba mediante la táctica de guerrillas, pero ante la presión internacional terminó aliándose con la Unión Soviética en clara confrontación con su vecino país del norte. En respuesta, el Consejo de Seguridad Nacional de Estados Unidos lanzó la DSN en América Latina con el objetivo que las Fuerzas Armadas pudieran "controlar a la población interna de sus países, contribuyendo a neutralizar o erradicar los focos" comunistas (36–37).[14] Un documento secreto del Departamento de Estado de Estados Unidos expresa claramente el objetivo de la DSN en septiembre de 1962:

---

11. El más reconocido de estos enfrentamientos (aunque no el único) fue la Guerra entre Estados Unidos y Vietnam (1965–1975).
12. Los historiadores Gilbert Joseph y Greg Grandin reelaboran esta dinámica polarizante como el enfrentamiento entre revolución y contrarrevolución asentado en la periodización de la "La larga Guerra Fría Latinoamericana, que iría desde "la Doctrina Monroe" hasta el presente (Joseph, "Latin America" 402).
13. La DSN "había sido formulada en Estados Unidos a fines de los cuarenta, al influjo de la Guerra Fría" para lograr integrar a los países menos desarrollados o castigados por la Segunda Guerra Mundial dentro de la economía global. La *Doctrina* procuraba asegurar el control interno de la seguridad nacional para abastecer con préstamos financieros las reconstrucciones de las naciones afectadas por esa guerra (Boccia Paz et al. *En los sótanos* 37).
14. Si bien estas políticas ya estaban funcionando en algunas partes del continente, aún no habían alcanzado la consolidación y expansión que les dio la DNS.

Los intereses generales de Estados Unidos en el mundo subdesarrollado son los siguientes: 1. Un interés político e ideológico en asegurarse que las naciones en desarrollo evolucionen de una manera que proporcione un ambiente mundial acogedor para la cooperación internacional y el crecimiento de instituciones libres. 2. Un interés militar en asegurarse que las áreas estratégicas, la mano de obra y los recursos naturales de las naciones en desarrollo no caigan bajo el control comunista.... 3. Un interés económico en asegurarse que los recursos y los mercados del mundo menos desarrollado sigan estando disponibles para nosotros y para los demás países del Mundo Libre (citado en Mc Sherry 25).[15]

Esta concatenación de argumentos ideológico-políticos, militares y económicos dejaba clara "la naturaleza de clase de la Doctrina de Seguridad Nacional y su definición del enemigo interno" (26).[16] El análisis cultural, entonces, no puede dejar de lado la relación intrínseca entre el desarrollo de

---

15. En ese sentido, la preparación y emergencia de la así denominada "Operación Cóndor" a mediados de los años 70 constituye la expresión más nefasta de la DSN (Calloni; Boccia Paz et al.; Dinges; Mc Sherry). La misma consistía en un plan de coordinación y acción militar entre las dictaduras de Chile, Paraguay, Brasil, Argentina, Bolivia y Uruguay (al que luego se agregarían Ecuador y Perú) que "daría una extraordinaria sistematicidad y fluidez a líneas de cooperación establecidas en muchos años de complicidad" entre las fuerzas represivas latinoamericanas (Boccia Paz et al., *En los sótanos* 69).

16. Las fuerzas represivas de cada nación comenzaban a afianzar sus relaciones con las políticas anticomunistas a nivel continental a través de la creación del Tratado Interamericano de Asistencia Recíproca (TIAR) en Río de Janeiro (1947), y la realización de la "Conferencia Panamericana de Chapultepec" en México (1951), que avaló "los acuerdos militares bilaterales" (Almada, "Prólogo" 17–18). Al mismo tiempo, se preparaba una política de intervención militar que se inició con el apoyo de la CIA, la embajada estadounidense y la United Fruit Company (compañía de capitales estadounidenses) al golpe de estado contra Jacobo Arbenz, en Guatemala, en 1954 (ver Schlesinger y Kinzer). Por último, los intentos de "estudiar" desde las ciencias sociales la situación de la insurgencia en América Latina desde el Departamento de Estado, tales como el Operativo Camelot, la cual no logró afincarse debido al rechazo de los intelectuales latinoamericanos (sobre todo chilenos), aunque siguió funcionando de modo clandestino, al menos en Paraguay (Almada 22–25).

los grupos económicos dominantes y las intervenciones militares con apoyo extranjero en el continente. Y, en todo caso, "lo que al final le dio a la Guerra Fría latinoamericana su ardor —aquello que Greg Grandin denomina su *fuerza trascendental*—fue la politización e internacionalización de la vida diaria, incluyendo la lucha armada"; y, por supuesto, la producción masiva de prisioneros políticos (Joseph, "What we know" 4).

Esta *politización e internaciolización de la vida cotidiana* se vio plasmada en la emergencia de movimientos de protesta políticos (sindicales, estudiantiles, artísticos, guerrilleros, feministas, entre otros) a mediados de los años sesenta en América Latina. Influenciados en parte por la experiencia cubana, estos grupos organizados iban a chocar una y otra vez con los gobiernos militares auspiciados por la DSN, los cuales estaban armados con aparatos represivos sofisticados de sistematización de la tortura, la muerte y la desaparición de activistas políticos. Al mismo tiempo, en los sitios donde el socialismo se hizo efectivo, como en el caso de Cuba, Nicaragua e incluso de Chile, además de recibir una represalia feroz desde los Estados Unidos, el propio Estado se convirtió en una fuente de problemas que terminó volcándose contra el nuevo régimen (como los militares que derrocaron a Salvador Allende en Chile), o centralizando el poder en una sola figura (como Fidel Castro en Cuba). En todo caso, el resultado a gran escala fue la implantación de dictaduras que permitieron la inserción de América Latina en el mercado financiero mediante la adquisición de préstamos de organismos internacionales (FMI, BID), que precedieron y empujaron el advenimiento del neoliberalismo en los ochenta y noventa en toda la región.

Desde América Latina, uno de los abordajes teóricos predominantes sobre la Guerra Fría durante los años sesenta y setenta fue, sin lugar a duda, la Teoría de la Dependencia (Gunder Frank; Cardoso y Faletto; Cepal). André Gunder Frank sostenía entonces que "el subdesarrollo ha sido y es aún generado por el mismo proceso histórico que genera también el desarrollo económico del propio capitalismo" (1). Desde esa perspectiva, los Estados-nación de América Latina se insertaban como "economías dependientes o periféricas" en el mercado mundial cumpliendo su función de exportadoras de materias primas, sin atender "a la pregunta general [global y diferenciada] sobre las posibilidades de desarrollo de los países latinoamericanos" (Cardoso y Faletto 14).

Este enfoque desarrollista fue criticado por su encuadre "abstracto" y su "rigidez" disciplinaria (desde la historia económica), aunque aun así un sector de los estudios culturales reconoció su importancia para la formación del

Latinoamericanismo en los años noventa (C. Walsh, "Qué saber" 18). Pero fundamentalmente desde el *Grupo Latinoamericano de Estudios Subalternos* en Estados Unidos, se destacaba en su Manifiesto Inaugural de qué modo "el contexto global [...] tornaba problemático el modelo centro-periferia de la teoría de la dependencia, así como las estrategias nacionalistas" que resultaban de ella, obstaculizando otras posibilidades políticas que podrían surgir desde los sectores subalternos (1).

Desde esa perspectiva, el Latinoamericanismo en Estados Unidos se organizó alrededor de debates (entre otros) acerca de la pertinencia de los estudios poscoloniales en la región (Mignolo); la propuesta deconstruccionista de un "Latinoamericanismo de segundo orden" (Moreiras, *The exhaustion*) que se transformó bajo el concepto de infrapolítica (Moreiras *Infrapolitics*; Williams, *Infrapolitics*), y el valor político del testimonio (Beverley). En todo caso, considero que una de las preguntas centrales del subalternismo fue elaborada por la teórica Gayatri Spivak, quien sostenía que la cuestión crucial consistía en preguntarse "Can the subaltern speak?" bajo los presupuestos epistemológicos occidentales (a lo cual respondía de manera negativa), donde en última instancia lo subalterno termina siendo aquello que empieza donde cesa la historia (308).[17]

No obstante, el esquema binario de la Teoría de la Dependencia, que reflejaba la dinámica de la Guerra Fría, aún asedia la producción crítica dentro de un sector del Latinoamericanismo que se debate entre las tensiones entre hegemonía y subalternidad o "pos-hegemonía" (Williams, *The other side*; Beasley Murray). En líneas similares a las de Spivak, Gareth Williams sostiene que "la poshegemonía [...] ya no es más el nombre de la hegemonía del capital transnacional, sino el nombre de aquellos lugares en los cuales la hegemonía deja de tener sentido" (*The other side* 327). Williams indica que el problema central del Latinomericanismo es que no ha podido desprenderse del legado de "la definición de lo político de Carl Schmitt: 'la distinción política específica, aquella a la que pueden [reducirse] todas las acciones y motivos políticos, es la distinción de *amigo y enemigo*' (la palabra 'reducir' es fundamental aquí)" (*Deconstruction* 20). Por lo tanto, nos preguntamos cómo analizar la *politización de la vida cotidiana* de la Guerra Fría desde una perspectiva que

---

17. Aunque más adelante, Spivak va a reformular su proposición diciendo que el subalterno sí puede (y tiene) que hablar. Ver el capítulo "History" de su libro *A Critique of Postcolonial Reason*.

no *reduzca* lo político a esa distinción *polarizante*, pero que al mismo tiempo nos permita visualizar cómo esa misma polarización formó parte de la constitución del imaginario revolucionario. Pues, en ese entonces, este imaginario no solo proponía y legitimaba la lucha armada como medio de acceso a la toma del poder estatal, sino que también y para esos efectos, terminó por reproducir el enfrentamiento entre amigo y enemigo en la práctica cotidiana.

Desde el punto de vista de la pregunta del acontecimiento, el peligro consiste en considerar esta reducción de lo político a la distinción amigo/enemigo como el fundamento del acontecimiento frente a la *indecidibilidad* del mismo. Porque si se asume que no hay otro modo de pensar lo político sino es en torno a esta reducción, entonces, no hay acontecimiento político (en los términos en los que lo estamos pensando); pero si negamos la posibilidad de esta reducción, el ultra-uno del acontecimiento queda operando solamente en el registro imaginario. La singularidad del evento dentro del acontecimiento consiste precisamente en el movimiento de desplazar esta apropiación de lo político (su reducción), aun cuando se opere bajo condiciones de polarización. Por eso, en vez de considerar a los prisioneros políticos como héroes revolucionarios o como víctimas de la violencia estatal, el trabajo indaga por el intersticio que los interpelaba (y los siguió interpelando) desde la experiencia carcelaria, por decirlo de algún modo, a mitad de camino entre la revolución y la memoria. Pues es precisamente la elaboración personal y colectiva de esos eventos carcelarios la que nos permite vislumbrar de qué modo las tramas de la memoria histórica, tejidas en los distintos países analizados, apuntalaron las bases de este imaginario revolucionario reteniendo algunos de sus valores fundamentales para sostener su propia lucha política en un contexto posdictatorial.

La crítica cultural ante los límites del duelo, la memoria y el Estado

Daniel Lvovich y Jaquelina Bisquert organizaron de forma esquemática los distintos periodos propios de las políticas de la memoria en Argentina, lo cual nos puede servir de referencia para pensar estos procesos en los otros países analizados en este libro. En su libro, *les* autores sostienen que existieron tres "narrativas predominantes" en torno a la memoria: una "narrativa fundadora" (1983-1990) en torno a los valores sostenidos por el libro *Nunca Más* (informe de la CONADEP sobre la sistematización de la represión durante la dictadura). A ello le sigue un periodo innombrado debido a la poca acción política, para devenir en una expansión denominada como el "*boom* de la memoria" (1995-2003), la cual hizo posible, entre otras cosas, darle centralidad al duelo como un proceso público y político. Y, por último, una tercera narrativa de monumentalización que se organizó en torno a la relación entre Estado y memoria, que comenzó en 2004 con la reapertura de los juicios a los militares, y podemos decir que se transformó en 2015 con la partida del kirchnerismo del gobierno (59). A partir de entonces, los procesos de memoria fueron cuestionados y puestos en disputa a nivel público sostenidos por el clima generado por el gobierno neoliberal y conservador de Mauricio Macri, dando lugar a un estancamiento que, sin embargo, no significó un retroceso significativo. Sobre todo, teniendo en cuenta el retorno del kirchnerismo al poder bajo la presidencia de Alberto Fernández.

Aun cuando los procesos de memoria se han desarrollado de modo muy diferente tanto en Brasil como en Paraguay, este esquema que considera las narrativas de fundación, de *boom* y de estatización puede resultar útil para entender, no sólo el tema del duelo y la memoria, sino también los avances a nivel continental en torno a la influencia de la memoria histórica en el diseño de las políticas públicas. Al respecto cabe destacar que las comisiones de verdad y justicia produjeron informes en cada uno de los países en distintos momentos históricos y bajo diferentes presiones políticas.[18] Así, en Paraguay, la Comisión de Verdad y Justicia (CVJ) trabajó en condiciones muy adversas para producir un informe de ocho tomos sobre las violaciones de derechos humanos durante la dictadura de Stroessner (1954-1989). Creada en 2003, la CVJ recién logró la publicación del informe en 2008 bajo la presidencia de Fernando Lugo, el primer presidente que no pertenecía al Partido Colorado en los últimos sesenta años. Por último, en Brasil se creó la Comisión Nacional de la Verdad bajo el auspicio de la presidenta Dilma Rousseff —recién en 2011— para investigar las violaciones a los derechos humanos cometidas

---

18. En contraste al caso argentino, el *Uruguay Nunca Más* fue un informe sobre la violación de los derechos humanos (1972-1985) publicado en 1989, cuatro años después del fin de la dictadura en ese país (SERPAJ). Sin embargo, en Uruguay se promovió (sin éxito) un plebiscito (2009) y una ley (2010) para cancelar la Ley de Caducidad (que no permite el juicio a crímenes cometidos durante la dictadura) bajo el gobierno del Frente Amplio. De ese modo, los datos recabados no lograron traducirse en juicios a los militares como en el caso argentino.

entre 1964 y 1985 durante el periodo de la dictadura militar en ese país. El informe, publicado en 2015, contiene tres volúmenes y al igual que los otros informes, no tiene correlación con la posibilidad de perseguir legalmente a quienes cometieron los crímenes allí denotados.

En todo caso, esta ecuación *fundadora* de la memoria parecería tomarle la temperatura al autoritarismo propio de cada sociedad: pues allí donde las tramas de la memoria se han extendido con mayor fuerza, fundamentalmente en Argentina, la reformulación de proyectos políticos que retoman los ideales de aquella época ha logrado un impacto mayor a nivel gubernamental. Mientras que en Paraguay y Brasil hemos asistido a dos procesos de golpes parlamentarios, en 2012 y 2016 respectivamente, que socavaron los fundamentos democráticos en esos países despertando el fantasma dictatorial que nunca ha dejado de sobrevolar las democracias latinoamericanas.

Asimismo, de modo paralelo a la investigación de estos crímenes de lesa humanidad y la publicación de estos informes, la crítica cultural posdictatorial ha contribuido a la elaboración del duelo y la memoria colectiva sobre los efectos traumáticos de la dictadura en la sociedad. Esta proliferación de análisis sobre testimonios y trabajos de ficción han fortalecido la memoria histórica destacando el lugar central que los sobrevivientes ocupan en la narrativa sobre la experiencia traumática colectiva. Me refiero sobre todo a las voces de ex-presos políticos y exiliados cuyas narraciones nos permitieron un acercamiento al horror (ir)representable de la tortura, la muerte y/o la desaparición vivido en las cárceles de la región (Richard y Moreiras; Jelin y Longoni; Crenzel). El análisis de estos trabajos testimoniales, literarios y ensayísticos se sumaron a la proliferación de acciones públicas y rememorativas que buscaban recordar y denunciar el impacto de las dictaduras en la sociedad.[19]

Como parte de esta elaboración teórica y política en torno al duelo y la memoria, podemos señalar el concepto de "cripta" de Idelber Avelar, el cual "designa la manifestación residual de la persistencia fantasmática de un duelo irresuelto" (9). Para este autor, las "alegorías [de la derrota]" funcionan como una "cripta en la que se aloja el objeto perdido"; sea éste identificado con las personas asesinadas o desparecidas, o con la propia revolución como sueño político. Para Jean Franco, el objetivo final de analizar *la cripta* consistía en

---

19. Me refiero, por ejemplo, a la implementación de nuevas prácticas políticas como la realización de "escraches" de genocidas en el barrio organizadas por HIJOS en Argentina en los años 90 (ver Colectivo Situaciones).

poder elaborar en "la crisis epocal del arte de la narración y el declive de la transmisibilidad de la experiencia [...] la posibilidad de pensar [a través de la literatura] más allá del duelo" (259). De ese modo, Franco insertaba este encuadre teórico en un contexto de crisis mundial del pensamiento político, donde el trabajo del duelo excedía la experiencia continental de la dictadura militar, el cual coincidía con uno de los nudos centrales de las políticas de la memoria en ese periodo.

Sin embargo, luego de las crisis del neoliberalismo de principio de milenio y el advenimiento de los gobiernos democráticos de centroizquierda en América Latina, la relación entre memoria y Estado se modificó considerablemente. En Argentina se produjo un acercamiento entre Estado y memoria mientras que, en Brasil y Paraguay, a pesar de los avances de las respectivas CVJ, se solidificaron ciertas estructuras autoritarias heredadas de la dictadura. Con ello, la pregunta sobre los límites del duelo quedó desplazada del centro de la escena (aunque no ha desaparecido por completo ni mucho menos).[20] Y, en su lugar, la cuestión principal se tornó en una pregunta sobre los límites de la memoria en tensión con las políticas estatales. En palabras de Ana Guglielmucci referidas al caso argentino, los riesgos de esta "estatización de la memoria" se muestran en "la tensión y conflictos de visiones divergentes al interior de los propios sitios de memoria" (11). Es en ese sentido que, al indagar en los eventos carcelarios, podemos rastrear esas tensiones en la manera en que las organizaciones y los militantes encararon y resolvieron la situación singular de los presos políticos en las prisiones latinoamericanas en los años sesenta y setenta.

Finalmente, *Eventos Carcelarios* se nutre también de otros debates culturales contemporáneos sobre la literatura carcelaria y la revisión crítica del proyecto político de izquierda de los años sesenta y setenta en el Cono Sur (Lachi; Vezzetti; Ridenti; Guglielmucci; Draper). Entre estos debates, se destaca la polémica inspirada por la carta de Oscar del Barco en torno a la responsabilidad de los distintos sectores de izquierda frente a la participación, apoyo o reivindicación de la empresa guerrillera de los años sesenta y setenta.[21]

---

20. La llegada de los gobiernos 'progresistas' transformó la orientación del Estado con respecto a las políticas judiciales de la memoria acercándose a las demandas de los organismos de derechos humanos.

21. La carta de Del Barco se refería a una entrevista a Hector Jouvé acerca de la experiencia de este último en Salta en 1968 como parte de la guerrilla de Massetti. El

El impacto de ésta logró desplazar la discusión sobre la violencia política de las figuras de la víctima y el héroe e instaló la pregunta sobre la responsabilidad en el terreno de la subjetivación. Tal como resume Horacio Tarcus, no podemos "cargar la violencia asumida en la cuenta de la Historia" (o cualquier otra causa externa) porque "[si] eximimos nuestras acciones de responsabilidad, nos asimilamos a los asesinos" (23). Es este enfrentamiento ominoso con el fantasma de volverse el otro-asesino, anclado en el uso generacional del "nosotros setentista", el corazón de la polémica que desbordó la intervención primera de Del Barco en 2004.²²

Si bien dar cuenta de la extensión de este debate excede mi propósito aquí, cabe destacar que en *Eventos carcelarios* se hace eco de éste en al menos dos registros. En primer lugar, la distancia entre imaginario revolucionario y subjetivación que portaban los militantes políticos de entonces se acicaló en sus elecciones vitales. En el caso de Argentina, cabe citar a Paco Urondo, quien, al salir liberado de la cárcel de Devoto en 1973, le confesó a León Rozitchner "que la muerte individual no existe, que la verdadera vida es la del pueblo, no la de uno mismo" (en Rozitchner, "Primero" 92). El reverso de este sacrificio personal de una vida por la valorización de otra estaba a su vez acicalado por una idealización distorsionada del líder (Perón). ¿Cómo era posible que la izquierda venerara a una figura conservadora como la de Perón? Ambas preguntas, la del sacrificio y la adoración, son parte de un *modus operandi* que

---

dilema central surge debido a que el líder mata a dos miembros del grupo por considerarlos traidores a la causa. Jouvé, que estuvo presente en el momento de los asesinatos, reflexiona sobre la responsabilidad de no intervenir en ese momento. Del Barco, por su parte, se siente responsable y culpable de esas muertes, y su intervención invita a pensar los dilemas de la responsabilidad de la izquierda en relación con la violencia política, proponiendo el principio de No matar como prerrequisito de la acción política. Algunas de las intervenciones sobre esta polémica fueron recopiladas en dos tomos titulados *No matar. Sobre la responsabilidad*. Aquí también destacamos las intervenciones de Rozitchner (*Primero*) y Horacio Tarcus; pero hay muchas más. En todo caso, el debate produjo un quiebre en el proceso de reflexión sobre la violencia política de los años sesenta y setenta que reorganizó la discusión para pensar la pregunta de la responsabilidad y la militancia.

22. Para una exploración de las raíces de este "nosotros setentista" ver mi análisis sobre la figura de Bombita Rodriguez en "La sonrisa de Perón" ("La sonrisa").

interpelaba a los militantes políticos de entonces a tomar una decisión sobre dar (o no) la vida por la revolución.[23]

En segundo lugar, la polémica exige una crítica de la racionalidad partisana como parte de la lógica de reproducción política moderna. En su libro *Línea de sombra*, Alberto Moreiras identifica al partisano (citando a Jan-Werner Müller) como "un individuo sin egoísmo que deja atrás su individualidad al servicio del colectivo nacional", quien se torna en "una figura totalitaria" (272). Pero justamente, lo que hay que pensar es la trama específica que canalizó la rebeldía frente a la violencia a través de la individualización de la política en el terreno de una subjetivación histórica. Tal como dice Tarcus, "no es que la izquierda ya no puede apelar a la violencia porque fue derrotada; sino que fue derrotada porque apeló instrumentalmente a la violencia" (23). De ese modo, al situar históricamente la experiencia política de las izquierdas latinoamericanas de los años de la Guerra Fría bajo la impronta del acontecimiento revolucionario en ciernes (que no devino como tal), la crítica de la violencia política requiere distinguir entre la violencia capitalista — económica, política y militar— y la contra-violencia popular. En ese sentido, la racionalidad partisana se desdobla en dos: por un lado, reconoce la contra-violencia popular expresada, por ejemplo, en los estallidos sociales como el Cordobazo (1969), que contrarrestaron la violencia capitalista cotidiana que genera hambre, opresión y muerte (Rozitchner, "Primero" 45). Por el otro, la violencia partisana que se arrogaba la intervención política apelando al colectivo popular en nombre de esa contra-violencia.

Al respecto, resulta interesante elaborar esa tensión de la contra-violencia con la idea de "decisión pasiva" de Derrida, quien identifica esa "pasividad" que precede a la decisión política misma: "es inconsciente [...] y sigue siendo sin embargo responsable" (*Políticas* 88). De ese modo, el evento se vuelve pensable en tanto interpreta sus trayectorias retrospectivamente y elabora sus efectos políticos con relación a ellas. Moreiras busca desplegar una "política de la decisión pasiva" o del "no-sujeto" para "eliminar el exceso de subjetividad" (*Línea* 273). Desde mi perspectiva, la raíz inconsciente de las tensiones sobre la decisión y la responsabilidad opera en el terreno de la subjetivación, donde se procesan el pensamiento y las afectividades de las improntas militantes (y también esos excesos de subjetividad) que, en su análisis *a posteriori*,

---

23. Me refiero a dilemas similares al debate sobre la responsabilidad en el análisis de la novela de Puig en el capítulo 3.

alimentan el horizonte de intervención política desde donde se interpela esa experiencia singular. En cierto sentido, las narrativas carcelarias consideradas aquí habilitaron una suerte de tiempo detenido en medio del acontecimiento revolucionario (eventos del evento), que permitió a activistas de distintos sectores confluir en un mismo sitio y reflexionar sobre su experiencia vital mientras el acontecimiento estaba sucediendo. Y, en consecuencia, la responsabilidad actual de reflexionar frente a 'la polémica sobre la responsabilidad' insita a atravesar la trama íntima de la subjetivación política que se abrió en ese mismo tiempo detenido para reevaluar los fundamentos del horizonte radical contemporáneo.

En todo caso, la aporía del imaginario político revolucionario fue asumir una relación entre *el pueblo* y las vanguardias guerrilleras que acicalaba esa contra-violencia popular como fundamento de la lucha armada. Y al instrumentalizar esa racionalidad, las guerrillas terminaron por privilegiar el enfrentamiento armado, socavando los lazos políticos de esa misma relación en ciernes (al menos en los casos analizados aquí). Por eso me interesa enfatizar una serie de preguntas que "indaga[n] los esquemas de percepción, de sensibilidad y de acción que la hicieron posible [a la lucha armada], en una dimensión que es menos visible y menos legible en la conciencia de sus actores", los cuales, en la prisión, tomaron un matiz singular y único (Vezzetti, *Sobre* 136). ¿Cómo se transformaron en la cárcel los procesos de subjetivación política con relación a las fantasías de violencia política fallidas de la toma del Estado y la lucha armada? ¿Qué tipo de reflexiones y críticas fueron posibles bajo la amenaza permanente de la tortura y el mandato de *no delatar* propio de las organizaciones revolucionarias? ¿Cuáles fueron los patrones políticos de clase, género y raza que entraron en juego dentro de las propias fuerzas revolucionarias?

Por su parte, Susana Draper propone pensar las posdictaduras del Cono Sur con el tropo de la prisión abierta marcando la continuidad de la temporalidad dictatorial en el neoliberalismo (8). Desde esa perspectiva, el trazo de la memoria es una lucha constante contra el borramiento de la historia reciente tanto a nivel espacial (como su análisis de la transformación de una cárcel en un *mall* en Uruguay) como a nivel temporal (en el uso del vocablo 'pos', por ejemplo). Más aun, puede elaborarse el trabajo de Draper sobre las fisuras y contradicciones de las vidas póstumas (*after-lives*) de las cárceles clandestinas y las penitenciarías que funcionaron durante las dictaduras, desde el punto de vista de los fantasmas de la revolución misma "[al] cuestionar un legado de la dictadura sobre los límites y limitaciones de la habilidad para imaginar la política y reimaginar un pasado político que había llegado a ser abyecto tanto para la derecha como para la izquierda" (11). Es decir: ¿Hasta qué punto la elaboración de la memoria histórica en cada país reprodujo las desigualdades profundas del patriarcado, el clasismo y el racismo en sus propias narrativas y representaciones? ¿Cuáles son, en última instancia, los residuos de esa experiencia política en las tramas inconscientes del imaginario político y la subjetividad de izquierda actual dado que el capitalismo ha sofisticado sus propias máquinas de dominación y muerte en nuestro presente?

En consonancia con estas preguntas que cuestionan los límites de las políticas contemporáneas de la memoria, *Eventos Carcelarios* propone una lectura de obras literarias producidas en los años sesenta y setenta para reconfigurar la crítica cultural del acontecimiento revolucionario. Desde mi perspectiva, estas obras destacan los cuestionamientos elaborados por los prisioneros políticos en torno al imaginario político y la subjetividad. De ese modo, la reflexión literaria y política toma distancia del encuadre revolucionario, aun cuando todavía el problema no está abordado desde el lenguaje y la concepción de las políticas de la memoria. Esa situación específica de la prisión política, históricamente situada en ciertos periodos previos al recrudecimiento represivo, a medio camino entre dos aparatos de conocimiento que la definen (la revolución y la memoria), nos permite resaltar las transformaciones subjetivas en las mazmorras de la dictadura.

Latinoamérica en la prisión: la inteligibilidad del acontecimiento

En el cruce del análisis de la polarización de la Guerra Fría, el despliegue desigual de las tramas de la memoria, y la crítica cultural contemporánea a los proyectos revolucionarios, el argumento es el siguiente: los eventos carcelarios aquí analizados expresan una suerte de *revolución encarcelada* en tanto fueron triunfos políticos contra las dictaduras que demostraron que el aparato de poder no era invencible; y a la vez, interpelaron al acontecimiento revolucionario de la época mostrando las contradicciones y debilidades de su proyecto político. En términos de la subjetivación, las narrativas de estos eventos se desdoblaron a lo largo del tiempo quedando atrapadas en esa memoria inusual de un triunfo singular dentro de una derrota general. En ese sentido, el sintagma *Latinoamérica en la prisión* señala que estos eventos carcelarios se enraizaron de tal modo en la subjetividad de izquierda que generaron una fidelidad a un acontecimiento revolucionario que nunca ocurrió en los países analizados. El problema es que esta retención *après-coup* ha apuntalado y reforzado un imaginario político anacrónico que carga, al mismo tiempo, una falta de autocrítica significativa, una nostalgia política, y una manera de pensar que encuadra otros acontecimientos políticos por venir. Desde ese punto de vista, el libro propone pensar los eventos carcelarios como lente de inteligibilidad del acontecimiento revolucionario en la trama de las distintas narrativas que expusieron sus tensiones constitutivas.

Ahora bien. Para darle carnadura histórica a este enfoque, el estudio de los prisioneros políticos se apuntala en dos ejes de investigación. En primer lugar, rastreo cómo se modificaron los dispositivos carcelarios en cada país ante la reconfiguración de las estrategias represivas de los Estados latinoamericanos. Allí se puede vislumbrar que las políticas represivas estatales siguieron las prescripciones de la DSN aplicando primero una *estrategia carcelaria* de persecución, contención y encierro masivo de activistas, y luego, frente al fracaso de ésta, optaron por la *estrategia de eliminación del enemigo interno*. Este proceso fue resultado de luchas internas entre distintos sectores militares en consonancia con las disputas entre los sectores económicos dominantes de la sociedad (ver Stepan; Boccia Paz et al, *En los sótanos*; Mc Sherry; Izaguirre et al.).

En segundo lugar, los eventos carcelarios elegidos son hechos históricos concretos donde los prisioneros políticos fueron protagonistas de un desborde social cuyo impacto nacional iluminó la potencia de las fuerzas revolucionarias en ese entonces. Me refiero, principalmente, a fugas y liberaciones históricas que insertaron a la prisión como un sitio de resistencia y formación política dentro del circuito de la lucha social del momento. Con ello asumo que, en los casos analizados, las cárceles latinoamericanas se transformaron en un sitio de resistencia incorporado al ciclo de lucha revolucionario, mientras que, en otras ocasiones, el nivel represivo fue tan brutal que logró quebrar ese mismo circuito militante.

En el cruce de estos dos ejes, los eventos carcelarios elegidos funcionaron como momentos bisagra para el advenimiento de las estrategias de *eliminación del enemigo interno*: por un lado, significaron el momento de mayor fortaleza en tanto representaron un triunfo contra la dictadura; por el otro, pusieron al descubierto las contradicciones y debilidades del proyecto revolucionario que a partir de entonces comenzó su derrotero definitivo. De hecho, en los casos de Paraguay, Argentina y Brasil, una vez que los prisioneros políticos se fugaron o fueron liberados, esa potencia histórica contenida entre rejas, esa 'revolución encarcelada', se diseminó en la trama social hasta que llegó a esfumarse su capacidad de transformación. La singularidad de este momento trajo un alto grado de fortaleza política, pero a la vez, fue el momento de mayor debilidad de la izquierda. Esta tensión se expresó intensamente dentro de la cárcel donde paradójicamente la revolución se hizo aún más palpable que en el resto de la sociedad.

Leído desde esa perspectiva, la politización de la vida cotidiana en la prisión, la resistencia frente a las fuerzas represivas carcelarias y la unión de los prisioneros políticos de distintos sectores por una causa común (fuga o liberación) generaron al menos tres transformaciones subjetivas. En primer lugar, la situación específica del encierro prolongado funcionó, en los casos analizados, como un tiempo suspendido a partir del cual los presos políticos pudieron repensar el imaginario revolucionario que los había 'formado' como sujetos políticos. En segundo lugar, activistas de distintas organizaciones de militantes pudieron reunirse en celdas colectivas y llevar a cabo estrategias y tácticas de acción comunes (así como también discusiones políticas), que no hubiesen sido posibles fuera de la cárcel, dadas las diferencias ideológicas entre los grupos y el ritmo infatigable de la vida cotidiana de la militancia. Por último, la reflexión literaria sobre la escritura y la representación de la experiencia carcelaria que atraviesa todo el libro torna los eventos carcelarios en lentes de inteligibilidad críticos de la imaginación radical propia del proyecto revolucionario. Pues no se trata solamente de rastrear los efectos subjetivos de la polarización cotidiana de la Guerra Fría en el Cono Sur, sino también de plantear la posibilidad de pensar la historia cultural de América Latina *desde* y *más allá* de la cárcel.

En el primer capítulo, el análisis de la dictadura de Alfredo Stroessner en Paraguay (1954-1989) se refiere primordialmente a los primeros diez años donde el régimen logró su consolidación (ver Arellano; Soler). Allí se destaca, como ya hemos mencionado, la fuga de los prisioneros políticos del Penal de Peña Hermosa en abril de 1961. Las características de ese penal, situado en una isla del río Paraguay y alejado de la capital, facilitaron la organización del escape de los prisioneros. De hecho, todos y cada uno de los presos de Peña Hermosa se escaparon en esa ocasión en una fuga que duró dos días hasta que llegaron a Brasil. Sin embargo, la paradoja del evento carcelario es que, dado el aislamiento político del país, la fuga de una cárcel entera (un hecho casi inaudito en sí mismo) pasó casi desapercibida en Paraguay y América Latina, inclusive para los estudios sobre la lucha armada en el continente.

Pensada desde la noción de inconsciente estético de Jacques Rancière, la huella de este aislamiento en el imaginario político paraguayo refleja la pulsión de "un pensamiento de lo que no piensa", en el sentido que no genera una propuesta política concreta, sino que socava permanentemente las jerarquías del poder y la representación política (*El inconsciente* 24).[24] Desde esa perspectiva, la potencia revolucionaria que Roa logra transmitir en la novela refiere a esa fuga aislada que no termina nunca de inscribirse plenamente porque está siempre retenida en el lenguaje bilingüe y el sustrato indígena-guaraní de la cultura paraguaya.

Cabe destacar que, al mismo tiempo, el Stronismo fue el primer gobierno de la región que accedió a "préstamos internacionales e inici[ó] un proceso de relativa modernización del país" por la efectiva "eliminación del comunismo" (Boccia Paz et al. *En los sótanos* 93). En otras palabras, Stroessner puso en práctica la ideología de la DSN antes de que ésta se expandiera en todo el continente. Desde mi perspectiva, la novela de Roa Bastos, *Hijo de hombre*, es una crítica de los fundamentos de esta "modernización conservadora" del Paraguay y su condición de aislamiento (Soler 118). En efecto, mi lectura destaca el anclaje literario en la cárcel de Peña Hermosa que funciona en el texto de Roa como el sitio de mayor aislamiento político. En esa cárcel Vera, el protagonista principal, comienza a escribir un diario acerca de su propia experiencia como sujeto subalterno, y lo termina en el preciso momento que se consagra héroe de guerra — único sobreviviente de su batallón en el conflicto bélico del Chaco (1932–1935)—.[25] Pensado desde la dictadura en los sesenta (cuando el libro fue escrito) el diario de Vera funciona como un momento fundante de la literatura paraguaya, donde la guerra articula la transformación del sujeto subalterno (vía militarización) en un sujeto nacional. Y, como encarnación de ese proceso, Vera se vuelve alcalde de su pueblo una vez concluido el conflicto

---

24. Jacques Rancière utiliza el concepto de "inconsciente estético" para señalar la puesta en acto de un arte (principalmente en la escritura) que se explaya en el terreno de "un pensamiento que no piensa" (*El inconsciente* 24). Esta estética intercepta el despliegue de un pensamiento en función de los silencios, las interpretaciones y los desbordes, propios de la sociedad en la que emerge, interrumpiendo permanentemente la organización del arte en términos de representación. Para el autor francés, el *inconsciente estético* surge históricamente en el ámbito europeo (ligado al romanticismo alemán y francés) en el terreno de la filosofía y la literatura durante todo el siglo XIX, y va a influir en la formación de *lo inconsciente* en el psicoanálisis a principios de siglo XX.
25. La Guerra del Chaco entre Paraguay y Bolivia fue el resultado de una disputa territorial entre capitales petroleros (ver Agüero Wagner).

bélico. Esta formación subjetiva nacional tardía (en comparación con otros países latinoamericanos) se consolida con la modernización conservadora llevada a cabo por el Stronismo. La coincidencia que el diario de Vera y la fuga de los prisioneros en los sesenta sucedan en la misma prisión puede leerse como una paradoja del aislamiento político en Paraguay: la escritura 'aislada' de su literatura se ve reflejada en un evento carcelario *aislado* cuya imagen política pasa desapercibida a pesar de su importancia fundacional.

En el caso de Brasil y Argentina, nos enfocamos en el cambio gradual entre *estrategias represivas* ya mencionadas: la estrategia carcelaria y la estrategia de eliminación del enemigo interno. En la dictadura brasilera (1964–1985), el cambio represivo se inicia con el Acto Institucional 5 (AI5) en diciembre de 1968, y se acelera a partir del secuestro de Charles Elbrick, embajador de Estados Unidos, llevado a cabo por una célula guerrillera el 4 de setiembre de 1969. En el capítulo 2 destacamos este *evento carcelario* ya que los guerrilleros lograron trocar al embajador por la liberación de 15 presos políticos, los cuales fueron llevados en un avión a Méjico donde continuaron su vida en el exilio (Langland 187). En la obra de teatro *Torquemada* de Augusto Boal que aquí analizamos, el secuestro interrumpe la cotidianidad de la celda colectiva y genera la confusión en un preso quien cree ser uno de los liberados. Sin embargo, una vez desmentido, él mismo termina siendo torturado y posiblemente asesinado por los militares. El equívoco de la interrupción nos retrotrae al hecho de que Boal mismo fue torturado y apresado en 1971 (cuando también empezó a escribir esta obra de teatro).

El rol de este triunfo equivocado o error triunfal del evento carcelario vivido desde adentro de la cárcel ilumina la idea del "régimen estético del arte" de Jaques Rancière (*The Politics*). En efecto, el filósofo francés argumenta que "la distribución de lo sensible" se sostiene en la partición constante de sus elementos, poniendo en marcha "la permanente interrupción de las jerarquías que sostienen la producción artística y política" (Rancière 81). Desde esa perspectiva, no sólo la prisión funciona como una interrupción de la militancia, sino que el *modus operandi* de la vida carcelaria aparece como un campo de batalla interrumpido. Tal vez por eso la obra teatral de Boal constituye una *estética de las interrupciones*, la cual nos permite reconstruir el imaginario carcelario en tensión con el imaginario revolucionario y con las respuestas para contrarrestar las estrategias represivas de la dictadura.

Por último, en Argentina, situamos el análisis en el traspaso de poder de una dictadura a una democracia en 1973 como parte del proceso de transformación de estrategias represivas, ya que en ese país se intercaló un período democrático de casi tres años situado entre dos regímenes militares (la dictadura de 1966–1973 y la de 1976–1983). De ese modo, en el tercer capítulo nos enfocamos en la liberación masiva de prisioneros políticos conocida como *El Devotazo*, anunciada por el Estado peronista y producida por la insistencia de los prisioneros y la presión popular el 25 de mayo de 1973, día de la asunción del nuevo presidente democrático Héctor Cámpora (Bonasso; Garraño y Pertot).

Leído en contraste con *El beso de la mujer araña* de Manuel Puig, recurrimos al filósofo argentino León Rozitchner para pensar las contradicciones del sujeto político en ese momento histórico. Según Rozitchner, esos dilemas residían en (1) "la distancia exterior" entre las posibilidades concretas de "hacer la revolución" y la fuerza histórica y política acumulada en Argentina; y (2) "la distancia interior" entre las aspiraciones del sueño revolucionario y la pertenencia de clase de los propios militantes que procuraban llevarla a cabo (*Freud* 21). A este esquema analítico cabe agregar el sustrato patriarcal de la empresa revolucionaria, que no cuestionó la división social del género, y la ausencia de un pensamiento histórico sobre las dinámicas raciales como parte esencial de su *modus operandi*.

Con ello en mente, sostengo que estas distancias tejen *una telaraña del encierro* entre los protagonistas, Molina y Valentín, la cual refleja las tensiones y contradicciones de la subjetividad revolucionaria. Sin embargo, en la segunda parte de la novela, estos mismos personajes logran iluminar las grietas de esa distancia interior transformando el encierro en un refugio, encuentro sexual mediante, desde dónde repensar las coordenadas de un nuevo imaginario político de transformación radical.

En resumidas cuentas, *Eventos carcelarios* elabora la experiencia carcelaria de los prisioneros políticos a partir de estas obras literarias para poder indagar las tramas invisibles y poco perceptibles que constituyeron los proyectos revolucionarios latinoamericanos. De ese modo, las figuras correlativas del *aislamiento político*, la *estética de las interrupciones,* y las *telarañas del encierro*, interpretan y conectan las transformaciones subjetivas de los prisioneros con el imaginario revolucionario. En última instancia, la elaboración de esas figuras apunta a identificar la persistencia de los valores políticos que se han amoldado a los procesos de subjetivación contemporáneos como una distancia histórica que resulta necesario zanjar.

CAPÍTULO 1

La producción del aislamiento político en Paraguay

Fuga y subjetivación histórica en Hijo de hombre
(Augusto Roa Bastos, 1960)

"NADIE PENSÓ QUE NOS íbamos animar", escribe Juan Ventre Buzarquis, guerrillero del *Movimiento 14 de Mayo por la Liberación del Paraguay*, que a principios de los años sesenta se encontraba preso en el penal de Peña Hermosa (161). La cárcel, ubicada en una isla sobre el Río Paraguay cercana a la frontera brasilera, estaba alejada de Asunción y ninguno de los presos políticos tenía conocimiento de la zona. Sin embargo, el 27 de abril de 1961, con escasa ayuda externa, los prisioneros tomaron la prisión, y luego de encerrar a los guardias y de romper la radio de comunicación, "todos, sin excepción, decid[ieron]n plegarse" a la fuga (162). Es decir, toda la población carcelaria del penal, alrededor de 50 presos, emprende una fuga épica de a pie por "40 kilómetros de esteros y lodazales", caminando de noche para evitar los aviones que patrullaban durante el día obligándolos a camuflarse, "quietos, disimulados debajo de los árboles; creo que ni respirábamos", recuerda Ventre Buzarquis (170). Finalmente, cruzan el río para llegar a Brasil en la madrugada del 30 donde pronto se volverán asilados políticos.

La imagen es digna de destacar: ¡La población entera de una cárcel se fuga con éxito logrando burlar a la dictadura de Stroessner (1954–1989) que ya por ese entonces se estaba consolidando en el poder! Sin embargo, a pesar de la intrepidez de la fuga, la existencia de la misma y del propio Movimiento 14 de Mayo ha permanecido casi en el olvido. No sólo para la historia misma del país, sino también incluso para el estudio de los grupos armados en el continente.[1] Y es justamente esta paradoja del evento carcelario olvidado la que ilumina el destino prototípico de Paraguay en la historia de América Latina: el problema de su aislamiento geopolítico y cultural del resto del continente.

La propuesta de este capítulo consiste en indagar la especificidad de la prisión y la fuga como lentes de inteligibilidad del aislamiento político paraguayo. Para ello llevo a cabo una lectura de *Hijo de hombre*, la primera novela del escritor paraguayo Augusto Roa Bastos, quien para ese entonces ya había pasado más de 10 años exiliado en Buenos Aires.[2] Publicada en 1960, en paralelo a la emergencia del Movimiento 14 de Mayo, *Hijo de hombre* se estructura en torno a dos voces emplastadas en el personaje central de Miguel Vera, un militar-intelectual proveniente de las clases populares. La primera voz cuenta en tercera persona los vericuetos de distintas rebeliones de principios del siglo XX, y el destino de sus protagonistas marginados, perseguidos y expulsados de la historia (capítulos 2, 4, 6 y 8). La segunda voz pertenece a reflexiones escritas por Vera en primera persona acerca de los dilemas de su propia subjetividad en relación con estas historias de revueltas populares (capítulos 1, 3, 5, 7 y 9). Al final, Vera se vuelve alcalde de su pueblo, lugar donde es matado por un niño (o se suicida) mientras termina de escribir sus manuscritos (los cuales componen todo el libro).

No en vano *Hijo de hombre* puede considerarse como la novela fundacional de la literatura paraguaya. En efecto, el crítico literario Noe Jitrik sostiene que el libro de Roa es la expresión de "un tipo de literatura entre regionalista, política, [y] reivindicativa [...] obsesionada con pensar la formación de la identidad nacional paraguaya" (en Pecci 222). Aunque, al mismo tiempo,

---

[1]. Cabe aclarar que en Paraguay existe una bibliografía al respecto formada por los libros testimoniales de Caballero Ferreira, Ventre Buzarquis, y Esteche (*Movimiento*; *Comandante*), y las entrevistas realizadas por la Comisión de Verdad y Justicia. Por otro lado, han aparecido algunos estudios sobre grupos armados editado por Claudio Lachi, el libro de Diana Arellano y el estudio de Andrew Nickson. Y más recientemente, la publicación de documentos llevada a cabo por Milda Rivarola (*Letras*) mientras que otros textos están por salir a la luz, como el testimonio del Doctor Mendoza registrado por el historiador Rubén Ortiz en Misiones, Argentina.

[2]. En este capítulo utilizaremos la séptima edición de *Hijo de Hombre* (1980), de la editorial Losada, que repite la original de 1960.

como destaca la crítica cultural Carla Benisz, esa misma pluma obsesiva se ocupa de socavar ese proyecto 'latinoamericano' de la ciudad letrada que lleva a Roa a caracterizar a Paraguay como un país donde la literatura estaba ausente.[3] La contradicción de reflejar, por un lado, el impulso de ocupar este sitio literario 'ausente', y por el otro, el dolor paraguayo de las clases populares, al decir de Rafael Barret, se constituye de ese modo en la fuerza motora del texto. Asimismo, la estructura de los 9 capítulos de la versión original, organizada cronológicamente entre la llegada del cometa a principios de siglo XX hasta mediados de los años cuarenta, permite múltiples puntos de entradas según la "poética de las variaciones" propuesta por el propio autor.[4] Tomando en cuenta la complejidad de la novela, procuro reflexionar sobre las raíces profundas del aislamiento social, cultural y político que había castigado al Paraguay, al menos, desde su nacimiento como nación. Y, a la vez, destaco el común denominador de la fuga como el impulso popular de raigambre guaraní que subyace a la subjetivación histórica en el país.

Cabe destacar que, por ese entonces, la dictadura de Alfredo Stroessner consolidaba su poder político en el Estado en nombre de la integración nacional. De acuerdo con Lorena Soler, el Stronismo no operó siempre como "una dictadura que controló cada uno de los reductos del funcionamiento social", sino que se fue construyendo por etapas en una suerte de "modernización conservadora" (74). En efecto, en el primer periodo de formación del régimen (1954–1963), Stroessner puso a funcionar una feroz represión política y militar contra la oposición en combinación con la adquisición de financiamiento internacional para crear en Paraguay una infraestructura de carreteras, servicios públicos e instituciones estatales.

En ese contexto nace en 1959 el grupo guerrillero Movimiento 14 de Mayo, gestado por exiliados paraguayos en Argentina y Uruguay. Inspirado por la recién triunfante Revolución Cubana, el Movimiento agrupaba un variopinto de ideologías y voluntades unidas por el objetivo común de derrocar a Stroessner. Tal como sostiene Diana Arellano, "la tradicional conspiración armada de

---

3. La discusión de la literatura ausente para referirse al Paraguay exede este apartado (ver Benisz; Pous (et al.).
4. En el estudio "Liminar" de la publicación de la novela en 1982, Roa Bastos justifica una serie de modificaciones en la nueva edición apelando a la idea de una "poética de las variaciones", la cual concebía esa obra como un trabajo en constante reescritura (10). Más adelante en el texto vuelvo sobre este tema.

la que muchos habían sido protagonistas, y por esa causa exiliados, se trastoca en una lucha más profunda que no sólo se plantea el clásico derrocamiento del gobierno sino un cambio radical en la estructura política del Paraguay" (78). Es decir: aun cuando se formó como una Junta Nacional Revolucionaria de Liberación Paraguaya, el Movimiento 14 de Mayo no era claramente socialista o comunista en sus reivindicaciones, como sí lo fue el FULNA, un movimiento guerrillero paralelo desprendido del Partido Comunista Paraguayo (Soler 75). Esto se debía a que la mayoría de los cuadros 'catorceros' eran liberales y febreristas, y por lo tanto predominaba un fuerte carácter nacionalista y pluralista en el movimiento que reconocía sus raíces en la 'unidad' de la Guerra del Chaco (1932-1935).

Paralelamente, la impronta de esta 'unidad guerrera', que había llevado a una victoria en el campo de batalla contra Bolivia, funcionó como el principal articulador político de la dictadura stronista que iba a consolidar su poder en la relación entre Estado, Fuerzas Armadas y Partido Colorado, dada la larga tradición del sistema de partidos en el país. Así, esa guerra contra el enemigo externo en los treinta se volvió con Stroessner una guerra contra el enemigo interno en los cincuenta. Y, por lo tanto, la dictadura como continuación de la guerra constituyó la base ideológica y política de la inserción del capital financiero en Paraguay.

Este proceso tiene su punto de inflexión en la Revolución de Concepción de 1947, donde organizaciones, partidos políticos y un sector de los militares se unen para enfrentar al grueso de las Fuerzas Armadas y a los colorados. La victoria de estos últimos, seguida de una cruel represión contra los opositores políticos, terminó con la expulsión del país de casi un tercio de la población. Entre ellos estaba el propio Roa Bastos.[5] Pues esos exiliados son los que van a organizar el Movimiento 14 de Mayo para intentar lo que fue denominado como la "Gran Invasión": la entrada simultánea de células guerrilleras que cruzaron el Río Paraná desde Argentina con el objetivo de acabar con la dictadura. De hecho, hubo dos intentos de "invasión" (uno en diciembre de 1959 y otro en 1960), los cuales fueron aplastados militarmente sin llegar "a poner

---

5. En su estudio sobre el *Movimiento 14 de Mayo*, la antropóloga Diana Arellano menciona que hubo "entre doscientos y cuatrocientos mil" exiliados políticos, lo cual podía llegar a corresponder a un tercio de la población del país en ese entonces (46).

en peligro la estabilidad del régimen" (Boccia Paz et al. *Es mi informe* 147).[6] De ese modo, la formación del imaginario revolucionario en Paraguay en los años sesenta estuvo fuertemente anclada en la experiencia del exilio, desde donde se organizaron distintos intentos de derrocar a Stroessner.[7]

Los sobrevivientes catorceros argumentan que la derrota se debió en gran parte a la infiltración de los traidores o *pyragüé*.[8] En Paraguay, *pyragüé* refiere tanto a los soplones circunstanciales como a los infiltrados, o a aquellos que, siendo parte de un movimiento político, terminan por delatar sus planes. En ese sentido, la organización de la represión de los primeros años de la dictadura de Stroessner se asentó en torno a esta red de pyragüé y delaciones que exigía que todo paraguayo, para mostrar su lealtad al gobierno, debía entregar información a los agentes de la represión.

En todo caso, los *catorceros* encarnaron la inspiración política de todo exiliado en esa época: el sueño de retornar a la patria, y el deseo revolucionario que se esparcía por todo el continente luego del éxito de la Revolución Cubana en enero de 1959. De ese modo, tanto la novela como el Movimiento 14 de Mayo formaron parte de una intervención política múltiple contra el Stronismo desde el exilio, donde soñaban con la gesta revolucionaria e imaginaban aisladamente un Paraguay moldeado a su medida. Y esta característica específica del imaginario revolucionario paraguayo se va a insertar en los procesos de subjetivación histórica mediante la figura de la fuga.

Curiosamente, esa no es la única coincidencia entre la novela y el movimiento. En el capítulo 7 de *Hijo de hombre*, titulado "Destinados", el militar Vera se encuentra prisionero a comienzos de 1932 en Peña Hermosa, la misma cárcel adonde fueron enviados los catorceros en 1960. La isla-prisión, ubicada en una zona poco habitada a 800 kilómetros de Asunción, estaba destinada exclusivamente para presos militares en los treinta. Pero durante el Stronismo, ésta se va a rehabilitar para formar parte del sistema carcelario

---

6. Así denominaron al ataque llevado a cabo en distintos puntos a lo largo del Río Paraná, el 12 de diciembre de 1959, con el objetivo difuso de ir tomando pueblos, convencer a los pobladores de unirse a su causa y avanzar sobre territorio paraguayo hasta eventualmente derrocar a Stroessner.
7. Al respecto, ver la novela de Mempo Giardinelli, *La revolución en bicicleta*.
8. El término guaraní *pyragüé* refiere a los delatores o traidores y significa literalmente "aquel que tiene los pies de pelos" y, por lo tanto, puede deslizarse sin hacer ruido, sin ser notado.

para presos políticos (ver *Figura 1*). Asimismo, en la novela, el protagonista ha sido destinado a Peña Hermosa por haber ayudado a un grupo revolucionario y luego haberlo delatado en una borrachera. En el aislamiento casi total del penal, donde hasta los otros presos-militares lo desprecian y lo excluyen por su condición de *pyragüé*, Vera toma notas en un diario que comienza en Peña Hermosa y termina en la Guerra del Chaco, ocupando todo el capítulo séptimo. Y tal como aprendemos al final del libro, el protagonista escribe en la cárcel, cronológicamente hablando, la primera línea de la novela.[9] Es decir: Peña Hermosa, la prisión más aislada de Paraguay donde se produce la fuga espectacular de los catorceros funciona, al mismo tiempo, como el comienzo simbólico de la literatura 'nacional' paraguaya.[10]

Con esta imagen yuxtapuesta de la isla-prisión y de la fuga, el objetivo de este capítulo consiste en leer *Hijo de hombre* sobre el eje de la producción social y cultural del aislamiento político para rastrear las raíces profundas de su *modus operandi*. Por aislamiento político me refiero al choque permanente entre una lógica estatal de expulsión e integración de lo popular que construye espacios aislados (tales como la cárcel o el exilio), y una lógica de resistencia popular que la interrumpe transformando ese mismo aislamiento en un sitio de insurrección y desafío al poder político. Esta condición de aislamiento en que vive Paraguay resulta un lugar común para la crítica cultural (Méndez-Faith; Courthés). Más aún, como sostienen Peter Lambert y Andrew Nickson, "[Paraguay] ha sido definido en términos de aislamiento y diferencia frente a sus vecinos, a Latinoamérica, y al resto del mundo", cargando esta impronta como un rechazo a su idiosincrasia que se ha vuelto hasta cierto punto parte de su identidad (1). Al respecto, Josefina Plá, una escritora perteneciente al círculo de intelectuales en que se formó Roa Bastos, solía decir que su país *era una isla rodeada de tierra*, para señalar justamente el aislamiento

---

9. Pues, como nos enteramos al final de la misma, los 9 capítulos que contiene la obra habían sido escritos por un ya veterano Vera, a modo de recuerdos de su vida, "con el membrete de la alcaldía" que presidía en su pueblo natal, Itapé (Roa Bastos, *Hijo* 280).
10. La carta de la doctora Rosa Monzón con que finaliza la novela esgrime que ella encontró los "manuscritos" que conforman la novela en la cama de un agonizante Vera, escritos en hojas "con el membrete de la alcaldía" (Roa Bastos, *Hijo* 280). A pesar de ello, algunos críticos han elaborado la idea de que, al igual que la Biblia, la novela fue narrada por "un autor colectivo" (Martínez y Carriquiry 53, 88).

2. LUGARES DE REPRESIÓN Y RECLUSIÓN

FIGURA 1. Mapa de los centros de detención y tortura en funcionamiento durante la dictadura militar en Paraguay (1954-1989). Como vemos, Peña Hermosa (aunque debería estar más abajo en el mapa), está alejada de la capital y de los radares de la represión stronista.[11]

---

11. Agradezco a Rosa Palau de los Archivos del Terror quién diseñó y me facilitó este mapa en mayo de 2012.

geopolítico en que estaba sumido su territorio aun antes de la formación de la nación paraguaya.[12] Y, en particular, Eric Courthés ha señalado "la atmósfera carcelaria" que se desprende de cada capítulo de *Hijo de hombre*, pero sin analizar en profundidad el impacto de este aislamiento en el funcionamiento de la novela (138).

Mi trabajo reconstruye, en primer lugar, el modo específico en que el aislamiento político fue producido como resultado "del proceso histórico de acumulación originaria de capital" en que se desenvolvió en Paraguay (Marx 608). Con ello busco mostrar los métodos violentos de sumisión y despojo, así como también las resistencias populares frente a este "proceso histórico de disociación entre el productor y sus medios de producción". En segundo lugar, considero el discurso histórico-ficcional de Roa Bastos en torno al aislamiento paraguayo como una trama escritural que socava el borramiento y desfiguración de la historia propio de ese mismo proceso de acumulación primitiva. En ese sentido, la novela emerge como el pilar fundamental del "proyecto [literario] de Roa Bastos de una subjetivación popular de la historia [... que] plantea la cuestión de la subalternidad" en términos de la relación entre literatura y política (Legrás 189, 169). Para Horacio Legrás, el autor paraguayo presenta "un recuento de las relaciones sociales de poder usando *casi* nada más que el marco de valores y creencias de la gente subalternizada/del pueblo subalternizado" (169). Allí encontramos que la peculiaridad de la subjetivación histórica paraguaya, entendida como "un proceso de desalienación, de apropiarse de la propia historia para uno mismo", se encuentra acicalada por la cultura y el lenguaje oral guaraní que se resiste a volverse escritura (161).

Mi contribución consiste en pensar estos procesos de subjetivación histórica en tensión con la formación del imaginario revolucionario en el exilio, a partir del evento carcelario producido por los catorceros en 1962. De esa manera, la pregunta del acontecimiento apunta a desanudar la paradoja de la fuga aislada que tiende a fugarse hacia su propio aislamiento. Así, la subjetivación histórica paraguaya se acicaló en el imaginario político radical latinoamericano de los años sesenta como una suerte de revolución aislada. En *Hijo de hombre*, el penal de Peña Hermosa funciona, por un lado, el sitio de mayor aislamiento desde donde la escritura subjetiva se hace posible

---

12. Según Courthés, la frase "isla rodeada de tierra" pertenece a Josefina Plá, aunque la misma ha sido tan mencionada por Roa y otros autores que se ha vuelto un lugar común para su generación intelectual, y se ha plasmado en otras novelas como, por ejemplo, *La isla sin mar* (1987) de Juan Bautista Rivarola Matto (59).

como base de la formación del sujeto (y la literatura) nacional. En su contracara, la fuga actúa como la fuerza latente de la resistencia paraguaya a lo largo de toda la novela. Mi propuesta consiste en pensar esta tensión entre fuga y aislamiento en contraste con el evento carcelario protagonizado por los catorceros en el mismo penal. En consecuencia, el argumento es que el aislamiento político paraguayo está constantemente asediado por la insistencia de una fuga que no cesa, ligada al recuerdo de la violencia originaria del capital y a la reformulación del aislamiento desde una cultura popular de raigambre guaraní.

PARTE 1

Una realidad que deliraba: la acumulación originaria y el aislamiento político

Roa Bastos sostenía que una vez terminada la Guerra de la Triple Alianza (1864-1870) "el Paraguay quedó reducido a escombros materiales y morales. No le sobró a esta pequeña nación más que una 'una gran catástrofe de recuerdos' y en medio de ella, una *realidad que deliraba* y echaba enormes ráfagas de su historia en el rostro de los sobrevivientes" ("La narrativa" 127). Pues esa guerra terminó por diezmar a la población, por destruir prácticamente al Estado y por arruinar la economía del país. Esta frase contundente de Roa parece describir el escenario de toda la novela, atravesada por recuerdos fragmentados de la violencia, escombros de revoluciones abortadas, y una realidad que producía con ello un delirio como el único modo de volver inteligible ese desastre.

Desde el punto de vista de la acumulación originaria, la culminación de la guerra abrió un mercado de tierras al capital extranjero que se consolidó con la venta masiva de millones de hectáreas por parte del Estado a precios irrisorios.[13] La Ley de Tierras Públicas y Yerbales aprobada en 1885 vino a "garantizar ese proceso de centralización y concentración de la tierra en pocas manos" (Pomer 246). Además, permitió la libre navegación de los ríos para la

---

13. "El 29 de diciembre de 1870 (con las ruinas aún humeantes, las víctimas sin enterrar) el Gobierno Provisorio del Paraguay declara libre la comercialización de la yerba mate y el corte de madera en los montes fiscales. [...] Y desde 1870 pasan a manos privadas [capitalistas extranjeros] 29 millones de hectáreas de tierra, de las cuales 25 millones son vendidas, dilapidadas inmediatamente después de la guerra" (Pomer 246).

comercialización, lo cual había sido disparador del conflicto bélico. Todo este proceso significó la expulsión de pequeños agrícolas que hasta ese momento usufructuaban las tierras estatales, pero que, a partir de entonces, iban a ser obligados a dejar su hogar y sus medios de producción. Esta proletarización salvaje de los pocos hombres trabajadores que habían sobrevivido (una mayoría de niños y ancianos, muchos de ellos indígenas), será la mano de obra en la explotación de la madera y de los yerbales. La acumulación originaria funcionaba al dedillo: una violencia brutal, la guerra, seguida de una ley que organizaba la economía en función del capital, y la generación de una mayoría pobre que no tenía otra opción que vender su fuerza de trabajo para sobrevivir.[14]

En ese sentido, la *realidad que deliraba* en Paraguay es el resultado del proceso de acumulación originaria de capital que recorre toda su historia desde la conquista hasta el presente, ligado fuertemente a las economías extractivas y a la situación de aislamiento geopolítico del país. Estos dos procesos confluyen en "la historia del dominio de mano de obra nativa por los hispanos, la del sometimiento e imposición de un nuevo ritmo de trabajo, productor de excedentes, a los indígenas" (Rivarola, *Vagos* 11). En efecto, en 1556 se instaló en Paraguay el sistema de encomiendas que procuró "*domesticar* [...] una población nativa recolectora, cazadora y agrícola itinerante" mediante la explotación del mitazgo y el yanaconazgo.[15] Pero no es sino hasta el siglo XVII y XVIII, con la incursión de las Misiones Jesuitas, que se logra instalar en medio de la selva "un sistema productivo autosuficiente" (Garavaglia 161). Juan Carlos Garavaglia sostiene que los jesuitas emplazaron un "modo de producción subsidiario" o "despótico-comunitario" sobre "grupos indígenas guaranizados" con el objetivo de asentarlos en un "pueblo, a los efectos de una explotación más racional de la mano de obra india (sic)"

---

14. "El régimen del capital presupone el divorcio entre los obreros y la propiedad sobre las condiciones de realización de su trabajo. Cuando ya se mueve por sus propios pies, la producción capitalista no sólo mantiene este divorcio, sino que lo reproduce y lo acentúa en una escala mayor" (Marx 608).

15. El *yanaconazgo* "se refiere a la mano de obra indígena que habita la hacienda del señor donde trabajaba en una verdadera situación de esclavitud. En cambio, el *mitazgo* se refiere a los indígenas que prestan servicios durante un lapso anual para su encomendero, pero que viven el resto del año [...] en el marco de la comunidad indígena" (Garavaglia 166–167).

(161–162).¹⁶ Estos *pueblos* se sostenían como "unidades productivas relativamente autárquicas" y autosuficientes con una división y diversificación del trabajo bastante avanzada que incluía desde artesanos hasta agricultores. A su vez, funcionaban "separadas del resto de la sociedad blanca", aunque hubo numerosos enfrentamientos con "los encomenderos y comerciantes hispanos por el uso de la mano de obra indígena" (163). En ese sentido, el aislamiento de las reducciones favoreció la fundación de un 'pueblo guaraní' donde por primera vez se producía socialmente la yerba mate. La 'creación blanca' de esta unidad política ajena a las tribus indígenas, resultaba sin embargo funcional a las disputas internas entre ellas y ofrecía un refugio frente a las incursiones de los 'bandeirantes' brasileros.

Sobre la huella de esta experiencia religiosa y política se va a organizar el cerco proteccionista de Gaspar Francia en la primera mitad de siglo XIX luego de las Guerras de Independencia.¹⁷ Esta reinscripción de la acumulación originaria se llevó a cabo bajo "la combinación de despotismo, estatización de la economía, cierto igualitarismo social –resultado de la similitud de condiciones de vida de campesinos y elite rural empobrecida– y el bloqueo económico de Paraguay" durante todo el gobierno del "Dictador Perpetuo" (1814-1840) (Rivarola, *Vagos* 39). En estas condiciones, el Estado, "lejos de dar trabajo, exigía, y contaba con los medios coactivos de 'obtener' trabajo no retribuido de los pobladores" (46).¹⁸ Y si bien durante este periodo de aislamiento geopolítico fuerte no se generó una clase latifundista, sino una clase de pequeños agricultores, la dominación social y política recaía en el

---

16. Garavaglia señala analíticamente la existencia de una variante "pura", mayoritaria, dirigida por la Orden Jesuítica, y otra variante "bastardeada" dirigida por los sacerdotes y los encomenderos (167).
17. En su estudio sobre Inglaterra, Marx destaca "las distintas etapas" donde se inscribe este retorno: "el sistema colonial, el sistema de la deuda pública, el sistema tributario y el sistema proteccionista" (638).
18. La "reconversión de la fuerza de trabajo" se realizaba mediante la represión "por vagancia" y el control de "pases" que limitaba el tráfico de ciudadanos de una jurisdicción a otra (Rivarola, *Vagos* 41–42). Pero además, durante el gobierno de Francia, "muchos negros libres se volvieron esclavos" mientras que el ejército se pobló con campesinos, los cuales, convertidos en soldados sin guerra, terminaban "trabajando" en el estado sin ser remunerados (50).

poder estatal y en la figura de Francia, que de ese modo continuaba con la "domesticación" de la clase trabajadora.

En los años posteriores al gobierno de Francia, tras la llegada de Antonio Solano López al poder, se llevó a cabo un proceso de modernización de la economía que incluyó cierta apertura comercial y el incremento de tierras productivas en manos del Estado para la explotación del tabaco, la madera y la yerba.[19] Y, de ese modo, se preparó el terreno para la generación de una *unidad extractiva* que sería aprovechada por los capitales foráneos luego de la Guerra Grande o Guerra de la Triple Alianza.

En todo caso, tanto los Jesuitas como los gobiernos del siglo XIX posteriores a la independencia tuvieron que resolver la tensión entre una reivindicación autonomista y formas autoritarias de organizar la sociedad, privilegiando en última instancia la instalación de un modo de 'control social aislado' que terminó siendo absorbido por el funcionamiento del sistema de producción económico capitalista. Pues si bien Paraguay se encontraba en una relación subalterna con los otros países latinoamericanos, receloso de la intervención de las potencias mundiales del momento como Inglaterra y Francia, la singularidad de su huella consistió precisamente en el intento de construir un orden de sujeción social desde el aislamiento. Allí la formación de una clase trabajadora estaba anclada en una matriz cultural potencialmente autónoma y fuertemente autoritaria.[20]

En el medio de esa disputa, la Guerra Grande, como vimos, destrozó al país y lo dejó no sólo a merced de los capitales extranjeros, sino también en un estado de desmembramiento social sin precedentes. En esa transacción, el aislamiento político continuó siendo funcional a los intereses capitalistas. Por eso Roa Bastos procura insertar la subjetivación histórica paraguaya en ese terreno histórico-ficcional de la *realidad que deliraba*, desde donde se puede entrever tanto el efecto devastador del conflicto bélico como la trama de la resistencia popular.

---

19. La abolición de las Ordenes de Alfaro de 1611 terminaba con "la autonomía territorial de distintas comunidades indígenas" y abría todo el Oriente del país a la economía extractiva (Quin 203).
20. Sobre el tema del autoritarismo paraguayo ver Paul Lewis, y Guido Rodríguez Alcalá (*Ideología*).

Paraguay aislado: un discurso histórico-ficcional

Si bien este recorrido nos permite vislumbrar los procesos económicos y políticos que conformaron el aislamiento político en Paraguay, la imagen de esa *isla rodeada de tierra* capturada por Josefina Plá lleva el aislamiento del territorio a un registro histórico-ficcional. Pues la impronta de un Paraguay aislado se encuentra fuertemente instalada en el imaginario político nacional y latinoamericano. Tal como hemos señalado, la referencia histórica a las Misiones Jesuitas del siglo XVI, al proteccionismo de Francia en el siglo XIX y a los conflictos bélicos se debaten entre la celebración y la condena de ese asilamiento al que llaman alternadamente autonomía o autoritarismo. Específicamente, Courthés ha investigado las raíces históricas y filológicas de la "insularidad paraguaya" destacando los elementos de "aislamiento", "encierro", "refugio" y "utopía" como partes constitutivas de la misma (71–87). En todo caso, el discurso histórico-ficcional del aislamiento está cargado de referencias históricas y ficcionales que hacen imposible desprender unas de las otras, lo cual habilita a que la novela de Roa Bastos reformule ese discurso histórico-ficcional a partir de las coordenadas de *esa realidad que deliraba*.

En efecto, el autor paraguayo "cre[e] que para escribir es necesario, leer antes un texto no escrito, escuchar y oír antes los sonidos de un discurso oral informulado pero presente ya en los armónicos de la memoria" (Roa Bastos, "La narrativa" 130). De modo similar, Jacques Rancière utiliza el concepto de "inconsciente estético" para señalar la puesta en acto de un arte (principalmente en la escritura) que da cuenta de "un pensamiento que no piensa" (*El inconsciente* 24). Esta estética intercepta el despliegue de un pensamiento en función de los silencios, las interpretaciones y los desbordes, propios de la sociedad en la que emerge, interrumpiendo permanentemente la organización del arte en términos de representación. Mi argumento es que el *discurso oral informulado* funciona como un *pensamiento que no piensa* e interrumpe constantemente las tramas del poder y la representación política de la formación del Estado nacional paraguayo. Siguiendo la propuesta teórica de Rancière, este inconsciente estético o *pensamiento que no piensa* (en el sentido que no produce un pensamiento hablado sino por descifrar) reside en *los armónicos de la memoria* popular y se expresa a través de una *palabra sorda* como "un poder sin nombre que se mantiene detrás de toda conciencia y de toda significación" en el mundo bilingüe y bicultural paraguayo (55). Y, al mismo tiempo, elabora una *palabra muda* "inscripta en el cuerpo" y sujeta a "la reescritura de una cadena de significados sin jerarquía previa [cuya] racionalidad unívoca" desarticula el nudo del poder que interrumpe.[21] La clave del inconsciente estético consiste en elaborar la yuxtaposición de ambas palabras, mudas y sordas, para trazar el recorrido latente de la fuga que subyace al aislamiento político y cultural paraguayo.

Según el crítico de la cultura Rubén Barreiro Saguier, este *discurso oral informulado* que nosotros rastreamos en las palabras sordas y mudas de la novela, atraviesa toda la estructura narrativa de *Hijo de hombre* con "el sentido [...] las características formales [...y] el ritmo del guaraní" (38–40). En la trama de ese ritmo, la voz autorial de Roa Bastos parece diluirse entre las dos voces del protagonista Vera que alterna la novela, manteniéndose el margen de la escritura misma y estableciendo una posición ambigua.[22] Por un lado, la figura del escritor funciona como un *alter ego* de Vera cuya lógica subjetiva organiza una narrativa en primera persona frente a los sucesos de su vida personal; mientras que, por el otro, la narrativa en tercera persona despliega la lógica de la subjetivación histórica de las clases populares sin un involucramiento subjetivo explícito. Desde el punto de vista del inconsciente estético, el efecto multiplicador de esas 'voces', *sordas* y *mudas*, se puede rastrear en el cruce de ambas narrativas, que provienen de una misma experiencia política

---

21. De un lado, se trata de la proposición de que "todo habla [Novalis]" y, por lo tanto, refiere a "la palabra escrita en los cuerpos, que debe ser restituida a su significación de lenguaje mediante un trabajo de desciframiento y reescritura"; y del otro, el nihilismo de la voluntad que "nada quiere" se funde en la oscuridad arrastrando "al sujeto humano por la vía del gran renunciamiento [Schopenhauer y Nietzsche]" (Rancière, *Inconsciente* 55). En todo caso, para Rancière no se trata de rescatar solamente el legado nihilista (Lyotard) sino más bien de destacar la peculiaridad del "régimen estético del arte" que dispone ambas palabras para desestabilizar el "régimen representativo del arte" (*The Politics* 101).

22. El análisis estructuralista de David Foster destaca que "las dificultades retóricas de la novela" en relación con el emplaste de las voces narrativas presentan un "problema ético moral" (63). Para Foster, este dilema depende de la forma en que esta doble voz aparece en el "sentimentalismo inapropiado" de Vera, y en el "tono cuasibíblico que evoca los silencios sombríos y poderosos del pueblo encarnados en la persona de Cristóbal Jara". Para Foster, el "suicidio" de Vera al final de la novela aspira "a salvar a los revolucionarios de una traición más" (64).

bajo la impronta 'nacional' paraguaya. Para Legrás, "esta coexistencia apunta a fracturas más profundas en la experiencia de lo social" en Paraguay (163).

En resumidas cuentas, si el aislamiento político emerge como resultado del proceso de acumulación originaria del capital, el anclaje singular del discurso histórico-ficcional presentado por el autor paraguayo procura encarrilar esa fragmentación histórica en el elemento de su doble determinación cultural: guaraní y española, oral y escrita, religiosa y política. El trabajo de Roa consiste en navegar esa trama aislacionista siguiendo la guía del discurso social informulado en la cultura oral guaraní para articular, con sus palabras sordas y mudas, la intermitencia de una fuga que no cesa de interrumpir el aislamiento.

En efecto, la violencia del proceso de acumulación originaria se inserta en la novela con la explosión de trenes en la estación de Sapukai, que terminó con la revolución campesina (ficticia) del "1ro de marzo de 1912" (Roa Bastos, *Hijo* 49).[23] El levantamiento agrario que sostenía la demanda por "¡Tierra y libertad!" había sido delatado por un *pyragüe* antes de que los campesinos armados partieran en tren hacia la capital. Entonces, un "comando" del ejército había decidido "lanz[ar] la locomotora llena de bombas al encuentro del convoy rebelde [...] produciendo una horrible matanza en la multitud que se había congregado a despedir a los revolucionarios". Entre los destrozos se destacaba un 'cráter rodeado de escombros' dejado por la explosión que interrumpirá por años el paso del tren, mientras "los cuadrilleros [iban] rellenando" [con tierra un] agujero [que] pare[cía] no tener fondo" (40).

De acuerdo con Legrás, "[e]ste agujero es lo Real que convoca al lenguaje y la significación en la novela" sobre la memoria de aquellos hechos (171). En efecto, el agujero-huella emite el eco indescifrable de esas muertes: "unas dos mil personas, entre hombres, mujeres y niños" (Roa Bastos, *Hijo* 40). Se trata de un eco sordo que se esparce como esquirlas insertadas en el recuerdo anónimo de ese pueblo derrumbado. Y al mismo tiempo, imprime un eco mudo que se reconoce en los restos que hablan sin hablar, como "la campana [de la iglesia] que ahí quedó de boca enterrándose a medias entre las ortigas", resultado del estallido (41-42). Entre ambos ecos, los recuerdos horrorosos de la explosión conviven con las reminiscencias del intento revolucionario. Esos escombros indiferenciados residen en el imaginario revolucionario

---

23. "[Jean] Franco observó que la ['revolución'] de 1911-12 fue de hecho 'un levantamiento militar, un cuartelazo'" (Legrás 171).

paraguayo: guardan (y aguardan) la posibilidad de una nueva rebelión; pero de ese mismo sitio emana también el retorno de la traición.

Esta descripción fragmentada del evento se repite de distinto modo a lo largo de toda la novela, como un trauma que no termina de formular una narrativa acabada de los hechos. En ese sentido, como afirma Legrás, "en Paraguay, la imaginación popular es un campo fracturado" (170). Y, por lo tanto, frente a esos "requechos" esparcidos que rodean el cráter, la subjetivación histórica ya está fracturada de antemano, como parte de esa narrativa imposible que reside en el imaginario político paraguayo (volveremos al final sobre esta noción de *requecho*).[24]

Ahora bien. Mi lectura acompaña esta trama agujereada y fragmentada de la novela pensada desde el cráter de Sapukai como sustrato de la producción social y cultural del aislamiento en Paraguay. Pero al mismo tiempo, mi enfoque busca destacar la interrupción de esa lógica de producción por la fuerza intermitente de la fuga que impulsa la subjetivación histórica hasta desbordar el aislamiento mismo. Tal como citamos anteriormente, la subjetivación histórica funciona en *Hijo de hombre* como *un proceso de desalienación, de apropiarse de la propia historia para uno mismo* (Legrás 161). En ese sentido, la apropiación subjetiva depende de una trama subyacente que transforma el aislamiento que lo circunscribe en función de un evento que lo sobrepasa. Es decir: si la pregunta del acontecimiento en Paraguay refiere a los olvidos, las ausencias y los escombros, el evento carcelario de los catorceros que sucede fuera de la novela funciona como el evento (aislado) de un evento destrozado. En otras palabras: además del hecho que el acontecimiento revolucionario no tuvo lugar en Paraguay en los años sesenta, la cadena sucesiva de guerras previas y conflictos internos en el país deja muy poco margen para proclamar fidelidad a un evento radical. La reconstrucción de éste requiere de un proceso de desalienación del aislamiento a nivel subjetivo que tome distancia de esa misma narrativa agujerada y fragmentada que lo representa.

---

24. Destacamos el uso del término *requecho* porque no sólo indica lo que sobra, que se descarta, que se tira, sino que también indica aquel retazo desechado que puede ser reutilizado en otro sentido –es decir, el *requecho* que sirve para organizar otra revolución–. Pero también *requecho* refiere a las posesiones y pertenencias que eran tomadas por los soldados como premio, una vez que los opositores políticos eran eliminados por el Stronismo (Arellano 173).

Desde esta perspectiva, la apropiación subjetiva de la historia está fuertemente ligada al funcionamiento del imaginario político paraguayo donde el *discurso informulado* se cuela por entre las filigranas de la reproducción del aislamiento político y estatal. Es por eso que el punto de partida del análisis no es el cráter de Sapukai, sino la isla-prisión de Peña Hermosa donde el discurso histórico-ficcional parece funcionar aislado de la historia en el itinerario incierto de la fuga.

Peña Hermosa: la función de la isla-prisión en el discurso histórico-ficcional

En *Hijo de hombre*, Peña Hermosa funciona como la isla-prisión real donde se materializa la ya mencionada imagen que identifica a Paraguay como una *isla rodeada de tierra*. Con ello se invierte el sintagma para definir el aislamiento del país: una isla (real) dentro de una isla (ficticia), lo cual habilita a pensar la novela misma como la superposición de estas islas. De modo similar, la paradoja del aislamiento del evento carcelario catorcero es que las propias condiciones de la isla-prisión hicieron posible el escape a pie, al mismo tiempo que su efecto popular permanece aislado. En ese sentido, podemos pensar al propio evento como una isla que contiene la potencia de la fuga, pues al escaparse la población entera de la cárcel, es como si dejaran un hueco y se 'llevaran', simbólicamente, esa isla-prisión cargada con ellos.

Las raíces de estas paradojas del aislamiento pueden rastrearse en la historia paraguaya y la geopolítica regional, las cuales no son ajenas a la pluma de Roa Bastos. Escrita en castellano, *Hijo de hombre* se encuentra atravesada por la interrupción de palabras, modismos y estructuras de la lengua guaraní, propias de su cultura bilingüe, tal como señalaba Barreiro Saguier. Bajo ese formato, Roa Bastos buscaba introducir la literatura paraguaya en el mundo hispanoparlante (y alejarla de su *aislamiento continental*) sin dejar de lado el componente cultural indígena y popular que la constituía. Al mismo tiempo, se planteaba el problema de la construcción de una literatura nacional capaz de identificar el sustrato popular de esa cultura bilingüe, la cual funcionaba predominantemente en lengua guaraní. Esta "patología lingüística", como la llamaba Roa Bastos, tendía "hacia la esquizofrenia en términos de comunicación social" mientras trazaba una distancia irreconciliable entre el lenguaje literario y el lenguaje popular (Legrás 162).

Roa Bastos consideraba que Paraguay era "un país sin literatura" (en Legrás 160). Con ello, el autor paraguayo entendía que "hay una carencia de un sistema de obras de ficción [...] capaces de representar aquello que se conoce como 'identidad nacional'" (161).[25] Esta ausencia reflejaba la imposibilidad de la formación de un Estado nación debido a la lógica histórica del proceso de acumulación originaria del capital en Paraguay, el cual giraba en torno a la conquista violenta de la tierra y a la generación de una clase trabajadora para la explotación de economías extractivas.[26] Nos referimos en particular a la continuidad de una violencia histórica que se expresa tanto en la Guerra de la Triple Alianza (1864–70) de Paraguay contra Argentina, Brasil y Uruguay (instigada por capitales ingleses) como en la Guerra del Chaco (1932–35) contra Bolivia, como expresión de una disputa de capitales petroleros estadounidenses y anglo-holandeses. Pero más crucial aún, se extendía en la represión posterior a la Revolución del 47 y retornaba con toda su fuerza bajo la dictadura de Stroessner cuando, decía Roa Bastos, "el país volvía a estar al borde de la guerra civil entre oprimidos y opresores" (en Pecci 281).

En ese sentido, la novela-isla ponía a funcionar elementos aislacionistas: el bilingüismo paraguayo, la 'ausencia' de un corpus literario nacional y la violencia política ligada a la acumulación originaria, como si fueran los muros de una prisión histórico-ficcional. Pero al mismo tiempo cuestionaba el fundamento insular de esa isla-cárcel, destacando su carácter patológico, ausente e internacional, respectivamente. Y, de ese modo, deshacía la identidad propia de la novela como una isla o como una cárcel, aunque esos mismos elementos aislacionistas constituían su materialidad histórica (y ficcional) irreductible.

Esto presentaba un problema para la escritura que buscaba cierto equilibrio entre lo ficcional y lo histórico para hablar del aislamiento sin reproducir en la escritura su lógica de expulsión e integración estatal. Es así como cada capítulo de *Hijo de hombre* puede leerse como un relato independiente con su propia coherencia interna. Desde esa perspectiva, la novela se despliega como un archipiélago más que como una isla, justamente para escaparse de la interpretación unívoca de ésta que evocaría la metáfora de una isla-prisión.

---

25. Sobre el término controvertido de la literatura ausente ver Benisz (2018) y Pous (et al.).

26. Esta acumulación originaria se ha llevado a cabo a través de la "conquista, la esclavización, el robo y el asesinato; la violencia, en una palabra" que se aplica sobre el cuerpo y el "alma" de las clases subalternas (Marx 607).

Cabe destacar que muchos de los capítulos de la novela fueron publicados como parte de colecciones de cuentos luego de publicada ésta. Y más importante aún: en la edición de 1982, Roa Bastos insertaba algunas modificaciones y un nuevo capítulo en *Hijo de hombre* declarando que "se trataba de una obra nueva, sin dejar de ser la misma con respecto a la original" (11). Según Legrás este anuncio constituía "en líneas generales, una afirmación exagerada" (166). Sin embargo, en el prólogo de esta edición, Roa Bastos proponía una "poética de las variaciones" que permitía la reescritura y la relectura de la novela indefinidamente ("Prólogo" 10). Para el autor paraguayo, "un texto, si es vivo, vive y se modifica". La paradoja es que después de esa edición, la novela no sufriría más cambios en las posteriores publicaciones. Es decir, Roa Bastos anunciaba la vitalidad del texto en el mismo momento en que plasmaba su última versión.[27] Y al mismo tiempo la insertaba en una trilogía que a partir de entonces iba a ser considerada el corazón de su obra. Nos referimos a la secuencia de novelas que comienza con *Hijo de hombre* (1960), sigue con *Yo el Supremo* (1974) y termina con *El Fiscal* (1993).

Según Alejandro Quin, la trilogía de Roa Bastos es "un proyecto sobre la imposibilidad de la consumación del monoteísmo del poder", entendiendo la tendencia recurrente del autoritarismo estatal paraguayo hacia un aislamiento "imposible" en una sola figura (201). De acuerdo con Quin, "no es sólo que el monoteísmo del poder produzca a la historia como ruina, sino que se arruina a sí mismo en el proceso [... rindiéndose] a lo imposible" de su empresa (206). Desde ese punto de vista, a partir de esa prolongación de más de veinte años entre la primera versión y la última de *Hijo de Hombre*, Roa Bastos ponía a la novela y a esos capítulos desperdigados a funcionar como recuerdos de un proyecto imposible que tendía a arruinarse a sí mismo. Sin embargo, a través de la poética de las variaciones, Roa Bastos le daba la flexibilidad necesaria para evitar 'encarcelar' nuevamente a *Hijo de hombre* en una isla mientras reproducía el discurso histórico-ficcional más allá del texto en las otras novelas de la trilogía.

---

27. También hay que notar que este 'corte' que culmina la novela sucede al mismo tiempo que Roa Bastos decide volver a Paraguay en plena dictadura stronista en 1982. En efecto, luego de dar una conferencia en Maryland, Estados Unidos, retorna a su país de donde tres semanas después es expulsado por las fuerzas represivas del Stronismo (Pecci 87).

Desde mi perspectiva, la culminación de la obra en 1982 puede significar una fuga de esa misma lógica de producción de un aislamiento tendiente a la destrucción. Es decir, leída desde la paradoja de la fuga de los catoceros cuyo escape del aislamiento quedó aislado de la historia, del mismo modo, esta 'variación' final de la novela, dada su escasa relevancia para la misma en cuanto al contenido, quedó aislada de la reflexión política y literaria. Pues, en última instancia, si *Hijo de Hombre* es la novela fundacional de la literatura paraguaya, los esfuerzos consiguientes por desmantelarla y reformularla funcionan como los intentos renovados de una fuga imposible que no cesa de socavar el aislamiento.

Tal vez Roa Bastos procuraba con ello resolver la distancias y contradicciones entre lo literario y lo popular que tanto le preocupaba: "el compromiso de rescatar esa literatura ausente" ("La narrativa" 128). De ese modo, el autor despliega la lucha interna por salvar "la memoria de esos textos borrados, destruidos, antes aún de que fueran escritos", insertando la paradoja de crear una obra fundante de la literatura nacional, cuando el propio sustrato guaraní-paraguayo socavaba el espíritu de esa empresa a todas luces occidental (129). De manera similar, Josefina Plá indicaba la existencia de una "literatura sin pasado" cuyo "vacío" cobra "historicidad" al ser identificado como tal.[28] Por lo tanto, la literatura paraguaya se vuelve allí una literatura del vacío del pasado, lo cual no significa que no haya pasado, sino más bien que la historia y la lengua, en su desborde delirante y su interrupción permanente, estarían vaciándose constantemente de significado.[29]

En mi lectura de *Hijo de hombre*, este dilema podría sintetizarse del siguiente modo: para representar la paradoja del aislamiento en la isla-prisión, el autor rastreó la potencia de la fuga tanto en el contenido como en la forma de la novela. Pero para eso tenía que hacer primero una novela-isla que evocara

---

28. El crítico literario Luis Alberto Sánchez se ha referido a la novelística paraguaya "con una alusión al vacío: 'la incógnita del Paraguay'" (Roa Bastos, "La narrativa" 125). A su vez, la escritora Josefina Plá indicó que la literatura de los años 30, relacionada con la Guerra del Chaco y con Gabriel Cassaccia, funcionaba como una "literatura sin pasado" (126).

29. En el prólogo del libro "Exposing Paraguay" los autores se preguntan "qué es lo que está en juego en la ambigua materialidad de esta 'ausencia', capaz de propiciar otras formas de ver a Paraguay y, a la inversa, otras proyecciones desde Paraguay mismo" (Pous et al., *Authoritarianism* 6).

la imagen paraguaya de la isla rodeada de tierra sin quedase circunscripto al objetivo exclusivo de representarla. De ese modo, podría presentar una novela-fuga de ese aislamiento, pero en las coordenadas del pensamiento que no piensa, donde esa otra novela sería un texto por descifrar. Y, de ese modo, el discurso oral informulado de raigambre guaraní quedaría plasmado en la novela sin ser revelado, respetando el espíritu del mismo.

En consecuencia, si bien el anclaje real de Peña Hermosa funcionó para iniciar la escritura en medio de la novela, al mismo tiempo la fuga ya estaba presente desde el comienzo aun cuando la isla no había sido mencionada. Me refiero al primer capítulo cuando Roa describe al pasar como el personaje Macario, prisionero de guerra, se escapa y retorna al cuartel del Mariscal López en plena Guerra Grande (*Hijo* 18). Y paralelamente cuenta como el personaje Gaspar Mora, un músico que tenía lepra y vivía en el monte porque había sido rechazado en el pueblo, había "naci[do] en el éxodo de las Residentas..." en referencia al hecho histórico de las mujeres que fueron expulsadas de Asunción por el Mariscal López en 1968.[30] Si bien ésta es la única mención en la novela a este fenómeno atroz de la historia paraguaya, cabe mencionar que las mujeres consideradas traidoras fueron obligadas a caminar (muchas con sus hijos) hasta lo que fue "el campamento de destinadas de Espadin (que hoy llamaríamos campo de concentración)", ubicado en una isla que entonces estaba cercana a la frontera con Brasil, y que hoy pertenece a ese país (Rodríguez Alcalá 1). De ese modo, en la genealogía de la resistencia que plantea la novela, el primer impulsor de ésta había nacido en medio de una 'escape' de la guerra. Por lo tanto, en el cruce de ambas 'fugas', la de las Residentas expulsadas y la de Macario retornando al cuartel, Roa Bastos ponía a funcionar la figura de la fuga como la potencia subyacente que escribía la novela de modo socavado, sin revelar su rol primordial.

Por su parte, en la primera página de su diario (Capítulo 7), Vera destaca la sensación de aislamiento al estar preso en Peña Hermosa: "Cuando se la mira fijamente [a la isla], a veces parece detenida, inmóvil, muerta. Entonces se tiene la sensación de que el peñón remontara el río" como si la isla comenzara a navegar cargando la prisión y a los prisioneros hacia ninguna parte (Roa Bastos, *Hijo* 168). Esta imagen de la isla en movimiento, situada en otro tiempo, acaso en el límite donde la historia "deja de tener sentido", es a la vez la pluma

---

30. En realidad, Gaspar Mora elige quedarse en el monte luego de ser rechazado por el cura y antes de ser expulsado explícitamente por los demás del pueblo.

que escribe la novela en el registro del discurso histórico-ficcional (Williams, *The Other* 327). Esta pluma-isla, si se quiere, contrasta con "el proyecto de la fuga planeada hace un tiempo", a la cual Vera no es invitado a participar porque ha sido ya identificado como un *piragüé* (previamente había delatado a un convoy revolucionario estando borracho). Pero a pesar de la oportunidad del escape, los festejos de fin de año entre militares y presos cancelan esa posibilidad dado que "los promotores [de la fuga] estaban tanto o más borrachos que los guardias" (Roa Bastos, *Hijo* 169). Es decir: desde estos distintos 'comienzos' de la novela, Roa sitúa al aislamiento como condición de la escritura 'nacional', y a la fuga como esa potencia que puja por interrumpirlo, aunque a veces pase desapercibida.

Desde esa perspectiva, la pregunta del acontecimiento que carga la fuga de los catorceros deviene una pregunta que necesariamente socava el aislamiento político de *Hijo de hombre* en su doble determinación: a saber, que en cada subjetivación histórica se expresa, y a la vez se cuestiona, la aspiración de la novela a fundar la literatura nacional. Pues al elaborarlo como un evento dentro del evento tanto la novela como el escape logran aislar la fuga reteniendo su potencia radical de cambio. En consecuencia, la impronta revolucionaria de los sesenta se acicala en esas paradojas que sacuden el imaginario latinoamericano, donde Paraguay parece llegar siempre a destiempo y pasar desapercibido.

PARTE 2

Macario y la voz muda de los muertos

En el primer capítulo de la novela, titulado 'Hijo de hombre', Vera escribe sobre Macario Francia, a quien el Doctor Francia le había dado su apellido, y que ahora de viejo vivía de sus recuerdos, los cuales compartía, siempre en guaraní, con los niños de Itapé (entre ellos, Vera). La historia cuenta que, de pequeño, Macario le robó una moneda de oro al "dictador perpetuo"; pero la misma estaba caliente, al rojo vivo, y le dejó una marca negra en su mano que terminó delatándolo (Roa Bastos, *Hijo* 16). Esa marca del dinero en el cuerpo que Macario llevara en su mano simboliza la marca violenta de la acumulación originaria de capital. En todo caso, esto determinó que su padre se volviera loco porque debió castigar a Macario a instancias del Dr. Francia, para terminar siendo encarcelado y asesinado por éste "junto con otros conspiradores [...] por traidor" (17).

En consecuencia, el propio Macario quedaba como esclavo liberto. Pero iba a cargar por el resto de sus días esa cruz de una mancha negra chamuscada en su mano, "como un agujero" (17). A lo largo del capítulo, Vera describe fragmentariamente el recuerdo central de Macario: su lucha por instalar un *Cristo de madera* en la cima del cerro. La narración destaca la insistencia de Macario por denominar el acceso al mismo como "el camino del hombre" (y no el de Dios), lo cual funcionaba como una forma de redención de aquel robo que tan caro le había costado (38). Esa escultura del Cristo había sido tallada por Gaspar Mora, un constructor de instrumentos musicales "que al enfermar de lepra se había metido en el monte para no regresar al pueblo" (14). Y desde ese aislamiento, el músico iba a generar alrededor de su figura un halo de misterio que terminaría en una rebelión colectiva contra la autoridad eclesiástica y política de Itapé.

En efecto, con el correr del tiempo, un grupo de devotos de Gaspar Mora iban a visitarlo a su escondite selvático. Allí les hablaba como si su voz proviniera de la muerte: "Me va tallando despacito", decía, y los pueblerinos "pensaron que la muerte se había enamorado de él" (25-27). Desde el recuerdo, Macario reflexionaba sobre ese misterio: "Pero [la muerte] lo quería vivo [a Gaspar...] agregando en castellano: como en una jaula" (27). Es decir: el punto de partida simbólico donde la voz de Gaspar comienza a escucharse proviene de ese encierro, una suerte de cárcel en el monte al que había sido expulsado. Al mismo tiempo, desde el recuerdo, la interrupción del lenguaje guaraní en la memoria de Macario coloca a la agonía como expresión de una lengua muerta en el monte: el castellano. O más precisamente: la jaula del castellano suspende la muerte para que Gaspar sufra. "Pero no sufro por eso" decía el músico mientras tocaba la guitarra, "sufro porque tengo que estar solo, por lo poco que hice cuando podía por mis semejantes" (26). He aquí la paradoja romántica de Gaspar: cuanto más se aísla y sufre por no haber sido solidario con el pueblo, más se acerca a él desde su propio aislamiento.

De ese modo su música se insertó en el corazón de las clases populares. Cuando vinieron a buscarlo para traerlo al pueblo, surgió de su guitarra el canto marcial de "Campamento de Cerro León [...] el himno anónimo de la Guerra Grande", a través del cual "hablaría, sobre todo a Macario, la voz de innúmeros y anónimos martirizados". Así Gaspar prefirió pasar sus últimos días en la soledad de su propio aislamiento terminando la escultura del Cristo. Acaso sus admiradores creían "en un redentor harapiento como ellos, y que como ellos era continuamente burlado, escarnecido y muerto" (14). O tal vez fue "su hijo", como Macario llamaba al Cristo de Madera, el que provocó esa "inversión de la fe" cristiana y lo transformó en "un permanente conato de insurrección" popular. Y este es precisamente el germen de la subjetivación histórica en la novela: la interrupción de la lógica de expulsión e integración del aislamiento político y su transformación en un conato de insurrección que desestabiliza y desborda las estructuras de poder político.

A Gaspar lo encontraron muerto después de que pasó el cometa Halley en 1910.[31] En cierto modo, esta inserción de un hecho 'mundial real' emula la inserción de Paraguay en el discurso histórico-ficcional: como una extraña figura que entra en la órbita de la 'literatura universal'.[32] Pero en su especificidad paraguaya, la referencia a esa energía cósmica se había contagiado entre los seguidores de Gaspar Mora. En efecto, una vez que ya había sido enterrado su cuerpo, ese mismo grupo de devotos entre los que se encontraba Macario, decidió traer en sus hombros al Cristo de Madera hasta la iglesia, donde el cura iba a rechazarlo por hereje (como antes había hecho con el propio Gaspar Mora). El primer epígrafe del libro, que cita el libro bíblico de Ezequiel, lo justificaba: "hijo del hombre, tú que habitas en medio de casa rebelde [...] yo lo cortaré de entre mi pueblo" (9). Entonces Macario decide defenderlo: "Lo trajimos del monte como si lo hubiésemos traído a él mismo" (31). Este acto colectivo de hacer retornar a quien había sido expulsado del pueblo es el motor que nunca se apaga en la resistencia política paraguaya. Pues no demanda una integración al poder, sino la apropiación de la potencia de su mensaje en la filigrana de la historia popular. Y del mismo modo que el Movimiento 14 de Mayo procuró dejar su huella desde el exilio, la cárcel y la fuga, ahora este retorno de la muerte se iba a confundir con la revolución.

Pero Macario argumenta algo más frente al cura: "¡Y mírenlo! Habla por su boca de madera... Dice cosas que tenemos que oír... ¡Óiganlo!... yo lo escucho aquí...-dijo *golpeándose el pecho*- [...] Algo ha querido decirnos con esa obra que salió de sus manos... cuando sabía que no iba a volver, cuando sabía que estaba muerto" (31-32). Esta reivindicación de Macario funciona como el "Himno de los Muertos" guaraní que él solía canturrear y que aparece como

---

31. En efecto, el cometa que pasó cerca de la tierra en abril de 1910 fue un hecho seguido a nivel mundial, y esta referencia al tiempo cósmico va a regresar más de una vez en la novela.

32. No eran pocas las referencias a personas que el cometa "se había llevado": Mark Twain, por ejemplo, murió un día después de que el cometa dejó la órbita de la tierra.

segundo epígrafe del libro: "he de hacer que la voz vuelva a fluir por los huesos... Y haré que vuelva a *encarnarse* el habla" (9). Esta es la voz muda que habla desde la muerte y que hay que interpretar en el Cristo reencarnado. Y junto a ella 'se siente' una palabra sorda cuyo *poder sin nombre* sólo escuchan los cuerpos (el cuerpo de Macario) y no se puede descifrar con palabras. Pues al levantar la voz contra el cura, en nombre de una voz no escuchada que se ha *encarnado en su pecho,* Macario habla desde sí mismo, agenciándose su propia historia. Y, con ello, ha logrado atravesar el agujero que lo marca en su mano, y situarse en un *cuerpo otro* que es ahora el *propio cuerpo.*

Este es el momento de la subjetivación histórica donde Macario expresa una voz colectiva que había sido gestada en el aislamiento del monte adonde el fugitivo Gaspar se había refugiado. La pregunta del evento dentro del evento, entonces, se ocupa de seguir el itinerario de esta subjetivación en la cual queda activado un connato de insurrección plasmado en la figura del Cristo de madera.

En efecto, como en la Iglesia no lo habían aceptado, llevaron la escultura a la casa de Macario. "Tres días y tres noches deliberaron junto al Cristo casi sin palabras" (36). Finalmente decidieron instalarlo en la punta del cerro sostenido por una cruz que ellos mismos construyeron. "Durante esos días, [Macario] fue el verdadero patriarca del pueblo. Un patriarca cismático y rebelde, acatado por todos" (37). Fue un gobierno del silencio, en el silencio, que dejó en suspenso a todo el pueblo. Macario fue entonces un patriarca sin serlo. Es decir: no pudo ejercer como patriarca. Y esto sucedió porque acaso él habría reproducido las condiciones del aislamiento político. Ni tan siquiera se lo planteó porque no era su horizonte subvertir el patriarcado dominante. Tampoco generó un discurso revolucionario, y por eso el retorno del Cristo al pueblo iba a morir de muerte simbólica en la punta del cerro.

Desde mi perspectiva, esta rebelión del mulato sin palabras puede ser interpretada como la cruzada popular afrodescendiente liderada por quien no pertenece ni al mundo español ni al mundo guaraní. De algún modo, Macario funciona como una subjetivación latinoamericana a la paraguaya. Es decir: como un extranjero frente a la escisión bi-cultural y bi-racial propiamente paraguaya, el mulato se insertó en la cadena de transmisión de ese conato de insurrección. Pero dado el silencio con el cual velaron al Cristo de Madera como si fuese Gaspar Mora, la ausencia de discurso cancela la potencialidad de esas palabras. Este es el dilema de Roa Bastos como escritor del discurso oral informulado cuando se presenta anudado a un discurso político ausente:

¿a eso se refería con la literatura ausente que tanto pregonaba? Porque si es un espejo de la ausencia de revolución, entonces, su novela es la escritura de una impotencia. O, por el contrario, la literatura ausente ofrece un marco desde el cual sólo es posible pensar este tipo de insurrección romántica y patriarcal allí donde lo guaraní y lo cristiano se sobredeterminan.

En todo caso, la predominancia del silencio y el respeto por esas palabras mudas y sordas que se llevan en el cuerpo y se transmiten en la cultura oral guaraní-paraguaya pasan ahora al circuito literario sin desmantelar la estructura que lo sostiene. Por eso cuando el Paí Fidel Maíz vino a darle la bendición en un guaraní que "dominaba con una tersura incomparable", todo pareció volver a como estaba antes (Roa Bastos, *Hijo* 37). La figura histórica-real del Padre que había traicionado al General López hacia el final de la Guerra Grande, cuando éste ya estaba derrotado, resulta muy significativa en este contexto. Pues, así como Macario y los suyos habían logrado su triunfo con el cuerpo escuchando esas palabras ajenas, sordas y mudas, el Paí Maíz "conmovió a la muchedumbre [con su discurso] y la ganó para sí". Llamó al cerrito *Tupá-Rapé*, que significa camino de Dios, en vez de *Kuimbaé-Tapé*, que significa camino del hombre, como quería Macario (38). Así, el Paí Maíz utilizaba el guaraní como instrumento de dominación, borrando la historia popular y rebelde que alzó el 'cristo leproso' a la punta del cerro, e imponiendo su versión eclesiástica.

Esta valoración de la predominancia de la oralidad por sobre la escritura (fonocentrismo) es un elemento común de disputa a la hora de definir la trama identitaria paraguaya (Verdesio 130).[33] Por eso Roa Bastos se ocupó de investigar la producción cultural de fuerte tradición oral guaraní y castellana, expresada en "la música popular y culta, las artes plásticas, el teatro guaraní y castellano, el cancionero guaraní" ("La narrativa" 127). Sin embargo, ese "*fonocentrismo*" constituye una forma del "logocentrismo" que no disuelve la tensión entre la cultura popular, "guaranizada", y la cultura de élite, con el

---

33. Gustavo Verdesio se refiere allí a *Yo el Supremo*, donde la tensión entre el lenguaje oral y el escrito aparece constantemente cuando Gaspar Francia (el protagonista que emula al 'dictador perpetuo') dicta sus memorias a su secretario, Policarpo Patiño (130). Verdesio sostiene que Francia tiene la "intención de expresar su propio pensamiento con fidelidad" al modo original oral que se pierde en la escritura. Pero esa *performance* siempre falla, incluso con la lapicera mágica que le permite al escritor reflejar las imágenes mientras escribe.

"castellano paraguayo" (Verdesio 132).[34] En ese sentido, Verdesio destaca el modo en que la cultura oral guaraní funcionaba como un tejido de huellas *orales* que interrumpía el discurso para socavar los valores impuestos por la ciudad letrada.[35]

Pero a pesar de este último tropiezo de las palabras, el proceso de desalienación que conlleva toda subjetivación se insertó en *su propia historia*: Macario hablaba en la filigrana de ese *pensamiento de lo que no piensa*, el cual late permanentemente en la genealogía de ese *conato de insurrección*. A partir de entonces Gaspar vivía en él, como Macario vivirá en Vera, quien graba estos relatos en los *armónicos de la memoria* sin saber bien qué hacer con ellos. Pues en sus últimos días, Macario "se fue achicharrando en torno a ese recuerdo [el episodio del Cristo de Madera], más reciente incluso que los otros, pero que los incluía a todos porque abarcaba un tiempo inmemorial, difuso, y terrible como un sueño" (Roa Bastos, *Hijo* 19). Esa encarnación de Macario en la *realidad que deliraba* lo va consumiendo hasta que en el umbral de su muerte va a dejar pendiendo una frase que es tomada por las nuevas generaciones: "El hombre, mis hijos, tiene dos nacimientos [...] Uno al nacer, otro al morir... Muere pero queda vivo en los otros, si ha sido cabal con el prójimo. Y si sabe olvidarse en vida de sí mismo, la tierra come su cuerpo pero no su recuerdo" (38).

Con ello, Macario finalmente interpreta aquello que Gaspar Mora *había querido decirnos con esa obra que salió de sus manos... cuando sabía que no iba a volver, cuando sabía que estaba muerto*. La palabra sorda que habla desde la muerte a través del cuerpo de Gaspar desentierra esas voces martirizadas de la Guerra Grande a las que él les cantaba desde su aislamiento en el monte. Con ello, la *tierra comió su cuerpo* mientras que el recuerdo de los que perecieron en la guerra le sobrevivió en la madera tallada del Cristo. Esas voces se habían introyectado en el pecho de Macario sosteniendo la llama sorda de la rebeldía en la nebulosa del *tiempo inmemorial*. Y ahora, desde su aislamiento

---

34. Aquí Verdesio sigue a Jacques Derrida, que identifica al logocentrismo como "una de las consecuencias de la búsqueda de un orden de sentido en tanto fundamento —algo que existe en y por sí mismo—" (132).
35. Verdesio nombra, entre otros, "la carnavalización", "la valorización de la magia" y "el mito", pero también el desprecio y "el discurso paternalista" para contener las revueltas indígenas. Y en cuanto al lenguaje, destaca la estructura de las frases y la interrupción de palabras y dichos en guaraní (138-143).

en el destierro, Macario se vuelve él mismo ese único recuerdo para contar su historia antes de morir, como una palabra muda que invita a la interpretación, al igual que otrora Gaspar le había tocado música a la muerte (38).

Desde el punto de vista del evento dentro del evento, Macario desliza sobre Vera su recuerdo por la correa de transmisión de la historia oral, para anudar ese episodio insurreccional en el imaginario político paraguayo. Es decir: si la insurrección de Itapé liderada por Macario logró instalar el Cristo de Madera en el cerro, pero su permanencia en el silencio dio lugar a ser cooptada por el Pai Maíz y su discurso religioso, ahora el evento resurge como un recuerdo que ha retenido la potencia que lo engendró. Especialmente, la marca en la mano y la frase final del anciano van a resonar en Vera de un modo singular para construir su propia identidad: en la correa de transmisión del circuito literario donde Roa Bastos cuenta la historia-ficcional de la rebelión reteniendo (y tallando) la trama oral que lo sostiene. La propia existencia de la novela reside en este encuentro: la supuesta necesidad de poner a la literatura al servicio del connato de insurrección popular. Pues desde el principio de este capítulo, el protagonista Vera aclara: "[n]o estoy reviviendo estos recuerdos; tal vez los estoy expiando" (14).

Vera y las esquirlas del recuerdo

En el capítulo 3, un joven Vera de 18 años toma el tren a Asunción para enlistarse en el ejército (61). Viaja junto a Damiana Dávalos, quien a su vez va a visitar a su marido que está preso por rebelarse. Ella carga el bebé de ambos en brazos; pues será la primera vez que el prisionero pueda verle. A la noche, el tren se detiene en Sapukai para cambiar de convoy debido a la presencia del cráter. Allí duermen, literalmente, encima de los escombros mientras escuchan "la voz temblona de un viejo [...que] relataba interminablemente a un pasajero detalles de la catástrofe" (77). Esta imagen de la estación de tren refleja el recuerdo en carne viva de la revolución abortada. Me refiero a la distancia entre los escombros como voz sorda de la explosión, y el relato entrecortado de los sucesos, como voz muda que no puede construir una narrativa de la catástrofe. Pues en esa distancia, la propia subjetividad de Vera se va a transformar sobre los escombros, en un encuentro con la historia ficcional de las revueltas populares.

En efecto, en medio del malestar ensoñado, cuerpo a cuerpo apretujados, Damiana intenta calmar a su crío amamantándolo, mientras Vera sueña intermitentemente con los estallidos de aquel estrepitoso 'choque' de trenes cuyas esquirlas ahora los cobijan. De pronto, entre los crujidos del "hambre" y el "deseo sexual", Vera se ve impulsado a tomar leche de la teta de Damiana, y en uno de esos entreveros del entresueño lo logra (77). Además, ese acto le permite olvidarse del recuerdo de Lágrima González (la muchacha de la que estaba enamorado). Allí, podríamos decir, se hace *hijo de hombre*: en esa mezcla entre sexual y maternal donde chupó de la mujer "hasta que su seno quedó vacío", mientras el niño se quedó sin su alimento (77). En ese "engaño" profundo de la noche, que surge de su deseo, y que nadie puede percibir (ni tan siquiera Damiana parece hacerlo), es como si absorbiera algo de esos escombros que sirven de colchón improvisado al costado del cráter. Paradójicamente, este cráter-agujero lo sacia hasta permitirle dormir placenteramente. Pues así, concluye Vera, "me dormí sin soñar más nada" (77).

De ese modo, en el aislamiento más subjetivo de la noche, entre las voces de la historia y su deseo más primitivo, toma cuerpo la frase de Macario: *el hombre, hijos míos, tiene dos nacimientos... uno al nacer, otro al morir*. Sin embargo, no es toda la frase la que se hace presente, sino más bien, al recibirla con su acción, el joven Vera *no ha sido cabal con los otros, no se ha olvidado de sí mismo*. Y con ello, corta la frase en dos: se agarra, por decirlo así, de esos puntos suspensivos que permiten colar su deseo sexual por única vez durante toda la novela. Y en este segundo nacimiento, Vera se vuelve secretamente ese *otro hombre* que reside en los armónicos de la memoria. Pues en esa transmisión fundamental de la leche materna se transfiere, al mismo tiempo, el flujo de la resistencia y el de la delación. Pero el modo de absorberla, en ese engaño placentero de la noche, permite la instalación del *recuerdo desplazado* en el cuerpo de Vera: la semilla de la traición.

A partir de allí, el estallido de esa rebelión vive como un recuerdo dentro de su cuerpo; no ya como un sueño atormentador, sino como un *dormir estacionado*, sin exaltaciones, que pasa desapercibido.[36] Es como si en ese momento le crecieran 'los pies de pelo' del *pyragüé*. Y en ese acto, esa otra huella de Macario que ya vivía dentro de él (la marca negra en la mano) permite que el agujero-cráter se cuele dentro de él impregnándose como una huella histórica.

---

36. Destaquemos que el capítulo en cuestión se llama "Estaciones", en referencia a la estación de tren, pero también, al modo en que estos *requechos* hacen cuerpo en el protagonista.

Como si le hubiesen puesto una moneda candente frente a sus ojos para acallar las voces martirizantes de la pesadilla de la historia.

Así vemos cómo Vera atraviesa el agujero candente de esa realidad que delira. Ese *tiempo inmemorial, difuso, y terrible como un sueño* en el que Macario se había aferrado a un recuerdo, ahora *echaba enormes ráfagas de su historia en el rostro* del adolescente, a medio camino de volverse hombre (hijo de hombre) en el ejército. Esa paz inmediata, efímera y absoluta, producto del robo de la leche que era para el niño, apagó todas *las ráfagas de la historia* y encendió un aislamiento agujerado en lo profundo de su ser. De ese modo la subjetivación histórica presenta dos caminos: en un extremo de esta *gran catástrofe de recuerdos* estaba Macario atravesado por el agujero negro en su mano, pero guiado por esa voz muda de los muertos que resonaba en su pecho. Y en el otro extremo, Vera asumía la escritura de una palabra sorda que le había dado una tranquilidad nocturna provisoria, pero que lo iba a marcar en el alma para el resto de sus días.

En ese sentido, el cráter de Sapukai, la marca negra en la mano de Macario y la traición nocturna de Vera expresan la trama agujereada que produce el aislamiento político y que se inserta como una esquirla en la subjetividad del protagonista de la novela. Como evento del evento, el recuerdo ajeno de Sapukai interpela al sujeto a trazar su destino entre la traición y la rebeldía: por eso el aislamiento propio de Vera, su escritura, es más bien un acto de expiación. Y la literatura ausente hace referencia a ese aislamiento que lo cobija porque le resulta imposible generar una narrativa coherente de esos eventos. La estrategia literaria de Roa sería, entonces, atravesar esa *realidad que deliraba* para identificar esos instantes aislados donde los sujetos populares o subalternos se enfrentan a esa gran catástrofe de recuerdos.

El aislamiento introyectado: la fuga de Casiano y Nati

Jean Franco sostiene que "si la literatura [...] no es confiable porque se origina por fuera de la lucha, ¿cómo puede entonces hablar acerca de ella?" (en Legrás 185). La pregunta apunta al corazón de la novela y la caracterización de los personajes. De ese modo, Vera, como *alter ego* de Roa, ocupa el lugar de 'narrador de la historia' (su historia y la historia nacional) que comienza en los márgenes de la lucha política para luego volverse alcalde de su pueblo después de la guerra. Macario, por su parte, resulta un personaje que enfrenta el poder atravesando su trauma de infancia. Y, por último, Gaspar funciona como un fantasma que habla desde la muerte. Desde el punto de vista de la producción social y cultural del aislamiento político, representan respectivamente la integración estatal, la rebeldía popular, y la expulsión del pueblo. Al mismo tiempo, los tres están atravesados por la fuga aislada que los interpela como sujetos políticos: Gaspar retirándose al monte, Macario refugiándose en el recuerdo de la rebelión, y Vera fugándose de sí mismo y su impulso de ser *pyragüé*.

Según Horacio Legrás, "tal vez la literatura no puede hablar de la lucha; tal vez solo puede aludir a ésta [...cuando] se permite ser interrumpida por la voz ausente" (185). En ese sentido, pensado desde la pregunta del acontecimiento, esa búsqueda refiere a esas voces populares 'informuladas' que hablan a través de los agujeros de la historia para retener la lucha popular como una posibilidad siempre latente. En *Hijo de hombre*, ese *pensamiento que no piensa* refiere a la potencia de la fuga del aislamiento que interrumpe la trama de la escritura misma. Y en ese sentido, cada uno de estos eventos son fugitivos del evento revolucionario que se les escapa, lo cual nos permite leer el libro como una novela de fugas.

En efecto, en el capítulo 4 de la novela, esas voces ausentes, aisladas, fragmentadas, provienen del dolor de los 'mensúes' (los trabajadores) frente a la brutal explotación que acontecía en los yerbales a principios del siglo XX. El funcionamiento de las economías extractivas en el Alto Paraná había instalado un régimen de 'enganche' donde los trabajadores eran 'conchabados' (reclutados) en los pueblos a cambio de un 'anticipo' de dinero que se volvía impagable. De ese modo, retenían a los *mensúes*, quienes estaban obligados a hacer horas extras porque la paga sólo les alcanzaba para subsistir. Además, las tiendas que estaban dentro del perímetro de los yerbales pertenecían a sus dueños y cobraban precios altísimos.

Pero acaso lo más denigrante del régimen de trabajo era el maltrato físico y verbal que recibían de parte de los *capangas*, quienes debían controlar la producción y la vida de los *mensúes*, y que ante cualquier signo de rebeldía no dudaban en encarcelar o matar a los obreros. Las empresas habían sido habilitadas por la ley "promulgada por el presidente Rivarola, un poco después de la Guerra Grande, 'por la prosperidad y el progreso de los beneficiadores de la yerba'" (Roa Bastos, *Hijo* 81). De ese modo, el mecanismo terrorífico de la acumulación originaria seguía funcionando en el corazón aislado de la producción económica del país.

Los protagonistas de este capítulo, Casiano Jara y su pareja Natividad, habían sido *conchabados* en los yerbales de Tacuru-Pukú pocos meses después de la explosión de Sapukai. Casiano había sido uno de los líderes de la revuelta, y Nati estaba entre la multitud que había ido a "despedirlo al grito de *¡Tierra y libertad!* aquella trágica noche de marzo" (82). Ambos habían logrado escapar de la persecución policial junto con su grupo y vieron en el yerbal una oportunidad para estar "un tiempo"; pero pronto se dieron cuenta de su "error" (84). El aislamiento era total. Pues una vez allí, escapar de ese "país imaginario, amurallado por las grandes selvas del Alto Paraná", resultaba prácticamente imposible (81). Nadie lo había logrado. Solamente el *Canto del Mensú*, "Anivé angana, che compañero, ore korazó reikyti asy... (No más, no más, compañero, rompas cruelmente nuestro corazón...) [...]. Era el único 'juído' del yerbal" dado que se cantaba en todos los yerbales y más allá también (82).

El Canto imploraba la detención de "las penurias del mensú enterrado vivo en las catacumbas de los yerbales" (81). De esa debilidad provenía su fuerza invisible, que germinaba del dolor impreso en el cuerpo y se escapaba sin nombrar la fuga. La potencia de ese canto interrumpía por un instante la explotación "no sólo en los yerbales de la Industrial Paraguaya, sino también en los demás feudos". La palabra sorda del Canto señalaba lo innegable de la atrocidad y, al hacerlo, se cargaba de una libertad muda que atravesaba la selva como antes lo había hecho la música de Gaspar Mora al recordar los muertos de la Guerra Grande.

Ahora bien. En medio de los yerbales, Casiano y Nati supieron que iban a tener un hijo. Entonces el canto hizo efecto en ellos. A partir de ahí, "la obsesión de la fuga se incubó en Casiano como otra fiebre. Él se la contagió a Nati [...] como una enfermedad secreta que podía ser más mortal que la otra, pero que también era la única de la que podían esperar una problemática salvación" (95).[37] El primer intento de fuga surgió de la determinación de que la criatura naciera fuera del yerbal. Pero fracasó inmediatamente debido al adelantamiento del parto de Nati y la falta de planeamiento. Los guardianes del yerbal los descubrieron exhaustos en las inmediaciones de éste. Y cuando volvían en un carro al calabozo, Nati dio a luz a su hijo ayudado por Casiano. De ese modo, Cristóbal Jara nació andando en pleno delirio de una fuga. Su nombre evocaba al padre de Casiano, quien "había fundado Sapukai junto con otros agricultores el año tremendo del cometa" (90-91).[38]

---

37. Casiano padecía una fiebre terciana, que retornaba intermitentemente cada tres días produciendo una especie de delirio en cada episodio (Roa Bastos, *Hijo* 55).
38. La referencia al cometa nos permite situar históricamente la muerte de Gaspar en un monte cercano a Itapé, que sucede al mismo tiempo que la fundación del pueblo donde va a surgir la rebelión campesina.

Casiano fue destinado al cepo por 15 días, donde deliraba e insultaba a sus captores que lo golpeaban y humillaban. Pero fue sorpresivamente soltado por Coronel, el jefe político del yerbal. Su delirio incoherente a la hora de la confesión 'religiosa' le había salvado de la muerte. "No es un ejemplo propasarse con un infeliz", había argüido Coronel (100). Sin embargo, ese delirio continuaba efervescente en Casiano quien, apenas es librado, decide escaparse nuevamente junto a Nati y Cristóbal a pesar de lo débil que estaba.

En efecto, esa misma noche los tres emprenden la fuga aprovechando una fiesta de los capataces. De esa juerga emerge otro verso cantado que los acompaña en esos primeros pasos silenciosos en medio de la noche: "Oimé aveiko ore-kuera entero ore sy mimí jha ore valle jhovy" (...También nosotros tenemos... nuestras madres y un valle natal...) (102). De ese modo, la fuga como obsesión no sólo se inscribe en esa *realidad que deliraba* (la explotación en los yerbales), sino que en esta huida singular se ve impulsada por este nuevo verso del *Canto del Mensú*. Es decir, si antes el único *juído* del yerbal se fugaba en lo que *no nombraba*, ahora los fugitivos se escabullen mientras los explotadores nombran ese *Valle* que espera (a los *juídos*) al final de la travesía.

De hecho, durante la fuga por el espeso monte, Casiano y Nati *vivieron* el terror de la muerte inminente con las víboras, los yaguaretés y los perseguidores. En este sentido, la *des-alienación* de la explotación en el yerbal que se vincula con la re-apropiación de su historia que señalaba el Canto del Mensú, está mediada por esta vivencia intensa y cruda de la muerte. Por eso cuando al fin llegaron al río donde bebieron agua por primera vez en dos días, "los rostros cadavéricos [de ambos] se [fueron] humanizando poco a poco" (113).

En este relato, el aislamiento selvático ya no estaba romantizado como en el caso de Gaspar Mora, que con su música había *endulzado* a la muerte – como si la fuga aislada del aislamiento del yerbal significase también un escape de esa muerte aislada 'endulzada' por la literatura–. Y, sin embargo, la intervención literaria acude en ayuda de los fugados Casiano y Nati cuando a la mañana siguiente aparece un arriero viejo que los conduce en su carreta de regreso a su natal Sapukai: como si la potencia de la fuga hubiese sido el resultado de la introyección del aislamiento en el límite donde no puede escribirse su historia. Entonces, la narrativa de la novela vuelve a anudarse en la presencia de la literatura ausente.

En efecto, el viejo arriero que apenas hablaba poseía una "voz [...] ininteligible, más vieja que él. No parecía voz humana" (114). Además, sus ojos "[b]rillaban con una vivacidad casi juvenil [...] No tenía el estigma del yerbal" (115). Por el parecido, Casiano se lo confundió con Cristóbal, el fundador de

Sapukai. Pero la descripción del carretero, referirá posteriormente Roa Bastos, emulaba a uno de los precursores de la literatura paraguaya, Rafael Barret, el autor español que por primera vez "definió a la vida paraguaya como una 'realidad delirante'" (Legrás 166).[39]

En efecto, en el prólogo a la obra de Barret, *El dolor paraguayo*, Roa Bastos escribe que el escritor español "reaparece míticamente al final de la historia [de la fuga de Casiano y Nati] conduciendo una carreta que se integra fantasmal y real a un tiempo a la pesadilla de los fugitivos" ("Prólogo" xxx-xxxi). Esa yuxtaposición entre uno de los fundadores de Sapukai y uno de los primeros literatos 'paraguayos' no es casual. Allí se materializa el discurso histórico-ficcional de clara raigambre patriarcal: como si ambos 'personajes' hablaran una misma lengua *ininteligible* que conecta lo popular con lo literario. Y acaso Roa Bastos proponga con ello que la intervención política de un escritor consiste en transportar *historias de resistencia popular aisladas* de un sitio a otro en esa carreta literaria. No sólo para que sean oídas, sino también, y más fundamental, para contribuir a que esas luchas comiencen otra vez –pero en silencio; pues tanto el arriero como el autor buscan pasar desapercibidos, aunque siempre tiren de los bueyes–.

Durante ese viaje en carreta de tres días, la literatura le daba cobijo al silencio de Casiano y Nati, quienes habían logrado lo imposible: fugarse del aislamiento y la explotación de los yerbales. Pero apenas éstos se bajaron del carro en las afueras de su *valle natal*, tal como había anunciado el Canto del Mensú, "[d]ivisaron el pueblo al costado de las vías. Vieron los escombros ennegrecidos de las ruinas, los restos del convoy revolucionario, el cráter de las bombas, sobre el que se agitaban hombres diminutos como hormigas" (Roa Bastos, *Hijo* 116). Esos hombres diminutos agitados golpearon nuevamente en *el rostro* a los fugitivos como *una ráfaga de recuerdos* que los reinsertaba en la *realidad que deliraba*. Entonces Nati procuraba volver a la casa que ambos

---

39. Rafael Barret fue un intelectual español que vivió en Paraguay entre 1904 y 1908, donde escribió dos obras fundamentales consideradas pilares de la literatura paraguaya: *Lo que son los yerbales* (1908), donde denuncia el sistema de explotación en la región, y *El dolor paraguayo* (1910), que recoge una serie de relatos sobre sus impresiones de los habitantes de ese país castigado por las guerras. En 1908 Barret es expulsado del país por el gobierno paraguayo debido a su activismo de corte anarquista y se exilia en Uruguay donde publica gran parte de su obra. Finalmente, muere de tuberculosis en Francia en 1910.

tenían antes de partir, a empezar de nuevo y trabajar la tierra. Pero "Casiano no la escuchaba. Avanzaba con las piernas rígidas, galvanizado por esa obsesión que se le había incrustado en el cerebro como una esquirla de las bombas, y que había entrado en actividad el último día en el yerbal" (116). Fue directamente hacia ese "vagón [que] estaba menos destruido que los otros": para continuar la fuga.

En efecto, a lo largo de toda la novela, Casiano y Nati (y eventualmente su hijo Cristóbal), van a empujar ese vagón-requecho "sobre rieles de quebracho" para adentrarse en la selva y planear desde allí nuevamente una revolución (125). No estaban solos en esa epopeya imposible. También se les sumaron "los merodeadores, vagabundos, parias perseguidos y fugitivos, hasta los leprosos de la colonia fundada por el médico ruso".[40] Es que ese vagón en movimiento se va a convertir en "un simulacro de hogar" para todos los expulsados por la producción social y cultural del aislamiento político. Este vagón-hogar "avanzaba sobre la llanura o retrocedía hacia el pasado" produciendo una imagen real y fantasmal a la vez: una especie de sociedad autónoma "de excluidos y desposeídos [...] que, sin saberlo, impulsaban en el vagón una causa que les pertenecía pero que al mismo tiempo los rebosaba" (Quin 231). Y acaso esa causa indefinible también los impulsaba a ellos en cada esfuerzo por mover ese *requecho, conato de la insurrección*, como si estuviesen buscando un sitio aislado, imposible, que reflejara su propia libertad de estar fuera del alcance de la lógica de producción social y cultural del aislamiento.

En ese sentido, la impronta de esta fuga aislada se va a insertar en la subjetivación histórica de sus promotores para reorganizar, casi 20 años después, cuando ya Casiano había muerto por la fiebre, la montonera bajo el mando de un nuevo líder, Silvestre Aquino. En todo caso, la ruptura con el retorno al pueblo natal está justamente en transformar una ruina en el vehículo

---

40. El capítulo 2 de la novela, que aquí no analizamos, cuenta la historia del médico ruso Alexander Dubrovsky, quien había llegado a Sapukai en el mismo tren que Vera y Damiana y, por una confusión, había sido llevado preso ese mismo día. Este personaje que apenas hablaba el castellano o el guaraní, era visto con recelo por los pueblerinos, y va a ser reconocido por su labor comunitaria como doctor. Pero cuando decide crear un leprosario en el monte para darle cobijo a quienes padecen esa enfermedad, va a ser rechazado por el pueblo nuevamente. Finalmente, "los lázaros" van a seguir viviendo en esa colonia donde el gobierno no se anima a intervenir por miedo al contagio.

revolucionario. Porque Casiano no buscaba fundar un nuevo pueblo, como su padre, sino que buscaba mantener viva la llama de una *imposible revolución*. En el clamor reivindicativo de *Tierra y Libertad*, la libertad de la fuga había sido empujada por esas voces inmemoriales: el Canto del Mensú, la voz ininteligible del arriero, la figura del anciano Cristóbal. Todas ellas se encarnaron en Casiano y Nati, quienes no sólo fueron los *únicos juídos del yerbal*, sino que nunca dejaron de fugarse.

Narrativa y subjetivación histórica: el cráter y la fuga

Este primer análisis de los personajes de la novela que hacen epicentro en los requechos de Sapukai revela, por un lado, el *modus operandi* del proceso de acumulación originaria del capital entroncado con la lógica de expulsión e integración del aislamiento político en sus diferentes facetas: la imposición eclesiástica del cristianismo, el reclutamiento militar estatal, la explotación laboral del capitalismo extractivista. Por el otro lado, desde la perspectiva de la fuga aislada, plantea la trama de la resistencia de estos personajes que se ven arrastrados a mimetizarse con esa *realidad que deliraba*. Así, Macario se había aferrado a ese recuerdo del Cristo de Madera que era lo único propio: esa *voz muda* de Gaspar Mora que se le había metido en el pecho y que desde la muerte le daba vida. Por su parte, a Casiano y a Nati se les había insertado el Canto del Mensú como una fiebre en el cuerpo. Y siguiendo esa palabra sorda que llevaban dentro de sí, ese *poder sin nombre* que les permitía fluir en libertad, habían tomado el vagón-requecho que yacía entre las ruinas para continuar la fuga hacia un futuro indefinido.

En el caso de Vera, la traición constante de su escritura consiste en dar cuenta del destino de esas ruinas que interrumpen la circulación: el cráter rodeado de escombros que obliga a los pasajeros del tren a cambiar de convoy para proseguir el viaje.[41] Algo se detiene en Sapukai, que significa *grito* en

---

41. Este tema en particular resulta central en *Yo el Supremo*, la segunda novela de la trilogía de Roa Bastos. Alberto Moreiras sostiene que esa novela "se presenta como un estudio de la distancia entre la escritura (la rememoración de la textura del signo (*sign texture*) de lo real) y el poder" ("Beggaring" 80). En ese sentido, la traición del escritor sería contra el poder estatal, que exige históricamente el establecimiento de una elite intelectual que justifique la dominación social. Pero además la distancia entre poder y escritura no puede suturarse y, como tal, como

guaraní: un grito que surge de las entrañas del pueblo y que no deja de resonar en toda la novela. Pero también, cada personaje se detiene de un modo distinto frente a esa imagen ininteligible del terror. Por un lado, el joven Vera se metió entre "los pasajeros que curioseaban las ruinas" para escribir, como alguien que viene de paso: "la gente del pueblo andaba como muerta. O al menos eso me pareció" (Roa Bastos, *Hijo* 76). En cambio, Casiano y Nati percibieron la misma imagen desde las afueras del valle de Sapukai como un retorno a su tierra, a los escombros de su revolución fallida. La impronta de ambos encuentros con los escombros revela la traza subjetiva de los personajes: mientras Vera percibe la muerte en el pueblo, Casiano y Nati se inscriben en esa agitación animal (los hombres como hormigas) frente al horror para volverse una voz entre esas voces que circundan el recuerdo latente de la catástrofe.

Desde ese punto de vista, Casiano era un doble explotado: producto de la *explosión* en la estación de trenes y de la *explotación* en el yerbal. La fiebre delirante que lo había tomado en los yerbales, le permitía erigirse como un sujeto en fuga de esas dos realidades. Es decir, con la decisión de empujar ese vagón-requecho para alejarlo del resto de los escombros, el destino de Casiano ya no iba a estar ligado a la explotación de la tierra productiva, sino a la libertad en el monte (aún inexplotado). La imagen romántica y literaria de la selva como germen de las guerrillas latinoamericanas de los años sesenta y setenta reverberaba en esa gesta imposible que lo absorbía por completo.

De ese modo, al volver a Sapukai, el mensú traiciona el sueño de la tierra propia para continuar la lucha revolucionaria. Como si intuyera que la tierra también puede ser una cárcel. Y paradójicamente, desde ese interludio de la libertad, Casiano va a plantear sus demandas revolucionarias que incluyen el retorno de ese mismo sueño: "un poco de tierra y libertad para los suyos" (131). La marca de esa subjetivación política que tuerce su propio destino se inscribe en una frase en el vagón que ha adoptado como su hogar y que el escritor Vera va a notar "altanera" y desvencijada: "Sto. Casiano Amoité - Primera Compañía- Batalla de Asunción". Desde este nuevo" "*locus* de politización", Casiano no sólo asume un nombre nuevo (Legrás, 182). Al mismo tiempo, la

---

registro de su imposibilidad, adquiere su propia concreción. Para Moreiras, esto se inscribe en *Yo el Supremo* como "un intento de comprensión histórica que entiende al poder y, al entenderlo, en el acto mismo de entenderlo, expresa su propia distancia infinita frente a éste" (80). Y en este momento cúlmine, el escritor se vuelve "un nómada, un traidor, un infame desertor de la patria" (80).

frase señala el ensueño de una batalla final revolucionaria la cual es inexistente incluso en la novela, pero que había sido el objetivo de los rebeldes en Sapukai antes de la explosión: tomar la capital.

El sueño revolucionario de los catorceros en los años sesenta no se alejaba demasiado de este imaginario político. Al gestar en el exilio (fundamentalmente desde Argentina) la posibilidad de la invasión y el retorno a la patria, el Movimiento 14 de Mayo movilizaba a sus miembros con la esperanza de, una vez en territorio paraguayo, reclutar adeptos en los pueblos para derrocar finalmente a Stroessner en Asunción. Esta táctica de guerrillas estaba alimentada por la recientemente triunfante Revolución Cubana, y si bien el fracaso de la Gran Invasión fue rotundo, los contactos de la capital eran claves para alimentar la imagen de una batalla triunfal que finalmente no ocurrió.

En la novela, esta batalla ausente aparece en el primer episodio delirante de Casiano, en plena fuga del yerbal, cuando él y Nati se habían cubierto de barro, de pies a cabeza para despistar a los perros (113). Allí, luego de evitar la muerte frente a los hombres del yerbal que los perseguían, Casiano le dice a Nati: "¡Ya va a salir el tren! [...] ¡Mañana caerá Asunción! [...] ¡Vamos a atacar a sangre y fuego! [...] ¡Vamos a luchar por un poco de tierra! ¡Por nuestra tierra! [...] ¡Vamos a aplastarlos!" (113).

Con "ese delirio que le mana a borbotones por la boca", Casiano tuerce esa *catástrofe de recuerdos que le golpea en el rostro* justo cuando se le cae "la máscara de barro" de la cara. A partir de allí, comienza a vivir con la esquirla de la fuga en función de un recuerdo 'soñado', inexistente, pero presente en los *armónicos de la memoria popular*. Esta marca luego se va a plasmar en la frase en el vagón, pues Amoité "designaba en lengua india lo que era distante, no la lejanía solamente, sino lo que estaba más allá del límite de la visión y de la voluntad en el espacio y en el tiempo" (131). Esa distancia infinita habilitaba una batalla en Asunción, la cual habría tenido lugar en ese tiempo inconmensurable gracias a un tren fantasma que no habría estallado en mil pedazos. Es decir, a medida que ese vagón-requecho se volvía su hogar, Casiano solidificaba el recuerdo de una revolución imaginaria que se fugaba intermitentemente (como su fiebre) hacia ese tiempo infinito que la hacía compatible con la *realidad que deliraba*.

Desde mi perspectiva, esa marca de la escritura le daba sentido a su fuga en el imaginario político paraguayo. De ese modo, como palabra sorda que expresa *un poder sin nombre,* Amoité inscribía una distancia infinita ligada por el lenguaje al mundo guaraní. Y al mismo tiempo, como palabra muda,

Amoité enlazaba esa *lejanía* que habitaba el propio vagón-requecho, con la distancia inconmensurable entre el monte y la capital desde la lógica imaginaria de esa libertad. Pues en última instancia, su huella habilitaba la continuidad de la imaginación revolucionaria: la marca de un tiempo y una escritura en constante fuga del poder político. Porque para pelear esa batalla ausente en la revolución ficticia del 12, Casiano tuvo que subir a un vagón de ese mismo tren hasta encontrar ese sitio adonde el poder no podía llegar; y escribir la frase donde el poder no la registraba. Y no es que ese 'recuerdo' haya tomado lugar sólo en su imaginación; sino que la batalla ausente se insertó (desde la literatura) como otra esquirla de la explosión en el imaginario político paraguayo.

Acaso la apuesta de Roa Bastos haya sido pensar esa batalla ausente entre los resquicios fracturados del imaginario político paraguayo. Desde mi perspectiva, el escritor paraguayo identificó la ruina indiferenciada que cobija la revolución como un connato de insurrección que retorna a lo largo de la historia. Me refiero a ese vagón-requecho, aislado en medio del monte, donde el sueño de una batalla busca desprenderse de la pesadilla de una derrota. Según Alejandro Quin, ese "vagón en ruinas se presenta como la alegoría del devenir del autoritarismo estatal paraguayo [... donde] la ruina en sí representa la fractura" inherente al proceso de modernización nacional "y la no-completitud de la historia" (234). Al mismo tiempo, al definir un *nuevo locus de politización*, Casiano queda sujeto a anunciar la inconmensurabilidad que pende de la escritura sobre esa ruina y, por lo tanto, no puede fugarse de esa palabra escrita tallada en el aislamiento del monte. En consecuencia, podría interpretarse que el designio que se intuye en esa frase-*requecho* señala el límite de esa fuga que las próximas generaciones deberán interpretar: el problema de una fuga que no pueda plasmarse en un gobierno, implicando así una fuga de la revolución misma. Es decir, la frase *Sto. Casiano Amoité - Primera Compañía- Batalla de Asunción* se inscribe en el imaginario popular fracturado como el sitio de una revolución imaginada que funciona a la vez como punto de llegada de la fuga emprendida por Casiano.

En resumidas cuentas, la fuga de Nati y Casiano de los yerbales y su decisión de continuarla en el vagón-requecho que se hallaba entre las ruinas en Sapukai, empujándolo para crear su propio aislamiento en el monte con el objetivo de re-comenzar una revolución, constituye el evento histórico-ficcional de la novela. A partir de allí, toda la novela puede ser leída como una novela de fugas, del mismo modo que hasta aquí la hemos interpretado como una trama de agujeros en el registro subjetivo de las rebeliones populares a partir del cráter de Sapukai. Es decir: a partir del trazo de este escape que atraviesa el agujero, este evento histórico-ficcional puede ser leído a contrapelo desde la fuga real de los catorceros en 1961. Pero para anudar ambos 'eventos' cabe recordar que la primera línea de la novela se escribió 'ficcionalmente' en la cárcel de Peña Hermosa, donde Vera se encontraba preso en 1932, y desde la cual los guerrilleros emprendieron su fuga épica. Es en ese enlace histórico-ficcional que Peña Hermosa funciona como el anclaje político de la novela en tanto nos permite pensar la trama de ambas fugas en un mismo registro. Aun así, para salvar la distancia histórica entre 1932 y 1961, resulta necesario referir al retorno del proceso de acumulación originaria como fundamento económico político del Stronismo, para luego comparar el recorrido de los catorceros con la trama de la fuga en la novela. Con ello, podremos reflexionar sobre el rol de la memoria y la escritura (y también de la literatura) en la formación del imaginario político en Paraguay en los años sesenta.

PARTE 3
La formación del Stronismo: la acumulación originaria y la escritura de la historia

Según Marx, la historia de la "así llamada acumulación primitiva del capital" contada por los economistas del capitalismo partía de "una anécdota del pasado" que funcionaba como "el pecado original" en la teología (607). La construcción imaginaria presentaba el relato de "una minoría trabajadora, inteligente, y sobre todo ahorrativa" que había logrado acumular riqueza mientras una mayoría de "haraganes, que derrochaban cuanto tenían", había quedado pobre, sin tener "nada que vender más que su persona". De ese modo, se generaba un mecanismo que estaba en constante movimiento: una violencia que retornaba permanentemente bajo *la ley* del comercio de la mano de obra entre "hombres libres" para regular las relaciones sociales de producción en el capitalismo. Este mecanismo quedaba plasmado en una *escritura de la historia* que tergiversaba los términos para justificar ese 'pasado imaginado' con la realidad supuestamente inevitable del presente, presentando la libertad de los hombres como el fundamento de su esclavitud al interior de un sistema productivo. Y con ello, la escritura de la historia borraba el trazo del terror que había engendrado al capitalismo.

Esta violencia brutal se iba a re-insertar en Paraguay con la Guerra del Chaco (1932–1935) formando parte del ciclo de retorno permanente de la acumulación originaria del capital. Es decir: al igual que la Guerra de la Triple Alianza librada en el siglo XIX, la guerra contra Bolivia se había gestionado en función del reparto de las tierras de esa región, en este caso, para la exploración petrolera por capitales extranjeros. La disputa entre la Standard Oil norteamericana (hoy Exxon Mobil) y la Royal Dutch Shell anglo-holandesa funcionó en el trasfondo de un conflicto bélico que si bien culminó en una victoria en el campo de batalla para Paraguay, favoreció el interés de las empresas en las negociaciones de paz posteriores.[42] En efecto, la Constitución de 1940, elaborada durante el gobierno de José Félix Estigarribia, iba no sólo a corroborar esas negociaciones sino que también sentaría las bases legales para la 'modernización' del Paraguay bajo el Stronismo.

Por el otro lado, a diferencia del otro conflicto bélico, la Guerra del Chaco significó para el imaginario político de la nación la unidad de todos los paraguayos bajo una misma causa: unión que llevó a la victoria contra un enemigo externo. De allí que, en todos los gobiernos posteriores a la Constitución de 1940, inclusive el de Stroessner, predominara la evocación de esa guerra con el sello de la unidad nacional. Tanto se expandió el respeto a los excombatientes del Chaco que incluso los miembros del *Movimiento 14 de Mayo* los veneraban. Pues la esperanza popular residía en trasladar ese triunfo militar (real, pero sin efecto político) al manejo de las cuestiones de Estado, como si en ello estuviese el secreto de la estabilidad social. El trabajo de la escritura reinscribe la acumulación originaria: una guerra cuya violencia había vuelto a golpear a todo un pueblo, se escribía con la pluma llena de sangre en nombre del supuesto orgullo nacional de ese mismo pueblo.

En la novela, Roa Bastos procura deconstruir esta "desfiguración" de la historia en nombre de la unidad nacional.[43] Para ello muestra, por un lado, la

---

42. "Spruille Braden, propietario de terrenos petrolíferos en Bolivia y notorio personero de la Standard Oil, presidiría la comisión de negociaciones" por la paz con el paraguayo José Félix Estigarribia (considerado héroe militar del Chaco), quienes cerrarían un acuerdo en 1938 que favorecería a la empresa norteamericana (Agüero Wagner 41).
43. En su libro *Moisés y la religión monoteísta*, Sigmund Freud destacaba que la escritura bíblica había fusionado en la figura de Moisés dos personajes históricos disimiles ligados al éxodo judío, separados por casi 800 años. Pero detrás de esta amalgama residía la historia del asesinato del primer Moisés, liberador de los judíos, a manos de su propio pueblo. La narrativa religiosa, entonces,

violencia cruel que la sustenta, y por el otro, la trama de resistencia popular que la combate. En todo caso, la cristalización de esa unidad de origen bélico llegaría con la sistematización del terrorismo de Estado en la era de Stroessner (1954–1989) donde todo opositor al gobierno era considerado un "enemigo interno" y, por lo tanto, "un comunista". (Boccia Paz et al., *En los sótanos* 120).[44] De ese modo, el traspaso de la lógica de una guerra externa hacia una guerra interna se convertía en el fundamento del poder político y la sociabilidad en Paraguay.[45] Esta inserción sistemática del terror y el miedo en la sociedad fue llevada a cabo a través de requisas en los pueblos, fusilamientos públicos, torturas y encarcelamiento de opositores políticos que combinaban las operaciones de las redes de *pyragüé* y de las redes policiales.[46] Así, el slogan de la dictadura Stronista se sostenía en la trilogía del "Gobierno, Fuerzas Armadas y Partido Colorado, cohesionados en una unidad granítica" que

---

"desfiguraba" las huellas de ese asesinato poniendo en funcionamiento "el doble sentido" de la palabra "*Entstellung*" [...que] no sólo debería significar "alterar en su manifestación", sino también "poner en un lugar diverso", "desplazar a otra parte" y hacerlo *ley* en las tablas de Moisés para que no vuelva a suceder (42). Peter Sloterdijk sostiene la tesis de que en este texto Freud "ya no utiliza en ninguna parte el concepto de inconsciente", y vincula el funcionamiento de la *desfiguración* con la *differance* de Derrida (29).

44. En 1955 Stroessner promulgó "la Ley 294 [... que] permitía acusar a cualquier opositor al Gobierno de comunista. Al mismo tiempo, instituyó la obligatoriedad de la delación. Todo funcionario estaba obligado a denunciar a su prójimo ante la menor sospecha de que fuera comunista [... so pena] de ser acusado de connivencia con el sospechoso" (Neri Fariña y Boccia Paz 32).

45. Al mismo tiempo, a partir de 1963 el régimen retomó un formato seudodemocrático que permitía la realización de elecciones populares (sólo con algunos partidos políticos). Basada en la revitalización de "héroes nacionales" y "populares" ligados a la tradición del coloradismo y la proyección de una imagen de "estabilidad política", la legitimidad del régimen se va a cristalizar en la nueva Constitución de 1967 (Soler 118).

46. Por ejemplo, llevado a cabo a la colonia Fram, una comunidad eslava (sospechosa por eso de ser aliada de la Unión Soviética) ubicada en las afueras de Encarnación donde "el 15 de marzo de 1955 unos 400 colonos fueron cercados por efectivos del ejército" para luego ser encarcelados, torturados y deportados (Zub Kurylowicz 13).

invocaba esa herencia del Chaco, al mismo tiempo que desplazaba a los militares profesionales que habían peleado en ella (120).[47]

De esa manera el gobierno paraguayo formó parte del proceso histórico de cooperación entre militares latinoamericanos alrededor de la expansión de la Doctrina de Seguridad Nacional incluso antes de que ésta se oficializara en 1962. Cabe destacar que esta coordinación militar en los sesenta iba a desembocar en el lanzamiento clandestino de la Operación Cóndor en los setenta donde Paraguay va a jugar un rol protagonista.[48] Y en todo caso, a partir de esta política militarista nacional y regional, el gobierno de Stroessner pudo acceder a préstamos internacionales para realizar obras de infraestructura básicas como la construcción de carreteras y la instalación del servicio de agua corriente en Asunción en 1959 (Neri Fariña y Boccia Paz 26).[49] De ese modo, la dictadura subvencionó la modernización del país con base en la instalación del terror y el endeudamiento del país.[50] Este modelo se expandió en los

---

47. Paradójicamente, Stroessner "buscó eliminar cualquier remanente de profesionalismo militar" mientras incrementaba masivamente el personal de bajo rango facilitando la relación de "subordinación" con el primer mandatario (Soler 85). Este proceso de purgas de oficiales y altos mandos de la institución militar (que venía desde 1947) hizo que "el esquema represivo se apoy[ara] en la formación de la policía nacional" (88).

48. Ya a mediados de los cincuenta, la CIA había enviado agentes especiales para "la formación de la Policía Técnica [paraguaya], uno de los centros más temibles de información y tortura" (Calloni 169). Sobre la participación de Paraguay en la Operación Cóndor, ver Calloni, y Boccia Paz et al. (*En los sótanos*).

49. En los primeros seis años de dictadura, Stroessner había logrado abortar las fallidas asonadas militares de 1954 y 1957. Luego, eliminó todo rasgo de resistencia opositora a nivel de los partidos políticos y las organizaciones obreras (la huelga general obrera de 1958 fue interceptada el día anterior a su convocatoria). En un momento, cerró el Congreso a la oposición interna del coloradismo (el MOPOCO) en 1958, y más tarde consiguió fulminar casi por completo a las primeras guerrillas emergentes.

50. Marx sostiene que históricamente "con la deuda pública, surgió un sistema internacional de crédito, detrás del cual se esconde con frecuencia [...] una de las fuentes de la acumulación originaria" (642). Así, "entre 1954 y 1960, el Paraguay recibió casi 30 millones de dólares de Washington" como préstamos (Neri Fariña y Boccia Paz 32).

contratos para la construcción de las represas hidroeléctricas de Itapúa (con Brasil) y Yaciretá (con Argentina) en los años setenta.[51] El sistema económico stronista siguió "la corrupción como modelo" con "el contrabando," "el autotráfico", "las falsificaciones", el "tráfico de armas" y el "negocio de la droga" por un lado, y la entrega de tierras malhabidas por el otro, que modeló la inserción plena del Paraguay en el neoliberalismo durante los años 80 y 90 (76).

En resumidas cuentas, el Stronismo significó la consolidación de un Estado nacional autoritario como resultado de la realización de un nuevo ciclo de la acumulación primitiva del capital. La producción social del aislamiento se revitalizaba en un nuevo ciclo de violencia política y económica, aunque formalmente democrática, que se volvía funcional a los procesos dictatoriales que se habían instalado en el resto del continente con el objetivo general de sentar las bases para la expansión del neoliberalismo en los años venideros.[52]

Vera y el ciclo de la traición

Ahora bien. Para el análisis de la novela nos interesa retener el proceso histórico de consolidación del Estado nacional que se cristaliza en los primeros años del Stronismo como evocación y desplazamiento de la unidad retrospectiva generada en torno de la Guerra del Chaco. Desde esa perspectiva leemos el diario que recorre todo el capítulo 7 de *Hijo de hombre*, como el anclaje escritural y político donde se anuda el ciclo de la traición de Vera en torno a su propia subjetividad.

En efecto, recordemos que Vera se encontraba en Peña Hermosa antes de comenzar la Guerra del Chaco cumpliendo una condena por haber ayudado

---

51. Ambos contratos se llevaron a cabo en 1973. Sin embargo, la utilización de ambas represas beneficiaría a los países vecinos, abasteciendo mayormente a las ciudades de Brasil y Argentina. Además, su llegada produjo la expulsión de los habitantes cercanos al río debido a las inundaciones producto de la construcción de la represa.
52. Incluso una vez derrocada la dictadura, el *boom* sojero del 2000 volvió a generar una redistribución de tierras a favor de los capitales extranjeros (predominantemente brasileros). Nuevamente, este proceso económico estuvo acompañado de gobiernos del Partido Colorado que, si bien fueron elegidos "democráticamente", continuaron funcionando con la misma lógica de la dictadura. El golpe parlamentario contra Fernando Lugo en 2011, y la elección del presidente Horacio Cartes en 2013, acusado por narcotráfico, corrobora esa línea de continuidad.

a las montoneras de Sapukai, dirigidas por Silvestre Aquino en su preparación militar para la revolución. Es decir: Vera había sido parte del complot; y a la vez, cargaba la cruz de haberlos delatado en una borrachera, lo cual derivó en la captura y muerte de sus integrantes y el fracaso de la insurrección. El único que se había escapado de la represión era Cristóbal Jara, el hijo de Casiano y Nati que había *nacido andando* en un carro en el escape frustrado de los yerbales de Tacuru-Pukú. Con apenas 19 años, Kirito, como lo llamaban en el pueblo, manejaba un camión de una ladrillería de Sapukai en el cual llevaba "de vez en cuando [...] a los turistas y cajetillas [... a] conocer el vagón metido en el monte" (Roa Bastos, *Hijo* 142). Y así como había pasado su infancia empujando el vagón sin rieles, ahora ayudaba de modo clandestino a la montonera que iba creciendo en número alrededor de ese *requecho* de la explosión del año 12. En el techo de su camión se leía una frase que lo pintaba entero: "Mba'evé nda cheapurai, avaré nda cheyokoi" (nada me apura... nada me ataja) (143).

En el capítulo 5, Cristóbal conduce a Vera a través de la selva hasta encontrarse con el *vagón-ruina*. Allí, el militar conoce a los guerrilleros y al jefe de la montonera, Silvestre Aquino, quien le pide que los entrene militarmente. Habían pensado en Vera porque sabían que él había elegido este destino (Sapukai) en vez del "destierro" como castigo por otro incidente anterior (133). Acaso vislumbraban en esa decisión un deseo revolucionario escondido que ni el propio militar podía aseverar. Y Vera, si bien iba a aceptar la propuesta, al mismo tiempo intuía que "[e]l ciclo recomenzaba y de nuevo [lo] incluía. Lo adivinaba oscuramente, en una especie de anticipada resignación. ¿No era posible, pues, quedarse al margen?", se preguntaba entonces (133).

El protagonista de la novela se refería al ciclo de la traición del cual iba a tomar parte como si una fuerza extraña lo empujara a ello. Este ciclo, que había comenzado cuando tomó leche de la teta de Damiana en Sapukai, va a concluir al final del capítulo 7, en plena Guerra del Chaco, cuando Vera está a punto de morirse de sed en medio del desierto. En "esa agonía del infierno", va a sentir el límite de la muerte. Y cuando llega el camión aguatero salvador, lo va a confundir con otro "monstruo de [su] propio delirio", y va a "disparar la metralleta" matando al conductor que paradójicamente era Cristóbal Jara: el único *sobreviviente* de la rebelión que el propio Vera había traicionado.[53] Por

---

53. El capítulo 8, que aquí no analizamos, cuenta la épica de Cristóbal, que atraviesa el desierto y la guerra con ese camión para llegar al destino y alcanzar agua a sus compatriotas. La película *Hijo de hombre* de Lucas Demare, con guión de Roa

lo tanto, el ciclo cumplía una especie de parábola trágica que dejaba a Vera, único sobreviviente de su batallón, condecorado como alcalde de su pueblo natal, Itapé.

Mi lectura de la novela procura descentralizar la trama de la traición para re-localizar la evocación fragmentaria del cráter retomando la fuga como el lente de inteligibilidad del imaginario político paraguayo. Si bien hago referencia a la traición y al agujero a lo largo de este capítulo, mi impresión es que, leída desde el escape de los catorceros en consonancia con el *diario carcelario* de Vera, la pregunta del acontecimiento exige trazar los recorridos de la fuga como la figura predominante de la resistencia popular. La escritura de la historia, desde esa perspectiva, no cede a registrar los efectos de la acumulación primitiva solamente; sino que ofrece un discurso histórico-ficcional para pensar la potencialidad latente que reverbera en ese discurso oral informulado de raigambre indígena y popular: en el Cristo de madera y el Canto del Mensú, como ya vimos, y en las inscripciones de *Amoité* en el vagón y de *Mba'evé nda cheapurai, avaré nda cheyokoi* en el camión de Cristóbal. Desde esa perspectiva leemos la novela y la fuga de los catorceros como si se conectaran en un mismo registro histórico-ficcional.

Diario de fuga: temporalidad y subjetivación histórica en Peña Hermosa

"Aquí, en el destino de Peña Hermosa", comienza Vera su diario el primero de enero de 1932, "apenas nos apercibimos del paso del tiempo" (Roa Bastos, *Hijo* 168). La localización de un día específico en confluencia con un tiempo detenido indica un contrasentido propio de la vida carcelaria. La isla-prisión, a su vez, expande ese sopor que aumenta la sensación subjetiva del aislamiento. Aunque, dada la confianza 'militar' entre presos y soldados-guardias castigados en el penal, Vera tenía ciertas libertades como nadar en el río y pescar, así como también recibía encomiendas con comida y libros. Recordemos que el protagonista de la novela es despreciado por los otros presos militares por su condición de *pyragüé*, y por eso recibe cada tanto "pequeños actos anónimos de hostilidad" (el robo de un reloj, la rotura del mosquitero), ante los cuales

---

Bastos, se basa precisamente en la filmación paralela de ese pelotón perdido en el desierto y la travesía de Cristóbal y Salu'i, su compañera de viaje, tal como aparece en los capítulos 7 y 8 de la novela respectivamente.

responde estoicamente, siempre y cuando "no lleguen a enfrentar[lo] abiertamente" (171). Y desde ya, esta situación lo marginaba incluso de los planes de fuga.

De modo similar, el régimen represivo diario durante la dictadura stronista en la isla-prisión iba a resultar hasta cierto punto más "laxo" que en otros centros de detención y tortura de la época.[54] Allí, recuerda el exguerrillero Ventre Buzarquis, "empezamos a respirar cierto aire de libertad" (139). Pero al mismo tiempo, sostiene Arellano, "los prisioneros [del Movimiento 14 de Mayo] tenían la impresión [de] que los habían enviado allí para siempre" (131). Esta doble sensación de libertad y aislamiento opera como una temporalidad ajena al proceso de formación del Estado nacional, pero funcional a él tanto en la estructura carcelaria en 1960 como en la narrativa de la novela en 1932.[55]

Al respecto Paul Ricoeur sostiene que "el impulso hacia el futuro es, al nivel profundo de la temporalidad, un movimiento finito en la medida en que todas las expectativas genuinas están *limitadas desde adentro* por el ser-para-la-muerte" (182). Se trata de una *temporalidad marginal* que pone en juego la tensión entre el futuro que abre y la tendencia hacia la muerte propia de la revolución. Esta temporalidad marginal refiere a la noción de Heidegger de 'repetición' que opera sobre "la *recuperación* de nuestras potencialidades más fundamentales, ya que son heredadas de nuestro propio pasado, en términos de un destino personal y común" (180; subrayado mío). Es decir, este constante "retorno a los orígenes" que interrumpe la narrativa del discurso histórico-ficcional "nos trae de vuelta a la constelación casi inmóvil de potencialidades que la narrativa recupera" (186).

---

54. No obstante, se trataba de una cárcel, y los prisioneros estaban sujetos al accionar absurdo y cruel de los oficiales a cargo. Tal el caso de los guardiacárceles que les hacían cantar a dos argentinos el himno de su país, y cuando decían "Libertad, Libertad, Libertad", le recriminaban su arrogancia y "ligaban treinta o cuarenta latigazos", para luego hacerles escupir sobre su bandera (Arellano 126).

55. Esto se podía ver en las mejoras en el régimen de comida, la correspondencia y las lecturas permitidas. También jugaban al "truco y al póker" y practicaban "fútbol, vóley y ajedrez" (Ventre Buzarquis 140). Hubo comilonas donde cocinaban los presos y participaban los guardias y hasta los lugareños (146). Inclusive no faltó la ocasión para organizar peñas "¡con guitarra y todo!" (149). "Con el transcurrir del tiempo [escribe Ventre Buzarquis] casi todo estaba implícitamente permitido" ¡Si hasta el director del penal jugaba al póker con los presos! (149-150).

En el caso de *Hijo de hombre,* la conexión entre la temporalidad marginal (el tiempo detenido en Peña Hermosa) y la función narrativa tiene lugar a través de este movimiento de *retrieval* (o recuperación de lo perdido) en el aislamiento político. Allí se puede activar un proceso de subjetivación histórica que ponga en juego un *conato de insurrección* en el mismo aislamiento al que los prisioneros han sido condenados. Pues al agenciarse su propia historia, la fuga opera en el terreno de esa *constelación casi inmóvil de potencialidades* que ahora se desplaza hacia su propio aislamiento.

De ese modo, la fuga se instaló como un pensamiento inmediato de los catorceros en Peña Hermosa, y luego de un tiempo había planes paralelos entre los presos para fugarse en grupos pequeños o de manera masiva. Por el contrario, Vera escribe en su diario: "no pienso fugarme. Estoy bien aquí. Ahora me sentiría bien en cualquier parte. Sapukai o Peña Hermosa, todo me da igual. No espero nada, no deseo nada. Vegeto simplemente" (Roa Bastos, *Hijo* 170).

Esta congruencia entre la sensación apática del escritor del diario y la temporalidad del penal constituyen el fundamento subjetivo del aislamiento político. En ese sentido, el protagonista anota con desgano en su libreta: "[n]i una gota de aire. Silencio pesado, total, agujereado por los ásperos gritos del guá'á [un guacamayo azul]. Tengo la sensación de hallarme en un islote desierto" (170). La voz del guacamayo o *guá'á*, que cortaba ese silencio sepulcral diciendo incoherencias, funcionaba como un *pensamiento que no piensa*. De allí que sus palabras, como "el habitante más antiguo del penal", resuenen en el trasfondo del aislamiento: "*Yapiaké!... Yapiapaiteké!*" [¡Escapemos!... ¡Escapemos todos!].

Los gritos no sólo expresan el deseo colectivo de fugarse de Peña Hermosa. También se refieren a la Guerra del Chaco, largamente anunciada y repudiada, incluso por algunos de los presos civiles en el penal. Tal es el caso de un estudiante, "Facundo Medina, a quien llaman el Zurdo, por sus ideas de izquierda" (168). Se trata de un personaje secundario que había sido capturado alrededor de la matanza de estudiantes del 23 de octubre de 1931 por "reclamar la defensa del Chaco, ante la ocupación progresiva por los bolivianos" (un hecho histórico real). Su presencia en el penal incentivaba la charla política y servía de preludio a la unión de los presos militares por un objetivo común: 'combatir al enemigo boliviano'. En ese sentido, el grito de fuga del *guá'á* podría interpretarse así: escapemos de esa *unidad de todos los paraguayos en nombre de una guerra ajena.*

En todo caso, Vera no puede 'interpretar' esas voces que lo circundan. Acaso en el fondo no quiera hacerlo, aunque la escritura del diario lo lleva casi por inercia a señalar esas interrupciones de la monotonía del aislamiento. Recordemos que el propio Roa Bastos insiste en que, *para escribir, primero hay que escuchar un texto no escrito*. Nos referimos no sólo a los gritos del *guá'á* o a la militancia del Zurdo, sino además al momento en que Jiménez, un preso que había matado al amante de su exmujer, se acerca a la orilla del río con una pregunta insignificante. Y si bien Vera registra el gesto de su angustia, no le ofrece conversación. Al revés del *guá'á*, cuya indiferencia traía la palabra muda que sonaba en el trasfondo inconsciente del penal hacia un futuro incierto, el desgano de Vera cancelaba al mismo tiempo toda posibilidad de escuchar la palabra sorda de Jiménez que iba hacia la muerte.

Efectivamente, dos días después Jiménez intentó escaparse en un bote "que hacía aguas por todos lados" (175). Y como no sabía nadar, "se hundió antes de llegar a las rompientes" y casi se ahoga si no hubiese sido rescatado por los soldados. Luego de una semana en el calabozo, Jiménez muere envuelto en una *fiebre delirante*. En parte por la falta de cuidado; y en parte, por el aislamiento que implicó la imposibilidad de trasladarlo a un hospital "cuando aún era tiempo". Pero, fundamentalmente, porque luego de su fallido intento de fuga no pudo retornar de esa *realidad delirante* en la que se sostiene la isla.

Para Vera, esta muerte golpea *sin querer* su propia idiosincrasia: "Por primera vez ha muerto un hombre en el islote desde que lo habilitaron como destino" (176). Y entonces, algo del destino de ese islote se fusiona con el de Vera (destaquemos que el capítulo se llama "Destinados"). Como si él mismo quedara *habilitado* para la llegada de la muerte: la muerte del traidor que no logra explicarse su traición. Pues como consecuencia del deceso de Jiménez, se produce un cambio en las autoridades militares, y el nuevo director de la prisión va a ser quien lo confronte con "el asunto ese de las montoneras" (178).

Ante ello, Vera responde que él había aceptado la pena y que estaba dispuesto a cumplirla. Pero en su relato interior, tal como aparece en el diario, esgrime: "[el nuevo director] ha puesto el dedo en la llaga", pues ni Vera mismo sabe qué lo llevó a la delación. "¿Qué interés podía haber tenido en vender a esos pobres diablos del estero? [y prosigue] aunque, quizás, los que así pensaban tenían razón, porque haberme emborrachado aquella noche equivalía a convertirme de hecho en un delator, por lo menos ante mi propia conciencia. Pero es esto, precisamente, lo que no puedo explicar a nadie". Desde mi perspectiva, ese misterio insondable que lo hizo un *pyragüé* y lo condenó de por vida, proviene del modo en que Vera se ha escapado de sí mismo: el deseo cumplido de estar al *margen* de una interpelación subjetiva.

Entonces, el dilema de la repetición que acontece en esa temporalidad marginal emerge de un mismo aislamiento político. Pero la distinción crucial entre ambas consiste en que parte de ese aislamiento es un resultado de la misma subjetivación histórica. Es decir, el retiro voluntario de Gaspar en el monte o el delirante traslado del vagón a la selva de Casiano y Nati producen *un aislamiento en el aislamiento* que fomenta ese *conato de insurrección* desde el principio. En cambio, Vera, desde su aislamiento en Peña Hermosa, percibe que en cada acercamiento del otro hay algo que se le escapa. Reflexiona sobre los gritos del guá'á, pero no sabe qué hacer con ello. Adivina los murmullos de los planes de fuga, pero en el fondo no quiere fugarse. Le interesa escuchar al Zurdo, pero no puede establecer una conversación 'política' con él. Sabe de las hostilidades de los militares-presos, pero prefiere no enfrentarlos. Intuye el futuro inmediato de Jiménez, pero se queda en su 'aislamiento' desganado.

Pensada desde el momento de publicación de la novela, la isla-cárcel de Peña Hermosa apuntala la construcción histórica de ese *aislamiento en el aislamiento* que funciona en *Hijo de hombre*. De hecho, en 1960 el penal ya no estaba en uso, así que su reconstitución estuvo ligada a la expansión del sistema carcelario durante el Stronismo, la cual revivió aquella prisión militar y la puso a funcionar en un régimen represivo distinto. Para ese entonces, el sistema carcelario utilizaba las comisarias locales como prisiones provisorias donde se mantenían detenidos políticos de manera ilegal. Su base de operaciones de inteligencia era el Departamento de Investigaciones de la Policía, ubicado en Asunción. Y la Penitenciaría de Tacumbú, fundada en 1956 para reemplazar a la ya antigua Cárcel Pública, alojaba tanto presos comunes como presos políticos.[56] De hecho, fue la primera penitenciaria moderna del país.[57]

---

56. La cárcel está ubicada en el barrio asunceño del mismo nombre (Tacumbú). 'Tacu' significa caliente en Guaraní y la terminación 'mbú' aportaría el concepto de 'explosión', con lo cual se traduciría 'calor que explota' o 'volcán'.

57. En 1948 "se crea una comisión organizadora de la Penitenciaria Nacional bajo la supervisión del Ministerio de Justicia y Trabajo, cuyo fruto se traduce en la inauguración de la Penitenciaria Nacional de Tacumbú, y el posterior traslado de los internos a dicho recinto el día 7 de mayo de 1956" (Gavilán Cañete 43). Y a fines de los cincuenta se sanciona "la nueva Ley Penitenciaria n° 210/70" que hacía

Esta expansión carcelaria se organizaba alrededor de ondas represivas que emanaban desde Asunción y cubrían cada vez más las zonas consideradas de peligro para la dictadura. De ese modo, el régimen de Stroessner logró afianzar la represión política y trasladar la imagen de una cárcel abierta a la sociedad.[58] Sin embargo, como se puede ver en el mapa (ver *Figura 1* al principio del capítulo), la cárcel de Peña Hermosa no formaba parte de esas ondas represivas ni su régimen interno iba a responder a la lógica de las penitenciarías modernas. Sino más bien que ese penal aislado funcionó como un *anacronismo* adyacente al aparato represivo stronista.

Al mismo tiempo, la reconstrucción del penal de Peña Hermosa fue llevada a cabo por los propios presos políticos pertenecientes al *Movimiento 14 de Mayo* que habían sido capturados prisioneros entre 1959 y 1960.[59] Eran alrededor de 50 presos, la misma cantidad que, según menciona Roa Bastos, cumplían condena en la isla-prisión en 1932 (168). En todo caso, una vez arribados a la isla, los catorceros tuvieron que refaccionar el penal que estaba en penosas condiciones para habitarlo. Según cuenta la antropóloga Diana Arellano, los presos políticos "construyeron chozas nuevas para su alojamiento, una *ranchada* grande que funcionaba como comedor y repararon a nuevo toda la comandancia y los puestos de seguridad fabricando cal, ladrillos y hachando árboles para [construir] la estructura [edilicia]" (131). Es decir, los presos son forzados a construir *su propio aislamiento*. ¡Una cárcel hecha por presos políticos para ser 'habitada' por ellos mismos!

Pensado desde los años sesenta, el Movimiento 14 de Mayo se había iniciado en Buenos Aires en 1959 donde se aglutinaba gran parte de la comunidad

---

hincapié en la *autonomía* de lo penitenciario, dotando "de considerable poder a las autoridades administrativas de las prisiones" (44).

58. Para un análisis de la idea de prisión abierta en la posdictadura del Cono Sur, ver Draper.

59. Según el testimonio de A.C., exguerrillero preso en Peña Hermosa en 1961, los prisioneros antes habían sido llevados a Tacumbú junto a otros "comprometidos" y aliados "políticos", ya que la clasificación del gobierno incluía: "Guerrilleros, que eran los que combatían y/o sus familiares. Comprometidos, quienes tenían cierto vínculo con los guerrilleros por ejemplo dejarle pasar por el patio de tu casa a1 guerrillero ya te hacía pertenecer al grupo de los comprometidos con los guerrilleros, y Políticos los que pertenecían a algún partido político ya sea Liberal, Comunista o Febrerista" (Coordinadora).

de exiliados paraguayos. La mayoría de ellos habían llegado allí huyendo de la represión política luego de la derrota de la Revolución del 47.[60] Entre ellos se hallaba Roa Bastos, quien vivía muy intensamente su relación con la realidad política paraguaya, aunque "raramente acudía a esas reuniones multitudinarias" organizadas por sus compatriotas.[61] En ese sentido, podríamos decir que *Hijo de Hombre* fue también una *novela hecha por un exiliado para ser habitada por ellos mismos*.

En todo caso, esta convocatoria entre los exiliados para armar el Movimiento 14 de Mayo primero, y la unidad de los prisioneros catorceros después, evoca de manera desfigurada y diferida el llamado generalizado a lo que será la Guerra del Chaco en la novela, justo cuando "el proyecto de fuga parecía diluirse" (181). Al respecto, Vera señala que las discusiones políticas están a la orden del día y el Zurdo vuelve a ser protagonista y espeta: "nuestro patriotismo va a acabar teniendo olor a petróleo" (181). Pero la inminencia de la guerra parece ejercer una imprenta muy potente: "Todos de acuerdo, eufóricos, como si hubiésemos recuperado la libertad", escribe Vera (182). Es decir: la unidad de los presos que registra Vera en su diario es un resultado de su seudoliberación hacia la guerra que coincide con la disolución de una potencial fuga. De manera invertida, pero en un registro similar, la confraternización de los catorceros tiene origen en el exilio, y la 'invasión' los prepara para la fuga.

En todo caso, la euforia de libertad que sienten los presos de 1932 en nombre de la 'unidad' refleja el comienzo idílico de un discurso nacional que se va a consolidar con la llegada de Stroessner. Pues al atravesar esa isla-cárcel, la subjetividad de Vera vive en carne propia la lógica de expulsión e integración

---

60. Esta ola represiva generó un exilio masivo que alcanzó a todo el resto del espectro político. Se calcula que hubo entre 200.000 y 400.000 paraguayos exiliados en una población que en 1950 era de 1 millón y medio de habitantes (Arellano 46). Arellano propone elaborarlo como un "éxodo" por razones políticas, ya que marcó a fuego los años posteriores de la resistencia contra la dictadura (71).
61. "A menos [según dice su amigo y crítico literario Edgar Valdés] que se lo invitara a hablar expresamente en actos como los del FULNA [la guerrilla comunista]. Entonces sí intervenía públicamente" (en Pecci 214). A su vez, Roa Bastos se consideraba a sí mismo un "intelectual de izquierda independiente [que] adhería al postulado de un socialismo democrático y pluralista".

del aislamiento político que va a sustentar la formación del Estado nacional. En efecto, Vera es reclutado y entrenado como militar primero; luego encarcelado por traidor; y ahora, re-integrado a las fuerzas militares para luchar por la patria. Al mismo tiempo, la narrativa del diario se ocupa de socavar esta misma lógica destacando la fuga fracasada de Jiménez y el grito del gua'á —*Escapemos Todos*—, como expresiones de la tendencia hacia la muerte y la apertura hacia el futuro propia de la fuga. Con ello, el sello de la unidad nacional olvida las huellas de su palabra muda, ya que el guacamayo se queda en el penal cuando todos los prisioneros-militares dejan el islote camino a la guerra: seguirá gritando como antes, pero ahora no será escuchado por nadie. Y al mismo tiempo, esa misma unidad borra la palabra sorda de esa fuga fallida que llevó a la muerte al prisionero Jiménez.

La inscripción de la fuga olvidada en el imaginario político paraguayo

Acaso el eco resonante del grito del gua'á *¡Escapemos Todos!* que Vera anotó en su diario en 1932 (y Roa escribió en 1960), iba a ser escuchado finalmente por los presos políticos catorceros en 1961. Pues si consideramos el discurso histórico-ficcional de Roa Bastos y el Movimiento 14 de Mayo en la yuxtaposición que la cárcel de Peña Hermosa habilita, esta palabra muda emitida por el guacamayo permanece en el *tiempo detenido* del penal. De ese modo, el grito del *gua'á* operaba a la inversa del Canto del Mensú: mientras este último se escaba sin nombrar la fuga, el guacamayo la nombraba y se quedaba sin escaparse en el islote. En ese sentido, la frase y el gua'á se quedan detenidos en el tiempo anacrónico del aislamiento político simbolizado en la isla-prisión. Aunque en última instancia podemos decir que, del mismo modo en que el Canto del Mensú se había encarnado en Casiano y Nati para escapar de ese *país amurallado* de los yerbales, ahora el grito del gua'á se insertaba en los catorceros para fugarse de Peña Hermosa.

En efecto, los planes de fuga de los prisioneros se vieron facilitados por la llegada de Janio Quadros a la presidencia del Brasil en enero de 1961.[62] Al tener un horizonte de fuga y un lugar para ser recibidos, los presos no dejaron

---

62. En efecto, Quadros, quien gobernó Brasil por poco más de 6 meses, les dio asilo político a los fugados.

de pensar un minuto sino en el escape. Cuenta el catorcero Ramón Ayala Ferreira que a partir de entonces él participó de 4 grupos: "iba a salir con el primero que se fugara" (Arellano 133). De ese modo, la fuga como obsesión pertenece al registro de la *realidad que deliraba* tanto en Casiano y Nati como en los catorceros. Así, "en la tarde-noche del 22 de marzo de 1961 lograron fugarse cinco compañeros, encabezados por el propio Rubén Ayala Ferreira: un total de 4 presos políticos y un soldado castigado que se unió a ellos" (Ventre Buzarquis 149, 154). Después de una larga peripecia a pie por "40 kilómetros de esteros y lodazales" los fugitivos "llega[ro]n a Brasil" donde luego se volverían asilados políticos. Los militares en el penal recién se enteraron en ese momento.[63]

La represión posterior contra los prisioneros que se quedaron en la isla-cárcel no fue tan dura como se esperaba. Esto facilitó la elucubración del escape masivo, que se llevó a cabo el 27 de abril de ese mismo año cuando los presos políticos tomaron el penal de Peña Hermosa en una acción sincronizada que aprovechó la hora de la siesta del director del penal (161–184). Como dicen los testimonios de los fugados: "descompusimos todos los medios de comunicación, [...] tiramos las armas al río [y] los encerramos a todos en un cuarto [...] si hasta les preparamos tereré" (Arellano 139). El hecho significativo es que, salvo uno de los presos que sin querer le disparó a otro, no hubo ningún herido en la acción coordinada de reducción del personal carcelario. Pues en cierto modo, la parsimonia y el calor que azotaba la isla a diario, sumado al hecho de que muchos de los guardias carceleros también eran militares que habían sido destinados a Peña Hermosa como castigo, había generado una suerte de 'camaradería' entre todos.

Una sensación similar transmite Vera cuando describe la fiesta de fin de año en la primera página de su diario, donde "[p]enados y guardianes fraternizamos en una mesa común" (Roa Bastos, *Hijo* 169). "Al verlos así borrachos", Vera, que no estaba ebrio, había notado la oportunidad para ejecutar una fuga colectiva dado que "la guardia podría haber sido reducida con cierta facilidad"; pero ni él mismo quería hacerlo. En ese sentido la novela y el evento carcelario se superponen extrañamente en el imaginario político paraguayo, pues aquello que hubiese sido posible en 1932, sucede efectivamente en 1961.

---

63. Mientras se alejaban del penal, otro preso de nombre Miñarro, "cantor y guitarrero", inició "una especie de peña en la guardia para acallar cualquier ruido que pudieran hacer los evasores" (Ventre Buzarquis 156).

Cabe reiterar que toda la población carcelaria del penal emprende una fuga épica que va a llevar casi dos días de a pie por el mismo camino que antes habían hecho los primeros fugados para llegar en la madrugada del 30 de abril a suelo brasilero. A los últimos que cruzan los intercepta una ráfaga de disparos que produce un herido y la captura de dos evadidos. Entonces, los fugitivos se contactan con las autoridades brasileras y, ayudados por la colectividad paraguaya en el exilio, logran el traslado a San Pablo donde son recibidos como asilados políticos.[64]

Durante esos dos días, los fugados caminaron de noche debido a que los aviones que patrullaban durante el día los obligaba a camuflarse, como escribía Ventre Buzarquis, "disimulados debajo de los árboles; creo que ni respirábamos" (170). En este sentido, el relato de la fuga emula la de Casiano y Nati cuando éstos, *vestidos de barro,* intentaban despistar a los perros y eludir a sus perseguidores. La epopeya de ambos, los catorceros fugitivos y estos personajes de *Hijo de hombre*, es digna de comparar inclusive en escala más amplia. Pues allí no sólo se mide la intensidad del evento donde la posibilidad de la muerte como resultado de la decisión subjetiva es real, sino que también, en términos de su recorrido simbólico e ideológico, el impulso de la fuga gira en torno a la idea de volver a la tierra natal.

En efecto, el objetivo del *Movimiento 14 de Mayo* consistía en tomar el poder por las armas para derrotar la dictadura de Stroessner. Aun cuando fuera inspirado por la Revolución Cubana, no hay en sus documentos políticos una declaración explícita de su adscripción a la Revolución socialista o comunista como sí lo tuvo el FULNA, otro grupo guerrillero desprendido del PC paraguayo (Arellano 94). Sin embargo, en la construcción de la memoria de los catorceros, Diana Arellano destaca que aquellos que lograron insertarse en la estructura política y social del Paraguay consideraban que el objetivo principal del *Movimiento* era regresar a la patria. "Volver era la consigna" dice Esteche, uno de los líderes (80). Mientras que "los que no volvieron [...] tienen una memoria con un tono más radicalizado" donde mencionan el objetivo de instalar "un gobierno revolucionario, estilo Cuba" (80). De hecho,

---

64. En ese mes fatal para el Stronismo se fugaron en total 46 presos del penal de Peña Hermosa (sin contar los militares castigados que se acoplaron a último momento), todos miembros del Movimiento 14 de Mayo: 4 en una primera ocasión y 42 en la segunda (Arellano 217–218).

muchos de ellos fueron a 'entrenarse' políticamente al país caribeño luego de la fuga del 61.

Esta distancia en la memoria se imprime en el imaginario político paraguayo del evento 'olvidado'. Por un lado, la intensidad del compromiso de los guerrilleros contrastaba con un problema ideológico ya que el movimiento procuraba ser plural y nacionalista, lo cual hacía que las discusiones más importantes se enfocaran en la estrategia militar. Por otro lado, pensado retrospectivamente, hubo un problema de organización táctica de la guerrilla, ya que la misma estaba infestada de *pyragüé* y la mayoría de los grupos que intentaron 'invadir' Paraguay fueron interceptados de antemano o emboscados en tierra paraguaya. Además, ante el entusiasmo que juntaba y entrenaba jóvenes para la lucha armada, la revolución era "un secreto a voces" que se había filtrado en la sociedad.[65] En esta confluencia, los catorceros implantaron una memoria distorsionada que separaba aquello que los unía, porque la voluntad de retornar del exilio coincidía (o se confundía) con un proyecto revolucionario. Y en el caso de los fugitivos, podríamos decir que sus cuerpos encarnaron los requechos de *una revolución fugada* en los agujeros del exilio.

Un dilema similar corroía a Casiano y Nati tras su huida de los yerbales: ¿Qué hacer una vez concluida la fuga? ¿Cómo escribir esa historia? Recordemos que ambos habían sido expulsados de Sapukai luego de la explosión del tren y, en su deriva, habían decidido pasar una temporada conchabados en los yerbales de Tacurú-Pukú. Cuando logran fugarse de allí y retornan a su tierra natal acarreados por el empujón literario del carretero silencioso (Barret), se enfrentan, como vimos, con la imagen de los escombros de la explosión vista desde arriba. Allí se superponen dos retornos también: el propio, como resultado de la fuga, y el del recuerdo de la revolución fallida impregnada en la imagen traumática del cráter. En un principio, Nati quiere volver a "su casa a trabajar la tierra", pero la fuerza ciega de la fuga empuja a Casiano hacia el vagón-requecho (Roa Bastos, *Hijo* 116). Uno no puede dejar de notar el acto de "sumisión" de Nati, tal como lo define Roa Bastos, al acompañar a su pareja como parte intrínseca del problema del patriarcado que impregna los personajes heroicos en toda la novela. Y aunque este encuadre ideológico pertenece a la época, su persistencia en el imaginario paraguayo (y latinoamericano)

---

65. En ese sentido, no era muy diferente al Granma cubano en su partida desde México allá por 1957.

requiere repensarlo desde la historia cultural y literaria que lo reproduce. En todo caso, frente a este retorno del retorno, Casiano (y luego Nati) deciden atravesar el agujero-cráter y arrancar de entre los escombros del estallido ese *vagón fantasma de la fuga* que van a meter a empujones en el monte. De ese modo, su fuga invierte el destino del retorno para crear su propio aislamiento, *conato de insurrección*, en esa distancia infinita de la revolución que se expresará finalmente en el nombre Amoité.

Pensado desde el evento carcelario, toda la experiencia catorcera está atravesada por un trazo similar. Desde la expulsión de los paraguayos en la Revolución del 47 o en posteriores rebeliones fallidas, hasta el exilio que vio nacer el efímero Movimiento 14 de Mayo en 1959 y el posterior escape de los prisioneros en 1961, el recorrido geográfico de los exiliados-guerrilleros-prisioneros-fugados evoca el de Casiano y Nati. Si trazamos una línea que va desde las costas del río Paraná en Argentina donde pergeñaron la *Gran Invasión* hasta su fuga al Brasil en el otro extremo del mapa, la epopeya simbólica de los catorceros dibuja una raya que escinde al país en dos: atraviesa el cráter-Paraguay (como Casiano y Nati) para continuar la fuga. O más precisamente: entre los cruces furtivos de ambas fronteras, los catorceros atravesaron Paraguay a la mitad, como si la trayectoria de sus cuerpos escribiera la frontera interna que palpita en la trama bicultural y bilingüe en esa isla rodeada de tierra. Y de ese modo, la fuga opera como el evento del evento que inscribe a Paraguay en el acontecimiento revolucionario de los años sesenta y setenta: una fuga aislada, en tanto pasó casi desapercibida. A pesar de la distancia ideológica con otros movimientos latinoamericanos por el socialismo, los integrantes del Movimiento 14 de Mayo, en su mayoría liberales y febreristas, acicalaron la impronta antidictatorial que iba a recorrer todo el continente como uno de los impulsos de la lucha armada.

Por último, leído desde la novela-isla, ese mismo evento carcelario se vuelve inteligible en Peña Hermosa. Del mismo modo que el diario de Vera procura registrar el efecto del aislamiento en su subjetividad mientras él percibía el rumor permanente de la fuga que se le escapaba, la impronta catorcera invirtió esa ecuación e hizo visible, con la escritura 'ficcional' de sus cuerpos atravesando el territorio, la escisión profunda que anida en la subjetividad paraguaya. Por eso la fuga olvidada y aislada en el registro histórico se reconceptualiza desde la novela como la potencia intermitente de transformación radical que late en el imaginario político paraguayo. Y así como el Canto del

Mensú o la inscripción Amoité en el vagón 'inscriben' el sello indeleble del discurso oral informulado conteniendo una forma específica de la fuga, el escape de los catorceros materializa esa creación del aislamiento propio como inversión y refugio frente a la lógica de expulsión e integración del aislamiento político en Paraguay.

CAPÍTULO 2

La estética de las interrupciones

*La trama del imaginario político carcelario
brasilero en* Torquemada
(Augusto Boal, 1972)

EL PRÓLOGO DE LA obra de teatro *Torquemada*, de Augusto Boal, presenta al personaje de "un dramaturgo" quien es torturado en el "pau de arara" por unos frailes hasta quedar desmayado ("Torquemada" 83).[1] Desde el principio llama la atención el hecho de que los torturadores sean figuras eclesiásticas, aun cuando el título señale justamente un personaje histórico real ligado a la práctica de la tortura durante la Inquisición. Este desfasaje histórico se mantiene a lo largo de toda la escena a través del interrogatorio dirigido por uno de esos frailes, "El Barba", cuyo lenguaje y referencias describen las salas de torturas propias de la última dictadura militar brasilera (1964–1985). Al final del Prólogo, *El Barba* le dice a un ya desfallecido *dramaturgo*: "si quieres escribir cómo son los interrogatorios, ahora sí, ya los conoces" (84).

---

1. La versión en castellano que utilizamos aquí se encuentra en un volumen titulado *Teatro Latinoamericano de Agitación*, publicado por Casa de las Américas en 1972. Nuestro análisis se refiere exclusivamente al texto sin referirnos a las *performances* de la obra. Por otro lado, el *pau de arara* es un método de castigo que se aplicaba a los esclavos, en el cual se cuelga a la persona atada de pies y manos de un palo transversal para golpearla. En la versión de la dictadura, se repite el mismo sistema para torturar a los prisioneros mediante choques eléctricos.

Tomando en cuenta el carácter 'testimonial' de la escena, ya que el propio Boal no sólo había sido torturado en prisión sino que también había comenzado a escribir el texto en la cárcel, esta suerte de "mandato del torturador" se puede leer como la interrupción siniestra de un relato histórico-ficcional: una distorsión exacta de la experiencia intransmisible de la tortura, la interrupción inhumana del activismo antes de la muerte.[2] Escrita *in situ*, con el dolor cercano del tormento recibido, la obra también recorre una serie de 'distorsiones exactas' en torno a la desilusión compartida con los prisioneros políticos de izquierda a quienes las esperanzas revolucionarias se les escapaban de las manos. Además, ya en el Prólogo se yuxtaponen dos instituciones históricas distintas: la Inquisición católica y la dictadura contemporánea, ambas conectadas por la práctica de la tortura.

Mi lectura de *Torquemada* procura pensar estas distorsiones y yuxtaposiciones para delinear un imaginario carcelario entendido como una interrupción dentro del imaginario revolucionario brasilero de los años sesenta y setenta. Desde esa perspectiva, la pregunta del acontecimiento que se teje en la obra de teatro no refiere a la fuga aislada como en *Hijo de hombre,* la cual socava el aislamiento político. En el libro de Boal, se destaca el desborde de interrupciones que caracterizó el *modus operandi* de la guerrilla y de la izquierda en general. Es decir: *Torquemada* pone en funcionamiento un imaginario carcelario donde se comienza a procesar la derrota del proyecto revolucionario sin dejar al mismo tiempo de luchar contra el régimen castrense.

Sin lugar a duda, entre las acciones guerrilleras de la época hubo una interrupción que produjo un impacto sin precedentes interpelando el fundamento político de la dictadura. Nos referimos al 'secuestro' del embajador estadounidense Charles Elbrick el 4 de septiembre de 1969 en las calles de Río de Janeiro, y su intercambio por prisioneros políticos.[3] La acción fue

---

2. Augusto Boal (1931–2009) comenzó a escribir *Torquemada* en "la prisión solitaria del DOPS, FI (FUNDAO)" en febrero de 1971 ("Torquemada" 64). La obra fue "continuada [...] en la (Celda Mario Alves) del Presidio Tiradentes, Sao Pablo, de donde fue liberado en mayo de ese mismo año" (Pereira 153). Boal terminó la pieza en "noviembre de 1971 en Buenos Aires", donde vivió parte de su exilio (64).

3. El documental *Hércules 56* de Silvio Da-Rin (2006) comienza con una discusión entre los militantes sobre la denominación de la operación táctica como "secuestro" o "acto revolucionario".

coordinada por un Grupo Táctico de Acción (GTA) compuesto por militantes del Movimiento Revolucionario 8 de octubre (MR-8) y de la Alianza de Liberación Nacional (ALN), aunque hay que destacar que el líder guerrillero Carlos Marighella no estaba enterado de ésta ni fue parte de ella (José 61). La negociación con los agentes de la dictadura duró cuatro días y finalmente se logró la liberación de 15 presos políticos que procuraban representar "a todo el espectro de la izquierda" (Da-Rin 2006). En efecto, el 7 de setiembre los prisioneros liberados volaron en un avión militar a México al mismo tiempo que los guerrilleros dejaban libre al embajador estadounidense.

En este capítulo considero al episodio del secuestro del embajador y su intercambio por presos políticos como un evento carcelario. Cabe aclarar que no se trata exactamente de un sitio (*site*) que habilita a un acontecimiento político, tal como sostiene Badiou. Mi argumento tampoco refiere exclusivamente a la idea de Derrida de una decisión pasiva que precede a la acción táctica. Más bien, en la yuxtaposición de ambos —o más precisamente: en la exacta distorsión de su sobredeterminación—, el evento carcelario se sustrae al acontecimiento revolucionario que estaba anclado en el imaginario político de la izquierda, y se inserta en la subjetivación como marca singular de la memoria histórica. Al mismo tiempo, al enfatizar su carácter carcelario se destaca, primero, la liberación de presos y la denuncia internacional de las prácticas represivas de la dictadura; y segundo, se habilita a la prisión como el sitio donde los presos políticos van a comenzar a procesar, en la inmediatez de la experiencia carcelaria, el derrotero de la izquierda frente a un enemigo mucho mayor: las Fuerzas Armadas brasileras.

En ese sentido, llama la atención que una acción táctica de esta envergadura, con una alta repercusión nacional e internacional, no haya conllevado ninguna víctima fatal. Aún así, cabe destacar que, luego de la liberación, se desencadenó una represión brutal a lo largo del país por parte de las fuerzas militares que llevó rápidamente a la derrota del proyecto revolucionario. Esta correlación de hechos llevó a distintos sectores de la izquierda brasilera a criticar la acción guerrillera por considerarla causante directa de la represión estatal (Da-Rin 2006).

No obstante, pensado en retrospectiva, ese mismo evento significó el momento de mayor fortaleza y de mayor debilidad de la resistencia clandestina contra la dictadura brasileña. Flavio Tabares, uno de los presos liberados, denominó al evento carcelario como "nuestra equivocación triunfal". De ese modo, Tabares destacaba la efectividad y efusividad de la operación táctica (por demás muy audaz), al mismo tiempo que iluminaba el error político de ésta en términos de las consecuencias para el desarrollo del movimiento político de entonces. Aun así, cabe mencionar que la potencialidad militar de las fuerzas represivas brasileras era tan superior a los movimientos revolucionarios en términos de armamentos y redes de inteligencia, que aun cuando el secuestro del embajador y la liberación de presos no hubiesen tenido lugar, cuesta imaginar un destino esencialmente distinto al ocurrido. En todo caso, mi lectura de *Torquemada* está atravesada por la idea de la "equivocación triunfal" como una pregunta del evento carcelario en tensión con el acontecimiento revolucionario de la época. Se trata de la pregunta del evento del evento, que interpela la trama de interrupciones que resonó en torno al intercambio del embajador por los presos para develar los fundamentos imaginarios de esa acción política.

Cabe aclarar que mi argumento no pretende ponderar a partir de ello una equivocación triunfal del espíritu romántico de la así denominada "brasilade revolucionaria" (Ridenti, *Brasilade* 88). Más bien, procura destacar los modos en que la trama de las interrupciones políticas de los grupos de izquierda frente a la dictadura habilitó este evento carcelario. Es más: leído desde el sintagma de Tabares, la equivocación triunfal reside en la manera de concebir la experiencia carcelaria como derrotero primero de los militantes políticos frente al fracaso de la revolución. El propio Silvio Da-Rin, joven militante a favor de la lucha armada en ese entonces y director de la película *Hércules 56* (2006), que recoge el testimonio de los prisioneros liberados y los militantes que participaron en la acción, fue encarcelado y torturado durante esa misma época. En su breve descripción de la experiencia carcelaria cuenta cómo los presos políticos rápidamente volvían a discutir sus tesis revolucionarias para lograr la unidad de las distintas fracciones de las organizaciones armadas, en una suerte de "optimismo compulsivo" que no condecía con la realidad (2006).

En resumidas cuentas, a lo largo de este capítulo sostengo que Boal esboza en su obra un imaginario carcelario constituido de una abrumadora yuxtaposición de interrupciones cuyas 'distorsiones exactas' hacen inflexión en los procesos de subjetivación política ligados al proyecto revolucionario de la izquierda brasilera. Pensado desde el evento carcelario, mi argumento es que *Torquemada* interrumpe ese optimismo compulsivo para reflexionar sobre los efectos de esa equivocación triunfal desde la prisión. Con ello, Boal procura llevar a cabo lo que denomino una *estética de las interrupciones*, a saber, una suerte de interrupción de esa interrupción propia del *modus operandi* del imaginario revolucionario de entonces.

Teatro y política: una estética de las interrupciones

Torquemada es una expresión del pensamiento estético de Boal tal como aparece cristalizado en su obra más prominente, *Teatro del oprimido* (1974). Para el autor brasilero, "el Teatro del oprimido tiene dos principios fundamentales: en primer lugar, transformar al espectador —ser pasivo, receptivo, depositario— en protagonista de una acción dramática —sujeto, creador, transformador; en segundo lugar, trata de no contentarse con reflexionar sobre el pasado, sino de preparar el futuro" (en Chesney Lawrence 76).[4] En base a estos principios, Boal pone en funcionamiento un juego de interrupciones y tensiones que busca torcer las jerarquías de la representación y asignación de roles tanto en relación con la racionalidad interna de la obra como en referencia al espectador. Jacques Rancière ha denominado a este juego de interrupciones de la representación, o del "régimen representativo del arte", con el nombre de "régimen estético del arte", para dar cuenta de la lucha que subyace a "[la organización y] distribución de lo sensible [...] entre lo visible y lo invisible, lo perceptible y lo imperceptible, el saber y la acción, la actividad y la pasividad" (*The Politics* 84–85).

Siguiendo esta idea de Rancière sobre el *régimen estético del arte*, denominamos a este juego de irrupciones y tensiones del pensamiento de Boal como el trabajo en constante transformación de una *estética de las interrupciones*. Desde esa perspectiva, *Torquemada* adopta el punto de vista de los prisioneros políticos (cuya encarcelación es en sí misma una interrupción del activismo), para expresar los dilemas principales que emergen en la distancia entre los procesos de subjetivación política y el proyecto revolucionario de la época. Nos referimos tanto a la representación del poder estatal en la figura

---

4. Boal va a realizar distintos experimentos a lo largo de su carrera tales como "el Teatro Periodista" o "el Teatro Comodín", incluyendo "novas técnicas de trabalho: Dramaturgia Simultânea, Teatro Invisível e Teatro-Fòrum, a mais completa e espetacular das técnicas do arsenal" (Pereira 154). Y cuando fue electo *Vereador* por Río de Janeiro (1993–1997), Boal llevó a cabo la experiencia del Teatro Legislativo en el cual su grupo de asesores estaba conformado por su compañía teatral; ver Boal (*Legislative*).

de Torquemada como a los conflictos de clase, de género, de sexualidad y de cosmovisión política propios de los discursos y las prácticas de la izquierda brasilera. Al mismo tiempo, la obra constituye (y se constituye en) un terreno histórico-ficcional, donde lo ficcional y lo histórico se interrumpen entre sí tanto en la lógica interna de la obra como en las tensiones producidas con las concepciones políticas, históricas y estéticas que ésta suscita. Mediante estos desplazamientos entre el terreno histórico-ficcional y la tensión entre proyecto político y subjetivación, la *estética de las interrupciones* elabora una suerte de *imaginario político carcelario* que, construido en el elemento de la interrupción, funciona a la vez como una expresión y una reflexión sobre el destino 'carcelario' del proyecto de izquierda. Porque en última instancia, la *estética de las interrupciones* de Boal ofrece una manera distintiva de organizar la trama histórico-ficcional del texto desde la experiencia carcelaria para hacer aflorar patrones y dilemas inconscientes del *modus operandi* de la izquierda brasilera.

El sustrato histórico-ficcional de Torquemada: una distorsión exacta

El epígrafe de la obra da cuenta del nudo histórico ficcional específico al que aludimos: "[n]unca se puede decir que una obra de arte sea la transcripción exacta de la realidad; esta es una obra de arte, pero pretende ser lo más exacta posible. No fue exactamente así que sucedieron las cosas, pero casi..." (67). Así, desde el comienzo, la paradoja en la que reside *Torquemada* consiste en interrumpir la realidad (carcelaria del autor) en la *transcripción* textual, para dar cuenta de una suerte de exactitud distorsionada o distorsión exacta de esa misma realidad: tal como se refleja en el Prólogo, y luego se despliega, de manera distintiva, en cada acto y en cada escena. De ese modo, en su dimensión testimonial, Boal pone a funcionar el sustrato histórico-ficcional de la obra en una relación de mutua interrupción de *lo ficcional* y *lo histórico* como parte de una estrategia de abordaje que, según vimos en las bases del teatro del oprimido, aspira a transformar el *rol del espectador* en la obra. A diferencia de mi lectura de *Hijo de hombre*, donde el discurso histórico-ficcional estaba anclado en la cárcel de Peña Hermosa en la yuxtaposición del diario de Vera y la fuga de los catorceros, *Torquemada* se despliega a partir de la experiencia carcelaria del autor que, según mi lectura, se yuxtapone con una reflexión sobre la liberación de prisioneros de 1969. Y así como Roa Bastos buscaba reflejar *esa realidad que deliraba* en los armónicos de la memoria popular paraguaya, aquí Boal transforma la experiencia carcelaria en una distorsión exacta de la realidad que atravesaban los militantes de izquierda en ese entonces.

En ese contexto, el objetivo de la *estética de las interrupciones* no consiste en identificar qué es histórico y qué es ficcional, o qué hay de histórico en lo ficcional y viceversa, sino más precisamente en captar esas yuxtaposiciones a partir de las cuales los espectadores tienen que preguntarse sobre un dilema político concreto: la denuncia de la tortura y su racionalidad, la fragmentación de la izquierda, el impacto del evento carcelario desde la prisión, entre otros. El resultado es la conformación de un terreno de indagación política donde lo histórico-ficcional queda anudado en una serie de interrupciones. En consecuencia, podríamos decir que el sustrato histórico ficcional del imaginario carcelario construido en la obra, opera como una interrupción estética del imaginario revolucionario.

El despliegue del argumento busca caracterizar la forma que toma esta interrupción entre imaginarios en distintos registros. En primer lugar, describo cómo esta tensión entre ambos imaginarios funciona en la estructura de *Torquemada*. En segundo lugar, destaco cómo la obra de Boal se nutre del variopinto de luchas políticas que procuran interrumpir el *modus operandi* de la dictadura. De hecho, esta última opera como enemigo común, logrando producir cierta unidad entre organizaciones y militantes de izquierda que, sin embargo, no tiene un asidero propio para sostenerse. Pensado desde ambas interrupciones, en tercer lugar, retomo el prólogo citado al comienzo del capítulo como una interrupción de la obra antes que esta comience *per se*: una interrupción-denuncia de la dictadura y una introducción interrumpida que habilita una estética de las interrupciones. En consecuencia, sostengo que el imaginario carcelario diseñado por Boal en *Torquemada* funciona como el prólogo de la obra: una interrupción del imaginario revolucionario que busca anclar en la inmediatez de la experiencia carcelaria una distancia crítica con respecto al *optimismo compulsivo* que fogueaba el sueño de transformación radical de la sociedad.

PARTE I: Interrupciones del imaginario carcelario

Obra interrupción

En la lógica interna de *Torquemada*, las técnicas teatrales operan como intervenciones que fusionan o des-identifican lo histórico y lo ficcional en distintos registros a la vez. En primer lugar, los actores van cambiando los roles y la vestimenta a lo largo de la obra. Se trata de una "técnica brechtiana [...] diseñada para prevenir la identificación con cualquiera de los personajes en tanto individuos" (Bisset 28). Los personajes "se visten de policías o de frailes indistintamente. Hay una mezcla de ropas históricas y modernas" que apunta a yuxtaponer ambas épocas (Boal, "Torquemada" 65). De ese modo, al des-identificar los personajes, Boal prescribe una interrupción visual constante para el espectador que tiene que volverse activo para poder comprender la obra. Sin embargo, esto depende de las características de los personajes que procuran conservar ciertas "máscaras de comportamiento" para mantener la tensión entre el hilo narrativo y el juego de las interrupciones (66). Esta interrupción des-identificadora no funciona en el texto del mismo modo, aunque la omnipresencia de Torquemada se contrasta con los otros personajes. Específicamente: no hay personajes entre los presos políticos que tengan una presencia constante a lo largo de la obra, o que cumplan una función similar al del máximo torturador entre el conjunto de militantes encarcelados. De esa manera, se destaca el espíritu colectivo de los presos políticos que no responden a un liderazgo. En todo caso, esta distorsión visual contrasta la omnipotencia del personaje Torquemada con las experiencias fragmentadas de los presos políticos para trazar con ellas las coordenadas del imaginario carcelario de izquierda.

En segundo lugar, *Torquemada* está dividida en tres Episodios que, además del Prólogo, suceden en una prisión representada por dos escenarios que se alternan entre sí: una sala de tortura y una celda (65–67).[5] Esto determina dos tipos de escenas: una referida a los interrogatorios, donde el personaje Torquemada va a exponer su ideal de justicia y sociedad basado en "la tortura democrática," cuyo lema principal consiste en "dudar siempre, siempre...

---

5. La sala de tortura tiene "una ventana cerrada al fondo" y dos mesas/escritorios; entre ellos se coloca un palo para representar el *pau de arara* (Boal, "Torquemada" 66). La celda, por su parte, aparece como una serie de camas dobles que rodean el centro de la escena y funcionan como sitios donde los prisioneros se retiran mientras la actuación principal toma lugar. Además, los actores utilizan las camas para guardar las vestimentas necesarias para el cambio de roles. También hay "una puerta y una reja alta" colocada en algún sitio. La vista panorámica de la celda tiene que dar "la impresión [...] de un depósito: ropas secándose colgadas al lado de chorizos colgados" (66).

hasta de nosotros mismos" (118). El otro tipo de escena muestra la vida de los prisioneros políticos en la celda: sus miedos, sus discusiones, sus deseos, sus contradicciones, sus esperanzas. El desarrollo de la obra sobre estos ejes se ve interrumpido cada tanto por un noticiero periodístico que anuncia las novedades referidas a la realidad política del momento. Boal indica varias veces a lo largo del texto que la flexibilidad de estas interrupciones depende del lugar donde se ponga en escena la obra y la actualidad de las noticias. El objetivo consiste en que éstas funcionen como un punto de contacto con 'la realidad' de los espectadores donde la trama teatral devela la 'realidad carcelaria' en este doble escenario que genera una sensación de encierro y terror entre la celda y la sala de tortura.

En tercer lugar, la obra está estructurada según las prescripciones del "Teatro Comodín" (Boal, *Teatro* 212–233). En efecto, cada episodio contiene el discurso de un actor, que funciona de "comodín" y ofrece una "explicación" al público haciendo explícito el trasfondo ideológico e intencional de la obra (215).[6] De ese modo, el argumento implícito se vuelve transparente y apunta a mostrar el funcionamiento de la técnica teatral y decir "para lo que sirve" (214).[7]

En *Torquemada*, las declaraciones del comodín estructuran narrativamente la obra en torno a la fusión de los personajes. Específicamente, el personaje Torquemada fusiona en sí mismo al Gran Inquisidor y a un estratega del aparato represivo de la dictadura brasilera. De ese modo, en el primer episodio de la obra, Torquemada ordena su "primera providencia: que se apresen a todo el mundo: ¡Quiero interrogarlo!" (Boal, "Torquemada" 88). Luego de una seguidilla de detenciones, muertes y encarcelamiento de activistas y no activistas, en la escena 5, el *comodín* (retomando el hilo narrativo del Prólogo), se dirige directamente a los espectadores y reivindica el valor de denunciar la tortura (107–108). Asimismo, el segundo episodio culmina con un alegato del *comodín* contra el discurso de Torquemada sobre el sistema de poder basado

---

6. "Dentro del sistema, las 'explicaciones' que aparecen periódicamente tratan de que el espectáculo se desarrolle en dos niveles diferentes y complementarios: el de la fábula (que puede usar todos los recursos convencionales del teatro) y el de la 'conferencia' en el cual el *comodín* se propone como exégeta" (Boal, *Teatro* 215).
7. También, una obra del "Teatro Comodín" debe ser flexible para insertar problemáticas contemporáneas al momento histórico en que se está poniendo en escena.

en su concepto de "humanidad" como eficacia (153–154).[8] Y el último episodio, por su parte, divide las "explicaciones" del *comodín* en dos partes. En la escena 4, Torquemada exclama un discurso cínico que justifica "la desigualdad" social y la "guerra [...] de exterminio" como ejemplo de gobierno para todo el mundo (173–4). Y en la escena 5, los presos declaran haber sido matados por Torquemada, para luego reivindicar, al principio tímidamente y después con mayor énfasis, que aún siguen vivos. De ese modo, la obra culmina con todos los presos juntos gritando "¡Yo estoy vivo!", mientras caminan hacia el público procurando 'fusionarse' con los espectadores (175–6). Y entonces, el hilo conductor de la 'fusión' entre el inquisidor y el dictador que opera en la figura de Torquemada, culmina en el colectivo difuso de los presos políticos y la 'empatía' que supuestamente genera con los espectadores al final.

Esta última escena expresa justamente la contradicción fundamental de *Torquemada* entre la estética de las interrupciones y las tendencias optimistas del imaginario revolucionario de entonces. Así, las interrupciones generadas por la vestimenta y el cambio de roles, los noticieros y el uso del comodín producen un efecto de realidad que procura desestabilizar los dos ejes que proyecta la obra: por un lado, la sala de tortura y el despliegue de poder de Torquemada; y por el otro, la celda y las discusiones entre los presos políticos. Desde esa perspectiva, cada segmento de la obra carga un elemento histórico y otro ficcional que hace recordar constantemente al espectador que está frente a una obra de teatro (o sea, una ficción que está sucediendo en un tiempo histórico determinado), pero que esa misma obra incide en la percepción subjetiva sobre la realidad histórica.

En contraste con esta distribución estética, los momentos de fusión expresan fuertemente el deseo de mantener viva la llama de la lucha política dentro de la cárcel y contra la dictadura. Muestran, por decirlo así, la posibilidad de un triunfo colectivo que se sostiene en la trama imaginaria del acontecimiento político de la época. De ese modo, Torquemada también asume ese optimismo compulsivo que sostiene el imaginario revolucionario y, al hacerlo, retoma el mismo registro romántico que procuraba descomponer. En consecuencia, esta trama contradictoria del *imaginario político carcelario* se puede pensar a partir de la figura de la distorsión exacta: no como una clausura del

---

8. Torquemada sostiene que "[d]elante de cada problema que enfrenta el hombre, debe ser tomada como 'humana' la solución más eficaz" (Boal, "Torquemada" 139).

argumento que muestra con exactitud el fundamento distorsionante de la experiencia carcelaria; sino más bien, como el *modus operandi* de un terreno histórico-ficcional a partir del cual la *estética de las interrupciones* va a cuestionar el fundamento de la subjetividad política producto de ese imaginario revolucionario.

Interrumpir la dictadura: denuncia y racionalidad política

Este sustrato histórico-ficcional que se despliega al interior de la obra lleva a cabo, al mismo tiempo, una denuncia del discurso de continuidad colonial y las prácticas represivas de la dictadura militar brasilera justo en el momento en que las mismas están ocurriendo. El título de la obra y la preponderancia del personaje principal son evidencia de ello. Desde ese punto de vista, podemos pensar *Torquemada* como una interrupción constante de la racionalidad política polarizadora de la Guerra Fría. Porque justamente la estética de las interrupciones apunta a quebrar las dicotomías simplificadoras de la representación y de la concepción política que se habían insertado, inclusive, en el discurso de la izquierda latinoamericana.

De acuerdo con Gilbert Joseph, "los Estados latinoamericanos utilizaron la lógica de la Guerra Fría, producida por fuera de la región, para llevar a cabo una guerra contra sus ciudadanos, para obtener o perpetuarse en el poder, y para crear o justificar regímenes militares autoritarios" ("What" 5). En Brasil, esta racionalidad polarizadora se fue expandiendo de a poco a partir del golpe de 1964, que derrocó al entonces presidente João Goulart para instalar la Doctrina de Seguridad Nacional predicada desde Estados Unidos. Así, la primera junta de gobierno liderada por Castello Blanco (1964-1967) estableció el objetivo de "eliminar el peligro de la subversión y el comunismo" arrestando e investigando masivamente a la población civil en lo que se dio en conocer como *Operacão Limpeza* (Alves 31, 35).[9] Durante este primer "Ciclo

---

9. La dictadura creó específicamente los comités de *Inquérito Policial Militar* para llevar a cabo la *Operacão Limpeza* que estaba destinada a purgar el sistema político y administrativo de los "subversivos" que apoyaban a Goulart (Dulles 389). "Cerca de 10.000 servidores públicos fueron proscritos de sus cargos, 122 oficiales militares obligados a jubilarse, y 378 líderes políticos e intelectuales fueron despojados de su ciudadanía" (Huggins 121). La operación se expandió "a lo largo del país a través de barridas callejeras de la policía y el ejército, que

de Fundación e Instalación" del régimen dictatorial se generaron los órganos de represión militar, policial y de inteligencia tales como el *Serviço Nacional de Informações* (SNI), que van a resultar de crucial importancia para la dictadura pues dos de sus directores iban a ser los próximos dictadores: Marshal Arthur da Costa e Silva (1967-1969) y Emílio Médici (1969-1974).[10]

Al igual que en muchos otros países en la región y el mundo, 1968 resultó un año de muchas movilizaciones de estudiantes, trabajadores, intelectuales y artistas unidos contra la dictadura militar.[11] En este clima, los cuadros políticos que optaron por la lucha armada como una estrategia de enfrentamiento también crecieron significativamente, aunque la desigualdad de fuerzas entre las incipientes organizaciones guerrilleras y las fuerzas armadas del Estado era altamente desproporcional. En este contexto, el punto de inflexión se dio el 13 de diciembre de 1968 cuando la dictadura establece el Acto Institucional 5 (AI-5) a partir del cual el estado de seguridad nacional se institucionaliza, cancelando el Congreso y declarando el estado de sitio.[12] Desde ese momento, los militares de la línea "dura" toman el poder y se acelera la centralización de las

---

implicaron extensos allanamientos y arrestos masivos". Se estima que en la primera semana hubo alrededor de 10.000 arrestados y con el correr de los meses ese número ascendió a 50.000 (121). Según el informe de la Comisión Internacional de Juristas (International Commision of Jurists), ya para ese entonces, "la tortura [era] usada sistemáticamente en contra de los presos políticos" (Black 33).

10. Castelo Blanco también fundó el *Departamento Federal de Seguridad Pública* y el *Instituto Nacional de Identificación*. Sin embargo, la Agencia de Inteligencia (SNI) iba a funcionar como "un punto de partida para desarrollar una estructura organizacional" de la represión en Brasil, asesorado directamente por la OPS (Office of Public Safety) y la CIA (Huggins 126). Además, Brasil entrenaba no sólo a sus propios militares en la *Escola do Guerra Superior* sino también a los de toda la región. Y desde mediados de los cincuenta ya existían en todo el país grupos paramilitares conocidos como escuadrones de la muerte (136).
11. Para un estudio del movimiento estudiantil de entonces, ver Langland.
12. El AI5 "[otorgó] poderes amplios a su propio ejecutivo, incluido el poder de declarar unilateralmente el estado de sitio. La censura sobre la prensa se expandió considerablemente, se cerró el Congreso, se suspendieron todas las garantías constitucionales e individuales —incluido el hábeas corpus para delitos políticos—, y se permitieron detenciones sin cargos formales ni órdenes judiciales" (Huggins 147).

fuerzas represivas bajo el mando del *Serviço Nacional de Informações* (SNI), con el argumento que el aparato represivo "no tenía la capacidad de apagar los incendios" contra la lucha armada (en Huggins 149).[13] Y más adelante, en julio de 1969, dos meses antes del secuestro del embajador, el régimen puso a funcionar la *Operacão Bandeirantes* que redobló la represión política en comparación con la operación de 1964: como si fuese una nueva dictadura dentro de la dictadura.

El politólogo Alfred Stepan sostiene que, "el sistema de inteligencia [en Brasil] llegó a ser más autónomo que cualquier otro moderno Estado autoritario en América Latina" (13). Según Stepan,

> [l]a nueva profesionalización de la seguridad interna y el desarrollo nacional en Brasil eventualmente produjeron un Sistema Nacional de Inteligencia que, en términos formales, monopolizó más funciones que cualquier otro sistema de gobierno en el mundo y, a diferencia de virtualmente cualquier otro sistema mayor de inteligencia, no tenía un sistema de vigilancia continua aparte del jefe de Estado (18).[14]

El dato no es menor, dado que las políticas de la memoria histórica en Brasil tardaron muchos años en articularse con el Estado, aun infestado de ese aparato inmenso de seguridad e inteligencia militar que continuó sosteniendo la democracia una vez concluida la dictadura en 1985. Incluso el presidente actual, Jair Bolsonaro, ha reivindicado abiertamente la dictadura antes y durante su gobierno.

Desde esa perspectiva, la amnistía de presos políticos firmada en 1977 (8 años antes de la culminación de la dictadura), que liberó a la mayoría de los militantes prisioneros y permitió el regreso al país de muchos exiliados, incluía la prescripción que las fuerzas represivas no iban a ser juzgadas por los crímenes cometidos durante esos años. Y aun cuando los gobiernos

---

13. El AI5 fue considerado como "un golpe dentro de un golpe" en el cual "los oficiales que habían planeado el golpe anterior en Brasil en 1964, fueron derrocados por 'un grupo muy unido de soldados y *técnicos*' desde adentro de las propias filas de los líderes del golpe original" (Huggins 146).
14. Stepan sostiene esta tesis ya que el SNI se ocupaba tanto de la defensa nacional como de la política interna. Distinto de Estados Unidos, por ejemplo, donde la CIA se ocupa de defensa nacional y espionaje internacional, mientras que el FBI de los asuntos internos (ver Stepan 13–25).

progresistas obtuvieron el poder en el nuevo milenio, no fue sino hasta 2012 que se creó una Comisión de Verdad y Justicia para investigar los crímenes cometidos durante los *anos de chumbo*.

En todo caso, el AI-5 y la *Operacão Bandeirantes* permitieron que en pocos meses se restablecieran las líneas de créditos con Estados Unidos y los organismos internacionales como el FMI y el Banco Mundial, que terminaron por incrementar aún más la deuda externa y funcionaron como el punto de partida para el advenimiento del neoliberalismo en las próximas décadas (Skidmore 35–39).[15]

Este vínculo entre seguridad nacional y financiamiento económico estaba en el corazón de la "Alianza para el Progreso" lanzada por el presidente estadounidense J. F. Kennedy en 1962.[16] No obstante, ello no debe ocluir la larga tradición autoritaria en Brasil ligada al discurso de reinstauración colonial de la dictadura que facilitó la inserción de la racionalidad de la Guerra Fría en las políticas de Estado. Nos referimos sobre todo al régimen militar iniciado en 1964 que utilizaba la referencia política al mundo colonial previo a la tardía independencia del imperio portugués (1889) y a la abolición de la esclavitud en el país (1888), en parte, como un modo de contrarrestar la rápida "modernización" de Brasil entre 1950 y 1970 (Ridenti, *Em busca* 91).

El punto culminante de este proceso histórico tuvo lugar justamente en el gobierno de Médici (1969–1974) que combinó la más feroz represión con un crecimiento económico sin precedentes, el cual se dio en llamar el "Milagro brasilero". De hecho, Boal publicó sus "memorias do carcere" en Portugal bajo el título de *Milagre no Brasil* (1976) utilizando esa frase para contrarrestar la propaganda del régimen. En esa obra, el autor propone que el verdadero

---

15. En efecto, "durante la presidencia de Castelo Branco (1964–1967), tanto el Banco Mundial como el Eximbank [norteamericano] se llevaron más capital del Brasil [en repagos de préstamos] del que invirtieron" (Skidmore 38).

16. Las OPS fueron un organismo creado en 1962 por el presidente de Estados Unidos, J. F. Kennedy, para entrenar policías tanto en su país como en el exterior. Kennedy procuró este entrenamiento como parte de su campaña "Alianza para el Progreso" luego de la derrota en Bahía de Cochinos contra las tropas cubanas. La justificación era que "al contribuir a la seguridad interna y al resistir a la insurgencia apoyada por el comunismo" se estaba abriendo el camino para el "crecimiento económico sostenido" en los países subdesarrollados (Huggins 106–7).

milagro brasilero es que "depois da tanta repressão, tanta tortura, o povo sigue luttando" (285).

El texto de las memorias carcelarias resulta llamativo porque su narrativa testimonial está atravesada por secciones enteras que pertenecen a su obra anterior, *Torquemada*, las cuales no ocultan su carácter ficcional. En ese sentido, las 'memorias' de Boal pueden ser pensadas como una extensión de la obra de teatro. Aunque tal vez sería más preciso decir que se trata de una inversión del sustrato histórico-ficcional, donde la narrativa personal que da cuenta de la experiencia real de la tortura y la prisión está constantemente interrumpida por elementos ficcionales. Y si bien Torquemada no es un personaje en el sentido de las *memorias do carcere*, muchos de los discursos del 'inquisidor' aparecen en la boca de un nefasto represor llamado Luis. Más aún: tampoco se aclara en ningún momento qué parte del texto tiene carácter ficcional, lo cual, como vimos, sí sucede en *Torquemada*. En todo caso, *Milagre no Brasil* apuntala la idea de Boal sobre un terreno histórico-ficcional mutuamente interrumpido cuya contraparte sería la obra de teatro. Y tanto en un texto como en el otro, la estética de las interrupciones procura desencajar al espectador/lector para incitarlo a actuar en su propia realidad política.

Cabe destacar que las distintas re-escrituras que surgieron de la experiencia carcelaria se extendieron más allá de ese momento histórico. En efecto, veinte años más tarde, en 1992, el entonces concejal de Río de Janeiro Augusto Boal va a exponer su caso en el parlamento de la ciudad en la disputa legal contra "la demolición de los cuarteles policiales de Tijuca, donde muchos patriotas habían sido torturados y asesinados" (Boal, *Legislative* 149). De hecho, durante su mandato político (1992–1996), Boal va a llevar las técnicas teatrales al Congreso para hacer de cada intervención política una suerte de obra de teatro improvisada en el escenario de lo que él mismo denominó "Teatro legislativo" —una extensión del Teatro del oprimido donde se proponían leyes surgidas directamente de la población—. En esa instancia específica contra la demolición del centro policial, que además lo interpelaba personalmente, Boal va a relatar nuevamente aquello que está en el Prólogo, enfatizando "la incomparable ignorancia" de los torturadores y la racionalidad burocrática con que ejercían la tortura porque "estaba en [su] calendario de trabajo" (150–1).

Desde esta perspectiva, la apuesta de Boal por generar un terreno histórico-ficcional como base del arte político-teatral se circunscribe a su inserción en distintos 'escenarios' de intervención a lo largo del tiempo. Es decir: su teatro ofrece líneas de continuidad y discontinuidad entre lo ficcional y lo histórico conectando eventos y situaciones concretas con intervenciones artísticas. Por lo tanto, leído a través del evento carcelario, *Torquemada* en su conjunto funciona como una continuación de esa equivocación triunfal en términos de su denuncia de la dictadura. No obstante, el destino carcelario de los militantes interrumpe desde dentro de la prisión el despliegue de esa equivocación triunfal para develar un derrotero que el optimismo compulsivo retenía obstinadamente. En ese sentido, la obra reproduce y problematiza a la vez, la lógica polarizante de la Guerra Fría en la que se inscribe.

Con ello, *Torquemada* parece absorber la interrupción como el sitio ajeno de esa distorsión exacta que no logra ser explicada, aunque sea el resultado de lo más propio, o sea, del impulso colectivo de transformación radical de la sociedad. Me refiero en este caso a la equivocación y al triunfo de escribir la experiencia de *dar la vida por la revolución* desde la cámara de tortura. Esa es la marca ominosa que se imprime en el Prólogo, el cual vale la pena retomar para pensar los significados de su interrupción.

El Prólogo interrumpido

Teniendo en cuenta la intensificación de la represión en la dictadura a partir de 1969 y el impacto de la experiencia carcelaria personal de Boal en sus intervenciones teatrales, la estética de las interrupciones acicala la pregunta del acontecimiento. Por un lado, el secuestro del embajador estadounidense seguido de la liberación de los presos políticos aceleró un proceso represivo sin precedentes. Por otro lado, otros Grupos Tácticos de Acción llevaron a cabo, subsecuentemente, "el secuestro del cónsul japonés, del embajador de Alemania Occidental y del embajador de Suiza en 1970 [y 1971], canjeados por un número mucho mayor de prisioneros" (Langland 189).[17] Por lo tanto, los efectos del evento carcelario que atrajeron la atención internacional sobre la dictadura brasilera se ramificaron en la escena política nacional escalando la trama de las interrupciones. Desde esa perspectiva, *Torquemada* es una interrupción artística de la experiencia carcelaria que se inscribe como un evento del evento carcelario (el intercambio de presos por el embajador), del cual también proviene, y cuya función consiste, desde mi lectura, en distinguir la especificidad de la interrupción como evento político.

---

17. Según Da-Rin, en estos secuestros fueron liberados 115 presos políticos en total.

Este razonamiento nos permite retornar al mandato del represor para el *dramaturgo* con el que se inicia la obra: *si quieres escribir cómo son los interrogatorios, ahora sí, ya los conoces.* En efecto, en un momento de la sesión de tortura del Prólogo, el fraile-torturador principal, *El Barba*, acusa al *dramaturgo*: "[d]ifamas, porque cuando te vas al exterior dices que en nuestro país hay tortura" (Boal, *Teatro* 73). Esta imputación, que se contradice *in situ*, produce no sólo cierta risa en el torturado, sino que también denuncia el *modus operandi* de la forclusión de los torturadores. Esta perversión le permite negar exactamente lo que está haciendo. Se trata del modo burocrático de aplicación del tormento dado que *El Barba* tiene en su poder unos cuadernos y papeles que pertenecen al *dramaturgo,* y con base en ellos va confrontándolo —lo cual pone en evidencia la forclusión frente al espectador—.

Esta suerte de *exactitud distorsionada* apuntalada por la risa del *dramaturgo* enfurece al torturador, quien al sentirse burlado, aumenta las descargas eléctricas sobre el torturado. Entonces, *El Barba* se ve impelido a esbozar un argumento que justifique su accionar: "Estos subversivos" —esgrime— hablan de las clases populares "pero en sus casas se toman sus whiskies importados, viajan a todas partes y conocen el mundo [...] En cambio yo, que no defiendo ni a los obreros, ni a las sirvientas, ni al pueblo, ni a nadie ni a nada, yo, que sólo defiendo la democracia, yo ¡no viajo!" (74). Con eso Boal llama la atención sobre el conflicto de clase que subyace a esa relación desigual en la sala de tormento. Por un lado, una relación que se había invertido, siendo el policía/fraile un miembro de esas clases populares que el dramaturgo supuestamente defiende. Y, por el otro, se destaca el anclaje emotivo propio del torturador, quien más allá de su "trabajo burocrático" siente una animosidad personal hacia los *subversivos,* ya que en gran parte éstos no provenían de los sectores populares.

En consecuencia, si juntamos esta tensión de clase con el mandato represor antes mencionado, el efecto siniestro se redobla. No sólo funciona como si la tortura sufrida fuera la inspiración de la escritura, o como si los torturadores, con su poder casi total pudiesen incluso indicar qué deberían escribir los artistas; sino que también este mandato está secretamente enunciado por miembros de las clases populares quienes en nombre de cierta apoliticidad ejercen el poder de castigar sobre otra fracción de clase media a la que desprecian. Además, la escena viene enredada con la fuerza testimonial del propio Boal quien no sólo sufrió la tortura, sino que la denunció inmediatamente a través de sus escritos e incluso en frente del Congreso Nacional cuando tuvo la oportunidad, destacando la poca lucidez de los torturadores, tal como vimos en el apartado anterior.

A partir de este desdoblamiento de clase, el Prólogo no sólo re-escribe la experiencia en tensión con su mandato ominoso, sino que además *pre-escribe* el modo de mirar y percibir el desarrollo posterior del texto. En ese sentido, en la perspectiva de Rancière, "el reparto de lo sensible [partage du sensible] se refiere a la ley implícita que gobierna el orden sensible al *repartir* lugares y formas de participación en un mundo común estableciendo, en primer lugar, los modos de percepción en los cuales estos lugares y formas se inscriben" (Rockhill 89).

De modo similar, el despliegue del Prólogo genera una "distribución" o "partición" previa a la percepción que organiza el modo de acceso a lo sensible de la obra y la experiencia carcelaria. Pues como ni *El Barba* ni el *dramaturgo* vuelven a aparecer como personajes a lo largo de la obra, se entiende cómo toda la escena funciona como un Prólogo separado del texto. Es decir, se inserta como algo 'ajeno' a la obra que precede a los 'episodios' carcelarios, pero que a su vez es en sí misma una escena constitutiva de ésta en tanto plantea el problema de la representación de la tortura.

Pensado retrospectivamente, el Prólogo es una interrupción de la obra aun cuando ésta no ha comenzado. Acaso sea la única interrupción propiamente dicha en tanto produce un corte que a la vez habilita toda la obra: una interrupción cargada por el impacto del escenario, el carácter siniestro de los frailes-torturadores, y la imputación irrisoria del torturador que dispara las contradicciones de clase y el mandato ominoso de la escritura. Pero, fundamentalmente, la separación entre el prólogo y la obra nos permite elaborar la separación entre el imaginario carcelario y el imaginario revolucionario. Es decir: esta interrupción previa a la estética de las interrupciones que *organiza y distribuye* el sustrato histórico-ficcional de la obra, ofrece un nuevo punto de partida. Si hasta aquí la experiencia carcelaria era parte constitutiva de la lucha política, luego del evento carcelario se vuelve un nuevo comienzo. En ese sentido, en términos del imaginario político, la escritura de la experiencia carcelaria sienta las bases para repensar el fundamento del acontecimiento revolucionario que, sin haber tenido lugar, atravesó la subjetividad política de izquierda en ese entonces. En otras palabras, el imaginario carcelario interrumpe el optimismo compulsivo que en su exceso pululaba en las celdas cargadas de prisioneros políticos develando el otro lado de esa equivocación triunfal de la cual proviene. Porque, en definitiva, el imaginario carcelario retratado en *Torquemada* no sólo funciona como una continuidad del evento carcelario, sino que también opera como un prólogo del derrotero político que ya se avecinaba.

PARTE II: Interrupción subjetivación
Empatía y militancia

Estas tensiones del Prólogo son retomadas más adelante en uno de los noticieros que interrumpen la obra (episodio 2, escena 1). Allí, un periodista entrevista a Desiderio, "un torturador profesional", quien dice sentirse "como cualquiera que trabaja por el bien de su Patria [...y] por el filete [de sus hijos]" (Boal, "Torquemada" 116). De ese modo, el torturador aparece como una persona común que hace su trabajo como cualquier otro y podría confundirse con los espectadores en términos de los valores que sostienen su labor cotidiana. Pero esta identificación entre espectador y torturador se quiebra inmediatamente cuando Desiderio aprovecha el reportaje y de modo caricaturesco pide públicamente a los subversivos que "cuando sean torturados, confiesen todo en los primeros minutos [...porque] estamos dispuestos a ir hasta las últimas consecuencias". Este revés des-identificatorio concluye con el ensalzamiento de la delación: "Denuncien, delaten, ¡el delator sirve a la Patria!".

Este realismo exacerbado y distorsionado ha sido criticado por su falta de eficacia transferencial o empática con el espectador (Bisset 128; Alburquerque, *Violent* 116). Si bien, por un lado, la "oposición binaria" entre torturador y torturado resulta necesaria para mantener la estructura de la obra, según Bisset los resultados muestran "ciertas debilidades y fallas [...] junto con fortalezas definidas" (Bisset 128).[18] Las debilidades se refieren sobre todo a las escenas donde se muestra explícitamente la tortura mientras se destacan aquellos momentos en la obra donde el tormento se infiere mediante la utilización de otros signos. A su vez, Albuquerque sostiene que "Boal explora los múltiples signos teatrales al hacer uso de un vasto número de signos verbales y no verbales de violencia" (Albuquerque, *Violent* 196). Y de ese modo,

---

18. Albuquerque dice que "el impacto en la audiencia puede ser mayor cuando de hecho ninguna tortura es llevada a cabo, y la fuerte impresión de violencia es provocada por la mera visión del portentoso escenario en su conjunto" (Albuquerque, *Violent* 200).

su análisis hace hincapié en las "instancias en las cuales el sistema no verbal adquiere autonomía sobre [...] el sistema verbal" (197).

A pesar de la validez de esta crítica, cabe destacar que no toma en cuenta lo suficiente la propuesta teatral de Boal quien, siguiendo a Bertolt Brecht, procura desprenderse de las formas clásicas de empatía dramática e implantar una suerte de "Poética Marxista" que vincule las emociones con problemas históricos concretos (Boal, "Teatro" 122). Según esta perspectiva, los espectadores están acostumbrados a percibir las obras artísticas por "osmosis empática", lo cual "le[s] resta la posibilidad de actuar" como sujetos, aunque sea en un escenario ficticio (138; 122).[19] Por el contrario, el uso de la empatía en el teatro de Boal busca "*historiza*[*r*] la acción dramática, transformando al espectador en observador [y potencial participante de la obra], despertando su conciencia crítica y su capacidad de actuación" (122). Y en última instancia, el objetivo de Boal consiste en interpelar al espectador no para "despertarle sentimientos" sino para "exigirle decisiones" (131).[20]

En consecuencia, teniendo en cuenta las limitaciones propias del encuadre, el espejo ominoso del torturador redobla el mandato de la escritura del Prólogo y lo imprime en el terreno de la subjetividad política. Así, la primera caracterización de Desiderio y los espectadores contrasta con la vida cotidiana de los activistas, que no está dirigida a ganarse *el filete para sus hijos* en función de la construcción de *una Patria* que los excluye, los encarcela y los mata. A ello se agrega la desidentificación entre el torturador y los espectadores, la cual procura dejar en manos de estos últimos la decisión de asumir un papel *más comprometido* con la lucha política. Bajo este esquema, los obstáculos no resultan exclusivamente de la efectividad de las técnicas teatrales realistas. Tal vez una raíz del problema reside en cierta arrogancia que implica el deseo de transformar al otro. Me refiero a la presuposición de que la transformación histórica de la sociedad depende de esas decisiones y, a la vez, de la fijación de una imagen del actor-espectador que lleva a cabo la revolución como el pasaje

---

19. Para Boal y Brecht, "la empatía [...] consiste en un compromiso emocional del espectador" que lo reproduce como ser inactivo ("Teatro" 122).
20. Boal no niega la generación de emociones y los efectos empáticos del teatro, sino que más bien reconoce el problema de atribuir exclusivamente el sentimiento a la relación personaje-espectador sin anclarla históricamente en un problema social concreto.

desde un supuesto ciudadano común, que trabaja para mantener a su familia, a un militante revolucionario.

En la fusión de estas dos interrupciones, Desiderio se vuelve un militante de la tortura: esa es la distorsión exacta que crea Boal. En este punto, la *estética de las interrupciones* advierte, por un lado, que cada individuo puede ser potencialmente un torturador, y por el otro, interpela al espectador por su compromiso político asumiendo el deseo de cambiar al otro (espectador potencialmente militante) como prerrequisito de la revolución. El nombre de este personaje no podría ser más simbólico, pues Desiderio no sólo significa deseo (*desiderium*), sino que también refiere a aquel que está afuera, encandilado por las estrellas (*desidero*) que no le permiten ver. Es decir: en su deseo, Desiderio se vuelve ciego frente a su propia subjetividad.

La fusión entre el torturador y el militante, mediado por el espectador, parece descoordinada a primera vista. Sin embargo, si lo miramos desde el secuestro del embajador, donde los guerrilleros tienen que jugar el rol de 'carceleros', la ironía cumple su función política. Pensado desde el evento carcelario, la empatía triunfa donde se equivoca: en el rechazo radical al torturador como si fuese alguien totalmente ajeno. Y a la vez, se equivoca donde triunfa: en la interpelación al compromiso, porque asume una subjetividad revolucionaria donde la decisión fundamental consiste en dar (o no) la vida por un sueño político. En última instancia, la escena de Desiderio entrevistado por la televisión extiende la paradoja del Prólogo en la trama de la subjetivación política. Pues si el mandato de escribir sobre la tortura por haberla experimentado resultaba ominoso, ahora escribir sobre las transformaciones de la subjetividad en la prisión exigía el trabajo aún más difícil de confrontar el propio deseo revolucionario.

Una brasilidade revolucionaria: romanticismo y subjetivación política

Esta concepción de la subjetivación política tendía a crear una valoración del voluntarismo y una jerarquización del activismo que terminaba por perder de vista la especificidad del trabajo político, y obstaculizaba un proceso autorreflexivo que tuviese la capacidad de cuestionar y elaborar el fundamento subjetivo de lo político en pos del proyecto revolucionario. En parte ello se debía a la tensión de clase entre el emergente movimiento estudiantil y el tradicional movimiento obrero que marcaba una distancia significativa entre la valorización de la revolución y el papel de las clases populares. Al mismo tiempo, la recomposición de la izquierda brasilera producto de una serie de rupturas internas con el Partido Comunista, había generado un variopinto de organizaciones (armadas y no armadas) que reconfiguraron la discusión política entre fragmentación y centralismo democrático. El caso más resonante fue el de Carlos Marighella, un político de larga trayectoria en el PC que se volvió líder guerrillero de la Alianza por la Liberación Nacional y la figura principal de la lucha armada en el país.

Paralelamente, la falta de reflexión sobre la subjetivación política estaba ligada también a la consolidación de la Teoría de la Dependencia como marco de inteligibilidad predominante.[21] Esta teoría preconizaba que "las posibilidades de desarrollo de los países latinoamericanos", o del tercer mundo, se encontraban detenidas debido a la dependencia económica de "los países centrales" (Cardoso y Faletto 14). Por lo tanto, la solución consistía en liberar a los países dependientes de esas cadenas de sumisión económica para lograr el pleno desarrollo del capitalismo y del Estado nacional, con el objetivo último de avanzar hacia una sociedad socialista. Esta teoría fue fuertemente criticada en los años posteriores por privilegiar los estudios macroeconómicos y sociológicos sin considerar los procesos culturales y subjetivos específicos de las sociedades latinoamericanas.[22]

Pero más allá de las críticas a esta teoría, nos interesa destacar cómo la misma apuntalaba una concepción de la subjetivación política cuyo horizonte de acción procuraba alcanzar la toma del poder del Estado como paso necesario para el avance del proyecto de izquierda. Y de esa manera, fomentaba la construcción de una *brasilidade revolucionaria* alrededor de figuras históricas nacionales descontextualizadas. Este proceso de subjetivación fue acompañado también por la pululación de experiencias culturales y artísticas que incluían transformaciones estético-políticas (en el sentido de pensar la trama de relaciones entre lo estético y lo político) que se dio tanto en la literatura y

---

21. Algunas de las fuentes principales de la Teoría de la Dependencia pueden verse en Cardoso y Faletto; Dos Santos, y Cepal.
22. Para una crítica de esta teoría desde los estudios culturales latinoamericanos, ver Castro Gómez y Mendieta; Williams (*The other*), y C. Walsh (*Estudios*).

el teatro como en la música y en el cine, entre los que se encontraba el propio Teatro Arena —del cual Boal era un integrante fundamental—.[23]

Esta efervescencia cultural se vio paralelamente fomentada por el crecimiento del movimiento obrero y las movilizaciones estudiantiles que, en 1968, estallaron en confrontación directa contra la dictadura en los principales centros urbanos del país.[24] Ya para ese entonces, se dio la emergencia de las primeras guerrillas inspiradas fuertemente en la teoría del foco de la Revolución Cubana. Todos estos elementos confluyeron en un movimiento de protesta social contra la dictadura y la escalada represiva de 1968 y 1969, que "forzaron al movimiento de protesta estudiantil a ocultarse y virtualmente aplastaron al movimiento obrero de Brasil" (Huggins 147).[25] En consecuencia, muchos militantes sociales y políticos se volcaron a la lucha armada mientras que otros forzosamente tuvieron que ir a vivir en la clandestinidad o en el exilio.

---

23. El *Teatro de Arena* funcionó en São Paulo entre 1953 y 1972 y durante sus distintas etapas procuró "educar" al público brasilero mediante la adaptación de obras europeas a temas nacionales y la creación de obras propias ligadas a figuras históricas "brasileras" olvidadas (ver Boal, *Teatro* 195-233). Además, en el campo musical se hallaba la Bossa Nova en los 50 y 60, y el *Tropicalismo* en los 70. En las artes visuales, se destacaba el Cinema Novo como parte del fenómeno mundial del Tercer Cine. Ridenti cita "*Vidas Secas* de Nelson Pereira Dos Santos; *Deus e o Diabo na terra do sol*, de Glauber Rocha; e *Os fuzis*, de Ruy Guerra" (*Brasilidade* 90).

24. El 28 de marzo de 1968 la policía mató al joven "Edison Luis al disparar indiscriminadamente contra la multitud" de estudiantes (Skidmore 141). Este asesinato incrementó el descontento social con la dictadura y las movilizaciones estudiantiles se volvieron un problema serio para la seguridad nacional. El pico de esta tensión estalló en el mes de mayo cuando la policía volvió a disparar a la multitud y se estima que "treinta y tres personas fueron asesinadas" en lo que se dio a conocer como "Viernes Sangriento" (Huggins 143). A partir de entonces, la represión endureció sus métodos y "en los primeros seis meses de 1969, miles de estudiantes fueron localizados y apresados por fuerzas internas de seguridad". Para un estudio pormenorizado del movimiento estudiantil brasilero ver Langland.

25. Otro punto de quiebre fue la clausura de la Universidad de Brasilia en respuesta a la "manifestación en contra del desfile militar del Día de la Independencia en septiembre 7" (Huggins 146). La protesta fue denominada *Operação Lysistrata*, y proponía que las mujeres no salieran con los militares ese día.

En efecto, al igual que en otros países latinoamericanos, las organizaciones políticas guerrilleras surgieron en Brasil durante los años sesenta y fueron prácticamente eliminadas a principios de los setenta. Su emergencia fue, en parte, resultado del proceso de ruptura de distintos sectores de izquierda con el Partido Comunista Brasilero (PCB), lo cual coincidió con la expansión de las guerrillas en toda América Latina. Entre ellas, la organización que logró mayor nivel de coordinación y acción política fue la *Ação Libertadora Nacional* (ALN) formada en 1967. Su líder, Carlos Marighella, incentivado por su propia experiencia en Cuba, encarnaba la radicalización de este proceso de ruptura dentro de la izquierda, ya que además de haber sido diputado por el PCB y haber dejado el partido, también había sido detenido y baleado por la policía en el golpe del 64.[26] En ese contexto, Marighella escribió una serie de libros que justificaban la necesidad de crear focos de guerrilla urbana y guerrilla rural dada la composición social del país, y rápidamente "se convirtió en el principal teórico de la resistencia armada en Brasil" (Skidmore 86). El más famoso de ellos, el *Manual del guerrillero urbano*, ofrecía una serie de tácticas que buscaban interrumpir el orden social mediante acciones directas, procurando denunciar la dictadura e incentivando la participación popular.[27] De allí surgieron los Grupos Tácticos Armados (GTA), que llevaban a cabo acciones propias sin necesidad de consultar con los dirigentes más altos de la organización. Estas acciones consistían en robar bancos y armas para financiar la revolución, pero también incluyeron, aunque en menor medida, asesinatos y capturas de figuras políticas y militares.

El secuestro del embajador el 4 de setiembre de 1969 y la liberación de los presos condensa este proceso en un suceso singular: lo expresa y lo supera a la vez. En cierta medida, es una interrupción más del orden político que se sumó al resto de acciones tácticas organizadas desde la clandestinidad. Pero al mismo tiempo, al sobrepasar el carácter nacional e insertarse como un evento propio de la Guerra Fría, reconfiguró la así denominada *brasilidade revolucionaria* y el campo de lucha político en ese momento histórico. Fue, el evento del evento de las intervenciones guerrillera en el país en esa época.

De acuerdo con Marcelo Ridenti, "o florescimento cultural e político dos anos 1960 y e início do 1970 na sociedade brasileira" dependía de una "brasilidade revolucionaria [la cual] pode ser caracterizado como

---

26. Marighella escribió sobre su experiencia en el golpe del 64 en su libro *Por que resisti a prisão?* (1965).
27. Para un desarrollo de la vida de Marighella, ver José.

romántico-revolucionário" (*Brasilidade* 88).[28] Para el autor, el imaginario político de la izquierda estaba fuertemente vinculado a la recuperación de la imagen estereotipada del "hombre de povo" ligado a la tierra (88). Según su argumento, esto se debía al impacto de las "revoluções camponesas em Cuba e no Vietnam" y la formación de la "Ligas Camponesas" en Brasil a fines de los años cincuenta. Pero también respondía "a um dos processo de urbanização mais rápidos da história mundial: de 1950 a 1970, a população passou de majoritariamente rural para eminentemente urbana" (91).[29]

Ridenti sostiene que esta "estructura de sentimiento romántica e revolucionaria" podía constatarse en las producciones culturales de la época.[30] En efecto, la *brasilidade revolucionaria* aparecía tanto en los filmes del Cinema Novo como en las obras del Teatro Arena. Ridenti señala cómo estas obras retomaban figuras nostálgicas cargadas de un supuesto "valor nacional" para irrumpir en la escena política y cultural brasilera. Lo notorio de estas obras "revolucionarias" es que los trabajadores industriales casi no existían en las representaciones culturales del *hombre do povo*, y la *brasilidade revolucionaria* estaba repleta de figuras míticas tales como la obra "Arena conta Zumbí", en referencia al líder negro de los kilombos de esclavos que recupera la historia "da comunidade negra revoltosa" (90). Inclusive en el momento de ser detenido por la policía política, Boal estaba ensayando "Arena conta Bolivar", la cual fue finalmente censurada por la dictadura (*Milagre*).

Sin embargo, este modo de concebir la *brasilidade revolucionaria* apuntala un tipo de subjetivación política romántica y nostálgica que, si bien era parte del imaginario izquierdista, no nos permite explorar sus propias tensiones y contradicciones desde el punto de vista de la experiencia carcelaria. De hecho, *Torquemada* no se ocupa directamente del tema de las representaciones del

---

28. Esta tesis refiere al libro anterior de Ridenti, *Em busca do povo brasileiro*.
29. Para Ridenti, "a brasilidade revolucionaria não nasceu do combate a ditadura, mais vinha de antes, forjada especialmente no período democrático entre 1946 y 1964" (*Brasilidade* 89).
30. Con ello, Ridenti utiliza el concepto de "estrutura de sentimento" de Raymond Williams en vez de "[uma] visão de mundo' ou 'ideologia', os quais se referem a crenças mantidas o maneira formal o sistemática, [... para dar] conta de 'significados e valores tal como são sentidos e vividos ativamente" por un grupo social (*Brasilidade* 86). De ese modo, el concepto se enfoca en el "pensamento tal como sentido e do sentimento tal como pensado: *consciência prática* de um tipo presente, numa continuidade viva e inter-relacionada" (86; subrayado mío).

hombre do povo, sino que registra principalmente el efecto de la prisión en los militantes de izquierda.

En cambio, partiendo de la idea del evento carcelario podemos re-elaborar los dilemas de la subjetivación política izquierdista teniendo en cuenta esas ausencias y contradicciones. Pensado en retrospectiva, la constitución del imaginario político carcelario entra en tensión con esa *brasilidade revolucionaria,* no tanto para restablecer una figura apropiada o distorsionada del "hombre do povo", sino más bien para indagar en los mecanismos inconscientes de la subjetivación que se ponían en juego a partir de la experiencia carcelaria.

La torcida revolución: interrupción e inconsciente político

De acuerdo con Fredric Jameson, "un estudio cultural marxista puede esperar jugar su papel en la praxis política, que sigue siendo, por supuesto, de lo que se trata el marxismo [al aseverar] el reconocimiento simultáneo de la función ideológica y utópica del texto artístico" (300). En ese sentido, el análisis de Boal sobre la "Poética Marxista" de Brecht sostiene que el trasfondo ideológico de una obra de teatro "debe mostrar por qué caminos se desequilibra la sociedad", y también rescatar su fundamento utópico señalando "hacia dónde camina [el socialismo] y cómo apurar la transición" (Boal, *Teatro* 122, 130).

En ese sentido, Jameson y Boal están insertos en un campo de exploración artística y conceptual que señala los nudos ideológicos y utópicos de la subjetivación política. En la obra de teatro, Boal recurre a la figura de Torquemada para *mostrar cómo se desequilibra la sociedad,* mientras que reflexiona sobre el *derrotero utópico* que ha dejado la izquierda. Su imaginación política, por decirlo de algún modo, nace y vive en la celda de la cárcel: su pensamiento se ocupa de la experiencia carcelaria como resultado de un sistema político mayor, incluyendo la puesta en cuestión del imaginario revolucionario. Por su parte, Jameson sostiene que "la historia no es un texto, ni una narrativa, maestra o no, sino aquello que, como causa ausente, nos es inaccesible excepto en forma textual, y que nuestro acercamiento a ella y a lo Real mismo pasa necesariamente por su textualización previa, su narrativización en el inconsciente político" (36).[31]

---

31. Aquí Jameson se refiere al concepto de "causalidad estructural" de Althusser, la noción de "*lo Real* de Lacan" y la idea de "causa ausente" de Spinoza, "como aquello que *se resiste a la simbolización absolutamente*" (36).

Esta 'narrativizacion' inconsciente que se puede vislumbrar en *Torquemada* es precisamente el resultado del corte producido por el imaginario carcelario frente a esa *brasilidade revolucionaria*. Sin embargo, hay que aclarar que, en vez de referirnos a una 'causa ausente' alrededor de la cual se organiza la estructura de la subjetivación, el desafío consiste en trazar una narrativa que anude las interrupciones con las ausencias propias del discurso de izquierda brasilera: ausencias en términos de las distancias entre el discurso y la realidad política, las declaraciones y las oportunidades concretas de acción, etc. En el centro de esa narrativa está el evento carcelario que, como equivocación triunfal, interpreta la presencia 'invisible' y punzante de lo inconsciente político.

Pensadas de ese modo, las aproximaciones de Boal y Jameson resultan complementarias, porque apuntalan la posibilidad de delinear en la obra un *imaginario político carcelario* que funciona como una interrupción que se define a sí misma en relación con los distintos campos en los que interviene: en el sustrato histórico-ficcional, en tensión con la *brasilidade revolucionaria* y en la trama inconsciente de la subjetivación política. Con ello se busca darle una vuelta de tuerca a la *brasilidade revolucionaria* tal como la planteaba Ridenti, para comprender las transformaciones de la lucha política desde la perspectiva carcelaria.

Desde esta perspectiva, el argumento presentado a continuación expone dos líneas analíticas que siguen el desarrollo paralelo de *Torquemada* en función de las escenas en la sala de interrogatorio, por un lado, y las escenas en la celda, por el otro. En el primer caso, la pregunta guía refiere al ejercicio y la representación del poder estatal inserto en la dinámica polarizante de la Guerra Fría a partir de la figura y los discursos del personaje Torquemada en la obra. Allí, el nudo ideológico va a estar expresado por *la tortura como razón política*. En el segundo caso, se esboza una crítica de las concepciones de la militancia política de esos años a partir de los diálogos entre los presos políticos en la celda colectiva, la cual se convierte en un sitio de convivencia permanente donde se puede elaborar los términos de la derrota política en tensión con la *brasilidade revolucionaria*.

Por último, se analiza la inserción del evento carcelario específico en la obra. En ese punto, el nudo utópico que sostiene el derrotero de izquierda será la figura de la *equivocación triunfal*. Siguiendo el espíritu estético de Boal, estas intervenciones pueden pensarse como las tres *interrupciones carcelarias* que organizan la obra de teatro. Desde mi perspectiva, Boal pergeña con esas interrupciones un imaginario carcelario para indagar en lo *inconsciente político* de la subjetivación de izquierda.

PARTE 3: Interrupciones carcelarias

1 Historia e interrogación

La obra de Boal recurre a un personaje histórico nefasto para representar cómo la dictadura brasilera recuperaba el pasado colonial entroncándose con la racionalidad política de la Guerra Fría en la sala de tortura. Nos referimos al fraile dominico Tomás de Torquemada (1420-1498), popular y literariamente recordado como una figura cruel y despiadada de los tribunales católicos de la Inquisición Española.[32] Proveniente –paradójicamente– de una familia de conversos, en 1483 Torquemada había sido nombrado Gran Inquisidor por el papa Sixto VI, puesto en el que permaneció hasta su muerte.[33]

Además de Gran Inquisidor, Torquemada oficiaba como confesor de Isabel La Católica. El fraile había sido uno de los instigadores del matrimonio de la reina con el rey Fernando de Aragón, el cual se llevó a cabo en 1469. Según el historiador Henry Kamen el trasfondo político de ese casamiento fue la base para la unificación de la nación española y la expulsión de los judíos y musulmanes del reino.[34] De ese modo, la cruzada política del fraile dominico se inscribía en el proceso político de catolización del reino español naciente mediante una 'limpieza' étnica y religiosa cuyo dispositivo represivo central era la práctica inquisitoria.[35]

El objetivo de los tribunales de la Inquisición era indagar a los conversos al catolicismo sospechosos de herejía, o sea, de realizar otras prácticas religiosas (predominantemente de origen judío, pero también musulmanes

---

32. Incluso autores de la talla de Víctor Hugo y Benito Pérez Galdós han escrito obras relacionadas con el nefasto personaje. Ver, entre otros, *Torquemada* de Víctor Hugo; *Las novelas de Torquemada* de Pérez Galdós (1889-1895); *Torquemada, a novel* de Howard Fast y *On Torquemada's sofa* de Fleming.
33. Fundada por los Reyes Católicos Isabel de Castilla y Fernando de Aragón en consonancia con Sixto VI, la Inquisición española o Tribunal del Santo Oficio de la Inquisición se mantuvo en funciones entre 1478 y 1834.
34. Torquemada fue uno de los promotores de las leyes de expulsión de los judíos de Granada promulgadas en 1492.
35. De acuerdo con Kamen, "el procedimiento de la Inquisición fue calculado para alcanzar el más alto grado de eficiencias con el menor grado de publicidad" (162). Y, de hecho, "para mediados del siglo XVI cada alma en la península era nominalmente católica" (155).

y luego protestantes). Para ello, la institución católica incitaba a la población a delatar a sus vecinos creando una atmósfera de "espionaje social devastador" que instaló el miedo de denunciar y ser denunciado en toda la sociedad (Kamen 162).[36] Una vez realizado este primer paso, el procedimiento consistía en arrestar a los denunciados y confiscarles sus bienes, para luego trasladarlos a la prisión del tribunal a la espera de ser interrogados. Durante el juicio, se aplicaba la tortura sobre los prisioneros con el objetivo de que confesaran sus prácticas no-católicas.[37] Y muchos de los considerados culpables fueron condenados a la hoguera pública.[38] Esto produjo rebeliones populares y grupos de resistencia armada ya que estos *autos de fe* incorporaban al pueblo como testigo de la quema.[39]

Ahora bien, en la obra de Boal, la asociación entre la Inquisición española y la expansión del terrorismo de Estado en Latinoamérica durante los años sesenta y setenta parece responder a una misma lógica de reproducción del poder: la persecución ideológica (en el primer caso por causas religiosas, y en el segundo, por causas políticas), la instauración de la sospecha y el miedo en la población, el uso de la tortura seguida de muerte y la expulsión de los disidentes del territorio nacional. La resonancia de la 'limpieza' étnica y religiosa impulsada por la Inquisición española en la *Operacão Limpeza* llevada a cabo por Castelo Branco en 1964 no es un dato menor de la racionalidad política que subyace a ambos aparatos represivos.[40]

---

36. "[L]os inquisidores [...] usualmente declaraban un 'período de gracia' durante el cual las confesiones voluntarias no serían penalizadas" tan duramente (Kamen 163). Así, en los primeros años, "la auto denuncia llegó a ser un fenómeno masivo".
37. Según Kamen, "[j]udicialmente, los tribunales de la Inquisición no eran ni peores ni mejores que los tribunales seculares de la época" actual (167).
38. Se calcula que entre 1480 y 1530 se quemaron vivos alrededor de 2000 personas (Kamen 62).
39. Michel Foucault sostiene que "en las ceremonias del suplicio, el personaje principal es el pueblo, cuya presencia es requerida [... pues] se buscaba no solo suscita[r] la conciencia de que la menor infracción corría el peligro de ser castigada, sino provocando un efecto de terror por el espectáculo del poder cayendo sobre el culpable" (*Vigilar* 62).
40. Kamen incluso menciona la idea de "limpieza de sangre" que distintas instituciones sociales comenzaron a utilizar para discriminar a familiares de condenados a la hoguera. Inclusive, "la Inquisición tenía como regla (1484) que los

Sin embargo, a pesar de estas similitudes, Kamen advierte la imprudencia de realizar "comparaciones vagas e inexactas [...] entre las técnicas de la Inquisición y los Estados totalitarios modernos" (174).[41] En primer lugar, porque se trata de dos modos de acumulación y reproducción del poder distintos: mientras que en la época de la Inquisición el poder residía y derivaba del cuerpo del rey, en las dictaduras militares de América Latina de la segunda mitad de siglo XX, el poder circulaba por sistemas represivos complejos y autónomos. Y, en segundo lugar, porque en los tribunales de la Inquisición, la racionalidad de la tortura buscaba fundamentalmente una confesión del alma, un arrepentimiento, una transformación interior. En cambio, en la tortura dictatorial del siglo XX el objetivo principal consistía en destruir, primero, la trama organizativa de los grupos políticos opositores mediante la 'entrega' de un dato, un nombre, un refugio clandestino.[42] Y, después, quebrar (o en su extremo, matar o desaparecer) al sujeto militante para evitar que vuelva a incorporarse a la lucha política. Por último, como sostiene Michel Foucault, las técnicas del suplicio, entre las cuales pueden contarse las de la Inquisición, estaban reguladas "por una práctica reglamentada [...] no es la tortura desencadenada de los interrogatorios modernos; es cruel ciertamente, pero no salvaje" (*Vigilar* 46).

En todo caso, *Torquemada* superpone ambas épocas históricas para hacer énfasis en las líneas de continuidad y discontinuidad de un sistema de poder europeo que penetró en América Latina desde la Conquista. En ese sentido, la racionalidad política polarizadora de la Guerra Fría se imprime sobre una huella histórica que presenta, esquemáticamente, un *modus operandi* similar de "erradicación del mal". Y como la misma noción de razón no puede

---

descendientes de aquellos que condenaba no eran elegibles para cargos públicos" (Kamen 44).

41. Para Kamen "los inquisidores [...] [no] eran lo suficientemente sofisticados como para acercarse a los logros de su contraparte moderna" (173).
42. Aunque como vimos, durante la época de la Inquisición que estamos analizando, la delación de los vecinos era también un elemento fundamental del aparato represivo. Y viceversa: parte de la dictadura brasilera donde ya a mediados de 1969, "[l]os interrogadores usualmente torturaban a los sospechosos por hasta dos meses —mucho más allá de cualquier esperanza de obtener información—" (Skidmore 89).

desligarse de esta instrumentalización, Foucault va a decir que "la tortura es la razón [técnica]" última del sistema político moderno ("La tortura" 61).[43]

No sabemos hasta qué punto Boal se dedicó a estudiar la historia de la Inquisición Española para escribir *Torquemada*, aunque sin lugar a duda, detrás de la obra se encuentra "una compleja investigación de las interrelaciones pasadas y presentes de la violencia y el poder en la experiencia iberoamericana" (Albuquerque, *Violent* 196). En este contexto, mi intención no consiste en discernir si la representación del Tribunal de Oficio Católico en la obra fue históricamente adecuada y precisa, o no. Nos interesa más bien destacar cómo esta superposición histórica funciona en las escenas y los diálogos como parte de la *estética de las interrupciones*, para así presentar problemas políticos complejos que refieren, y van más allá, de la polarización de la Guerra Fría y de la descripción romántica de la *brasilidade revolucionaria* de Ridenti.

En resumidas cuentas, al fijar el dispositivo-interrogatorio como el punto de aplicación de poder que sostiene el aparato represivo tanto en la Inquisición Española como en la dictadura brasilera, la obra no sólo muestra cómo funciona la polarización propia de la Guerra Fría; además asume que *la tortura es la razón política* (en el sentido de *razón técnica* aplicada a un fin político) que subyace a la penetración del capital financiero en América Latina en ese momento histórico. Y esto sucede, como veremos, en tres niveles distintos: en el modo de traspasar el poder, en el tipo de poder basado en el miedo generalizado, y en la concepción de las clases sociales que esta transformación acarrea.

La tortura y la razón interrumpida

En efecto, la yuxtaposición de sistemas de poder se va a encarnar en el personaje Torquemada quien entra en la obra de Boal en la segunda escena del primer episodio.[44] Allí, el "Rey" unge al "Padre Tomás de Torquemada" como "Inquisidor Mor" para que "termine con el progreso" (Boal, "Torquemada" 87). El personaje del Rey no está situado históricamente; sólo sabemos que, como todo rey, su poder soberano emerge de su propia persona (de hecho, es

---

43. Foucault se refiere a ello en una entrevista distinguiendo la raíz de la palabra razón, que en alemán contiene "una dimensión ética", mientras que "en francés se le da una dimensión instrumental, tecnológica", que la liga al empleo de la tortura ("La tortura" 61).

44. Recordemos que la obra está dividida en 3 episodios con 5 o 7 escenas cada uno.

la única escena en que aparece durante la obra). Su "deseo" consiste en "impedir todo progreso ulterior" dado que, según su concepción, se ha desarrollado al mismo tiempo el problema de la "conciencia de las masas". De ese modo, el Rey asigna a Torquemada la función del "policía vigilante, el gendarme implacable", pero siempre subsumido a su órbita de poder: que sea "el perro más fiel y amigo del hombre ¡[pues] el hombre soy yo [el rey]!" (87).

El modo en que este traspaso de poder se lleva a cabo refiere a que "la Inquisición, tal como existió desde 1483 en adelante, fue en todos los sentidos un instrumento de la política de la realeza y permaneció sujeta políticamente a la corona" (Kamen 138). Esto no quitaba, sin embargo, que al mismo tiempo haya sido un "tribunal eclesiástico del que la Iglesia romana asumió completa responsabilidad". Además, en la obra de teatro, Torquemada argumenta que el progreso ha traído el desarrollo de las clases sociales y, por lo tanto, el poder político debe regular su función en la sociedad: "que una se vaya hacia adelante, hacia la riqueza, mientras que la otra se vaya hacia atrás hacia la Edad Media" (Boal, "Torquemada" 87–88).

Desde esta perspectiva, Torquemada presenta una distorsión exacta de la yuxtaposición de épocas que lo distancia del mandato del Rey: por un lado, el poder lo ejerce una clase sobre la otra (es decir, no surge del deseo del rey); y por el otro, la función fundamental del poder no es detener y reprimir el progreso y el desarrollo de las clases (y su conciencia), sino que apunta más bien a regularlas para mantener mayor distancia en la brecha entre ambas. En el texto, Torquemada concluye su argumento diciendo: "Hagamos nuestro el progreso y suya la esclavitud" (88).

Una vez que el Rey le concede "10 años" para probar su teoría, Torquemada establece, tal como vimos, su "primera providencia: que se aprese a todo el pueblo. ¡Quiero interrogarlo!" (88). Y, de ese modo, invierte nuevamente la relación entre épocas, ya que la enunciación de la prerrogativa descansa en el deseo de Torquemada: es él quien quiere interrogar a todo el pueblo. En ese sentido, la providencia funciona dentro de la lógica soberana que identifica el poder con el cuerpo de la autoridad, ahora desplazada de la figura del rey a la figura del fraile.

A partir de entonces, este mandato genera y expande la sensación de control a toda la sociedad donde cada individuo se vuelve un potencial sospechoso. Y tanto en la Inquisición como en la dictadura brasilera, se buscaba identificar un enemigo común con el objetivo de extirparlo de la sociedad. Sin embargo, en la práctica concreta de la represión, los métodos 'modernos' del siglo XX implicaban un trabajo de inteligencia especializado propio de la época de la Guerra Fría.

En efecto, el recrudecimiento de la represión política y la sensación omnipotente del Estado brasilero sobre la vida y la muerte de los opositores políticos había tenido su punto de inflexión, tal como vimos anteriormente en el Acto Institucional 5 (AI-5) de fines de 1968, seguido de la *Operacão Bandeirantes* en julio de 1969. No obstante, habría que aclarar que si bien el AI5 ha sido ampliamente referido como el punto de quiebre institucional, ese *traspaso* no se realizó sin tensiones (del mismo modo que existían tensiones entre el poder eclesiástico y la corona española). La historiadora Victoria Langland sostiene que la consolidación del poder de los "de línea dura al interior del régimen cuando el anterior director nacional de inteligencia, Gen. Médici, [...] reemplazó al presidente Costa e Silva, gravemente enfermo, en octubre de 1969" —un mes después del evento carcelario y la liberación de los 15 presos políticos (188)—. Y, de hecho, durante el periodo de Médici (1969-1974), Brasil va a sufrir una extensión e intensificación de la represión nunca vista en el país, incluyendo la masificación de las prácticas de tortura, encarcelamiento y asesinato.[45]

La lectura de esta sobredeterminación histórica establece, por un lado, la continuidad de la dominación política a través del dispositivo-interrogatorio de la Inquisición en la dictadura para contrarrestar el discurso proto-colonial de esta última. Y, por el otro lado, el AI5, emulando las tensiones entre el poder eclesiástico y el poder de la corona, señala el momento en que la dictadura pasa de una *estrategia de control social* a una *estrategia de eliminación del enemigo interno*.[46] En ambos casos se trata de implantar el terror o miedo generalizado como base de la dominación; aunque en definitiva, la obra los anuda en un *(dis)continuum* histórico propio del trabajo de las interrupciones, ya que *mientras la clase dominante va hacia la riqueza, la clase subalterna retrocede hacia la Edad Media.* Es decir, no es que avance hacia la pobreza paupér-

---

45. Para entonces, la dictadura "[estaba] utilizando todos y cada uno de los medios (la tortura de niños pequeños frente a sus padres y la violación en grupo de una esposa ante su esposo han sido documentadas) para obtener la información necesaria para exterminar la amenaza de la guerrilla" (Skidmore 89). Esto fue reforzado cuando el AI5 se volvió una Ley de Seguridad Nacional el 31 de marzo de 1969 (Langland 188).
46. El mismo cambio de estrategia represiva sucedió en Argentina y en Paraguay.

rima propia del capitalismo donde los trabajadores son 'hombres libres' que no tienen otra cosa que vender más que su fuerza de trabajo. Sino que se desplaza hacia un tiempo histórico donde predomina otro régimen de poder. Y, en definitiva, la *estética de las interrupciones* no sólo trae la Inquisición para interrumpir la dictadura, sino que también lleva la tortura a la Conquista para resaltar como ambas dependen de una misma razón política.

En efecto, estos tres niveles de análisis del traspaso de mando, del tipo de poder y de la sociedad de clases se anudan en la afirmación de que la *tortura es la razón política*. La exactitud de estas distorsiones se inserta en el discurso de Torquemada a lo largo de la obra, donde el personaje nefasto opera bajo las 'leyes' de la interrupción para llevar a cabo su plan terrorífico en la práctica de los interrogatorios. Así, en la escena 6 del primer episodio, el fraile se pone de rodillas como si estuviese rezando, y declama: "la virtud más alta [es] la Justicia", la cual debe distribuirse "proporcionalmente" de acuerdo con los "criterios de desigualdad de la realidad misma" (Boal, "Torquemada" 108). Por eso, "al señor, al hombre, al rico, a ellos le toca la parte más grande, para ellos haremos nuestra justicia: seremos virtuosos" (109). Esta *justicia proporcional* que aparece constantemente exagerada en el discurso de Torquemada funciona como el fundamento último de la razón política de la tortura. Sin embargo, el fraile afirma que hay "restos de democracia. Nuestros interrogatorios son democráticos. Aquí la tortura es para todos, en partes iguales, para ricos y pobres, cristianos y judíos, viejos y niños, culpables e inocentes".[47]

La seguidilla de interrupciones en las que el fraile pone en práctica esta razón política despliega, esquemáticamente, los destinos posibles de los militantes prisioneros. Así, Torquemada dirige su primer interrogatorio contra cuatro presos: el *preso 1* dice que no va a confesar; entonces lo torturan y se lo llevan preso (110). El *preso 2* "delata" bajo tortura a "la chica", la tercera interrogada, y por eso sale liberado. Esa misma "chica", quien es "acusada de complicidad con el *preso 2*" (con quien había tenido una relación amorosa), es torturada hasta la muerte a pesar de que ella declara no haber sabido de las actividades "subversivas" de su amante (112). De ese modo queda un resultado provisorio de los interrogatorios: un hombre preso, un preso liberado gracias a *su delación*, y una mujer asesinada bajo tormento.

---

47. Durante la Inquisición Española, "solo una clase de gente, los obispos, permaneció más allá de la jurisdicción inquisitorial" (Kamen 156).

Esta economía de la tortura asume que el acusado es culpable y su única posibilidad de "salvarse" consiste en delatar a sus compañeros o compañeras militantes. En este sentido, no coincide totalmente con la realidad de los prisioneros políticos en los setenta ya que la delación no llevaba, necesariamente, a la liberación. Sin embargo, mediante este despliegue de los tormentos, Boal establece esquemáticamente que el funcionamiento de los interrogatorios responde a una racionalidad política que también tiene su límite en la práctica más allá de la distinción entre culpable e inocente: la idea de *justicia proporcional* choca con la lógica interna del dispositivo-interrogatorio, y disuelve su *fundamento lógico* exigiendo una y otra vez que su instrumentalización sobrepase sus prerrogativas y funcione por sí misma.

En efecto, el cuarto preso colgado del *pau de arara* es "Paulo, un burgués", sobre el que "no hay ninguna acusación" (111). Sin embargo, Torquemada insiste en buscar "algo" hasta que el propio Paulo dice: "Yo me acuso [...] Soy burgués como usted, pero no estoy de acuerdo [...] Yo niego la tortura y sus interrogatorios. Yo me acuso. ¡Yo lo niego!" (112–113). En consecuencia, Torquemada lo envía "a la cárcel" (113). Con ello el sistema inquisitorio ha llegado a encarcelar incluso a aquellos a los que dice defender en su justificación ideológica: la *tortura democrática* también se aplica contra el burgués. Y, por lo tanto, la distorsión exacta de esta máquina represora ya funciona por sí misma más allá, y en contra incluso, de la voluntad de sus propios re-creadores.

En el segundo episodio de la obra esta misma racionalidad se vuelve a poner en duda. En la escena 2, un grupo de burgueses reclaman a Torquemada por haber encerrado a Paulo y quieren destituir al Gran Inquisidor de su puesto. En el diálogo entre ambos, "un burgués" sostiene: "la esencia de nuestro sistema es profundamente democrática. La esencia de nuestro sistema es la Libertad" (117). Ante lo cual Torquemada responde: "señores: un poder no existe en su esencia. Existe en el día a día. Cuando al pueblo le es difícil aceptarlo, el poder se manifiesta en sus excesos" (117–118).

De ese modo, la teoría de Torquemada toma un giro pragmático en el registro de la distorsión exacta. Tal como hemos visto, la racionalidad política del fraile se desprendía al principio de esa tensión histórica entre el poder soberano y el cambio de estrategia de la dictadura militar hacia *la eliminación del enemigo interno*. Luego, generaba su propia economía de la tortura, aunque chocaba con el *principio democrático* que no le permitía cerrar lógicamente la dinámica de la represión. Ahora, en esta reformulación, identifica el punto de aplicación del poder como el sustrato de la dominación. De esa manera, la mutación propia de su racionalidad que iba de tensión en tensión, en esta última instancia, pasa a tener un *modus operandi* autónomo de la voluntad del poder mismo.

En efecto, en la misma escena, Torquemada amenaza a los "burgueses" con llevarlos presos, y entonces ellos deciden oficiar como testigos contra Paulo, acusándolo de ser demasiado "liberal" y de no comprender que "el Poder Militar [...y] el Poder Político [... son] el mismo" (122). Por lo tanto, condenan a su amigo a cambio de su propia "liberación". De ese modo, el encarcelamiento de Paulo resuelve "lógicamente" (y de modo provisorio) tanto el deseo/mandato de interrogar a todos como la economía democrática de la represión.

Sin embargo, en la escena 4 del segundo episodio, Torquemada procura hacer de la eficacia el principio de verificación de su teoría. Allí, el fraile está comiendo en la sala de tortura mientras Paulo está siendo "torturado por frailes armados" en el *pau de arara* (138). El contraste entre ambas situaciones se amplifica en el diálogo 'sereno' que mantienen los personajes.[48] Allí Paulo cuestiona el "carácter humano" de los interrogatorios, aunque reconoce su eficacia: "yo, ideológicamente, estoy con usted. Ya me compré unas cuantas acciones en la bolsa. Pero no es humano" (138). Torquemada le responde: "¿[p]or qué serán humanas solamente la música y las matemáticas, y no el asesinato y la violencia?" (138-139). Para el fraile, "[d]elante de cada problema que enfrenta el hombre [sic] debe ser tomada como 'humana' la solución más eficaz". Esto se traduce políticamente en una "combinación entre el más evolucionado desarrollo industrial y la más retrógrada esclavitud [...] ¡se trata aquí de una esclavitud re-humanizada!", exclama en referencia a un modo de dominación eficaz solventado por "el Estado" y por "algunos industriales amigos" (140-141). De ese modo, el Gran Inquisidor arguye en favor del carácter "racional" y "científico" de la tortura: "sería inhumana la crueldad inútil pero la nuestra es útil" (141). Nuevamente la razón técnica interviene como justificación.

En ese momento se escuchan las ráfagas de una metralleta y un fraile confirma que han matado a un industrial que subvencionaba la 'represión'. Nuevamente el argumento de Torquemada se ve interrumpido, pero esta vez no por el despliegue propio de su lógica interna, sino por un asesinato producido

---

48. Según Albuquerque ésta es una de las escenas más efectivas de toda la obra ya que genera una "instancia de conflictividad sígnica (*conflictive signation*)" (*Violent* 202).

probablemente (la obra no lo menciona) por un grupo guerrillero. De forma inmediata, Torquemada ordena fusilar 5 presos en la calle para inculparlos por el asesinato y así demostrar la eficacia del sistema represivo frente a la opinión pública.

Esta ráfaga que interfiere el discurso pero que no se ve, reinstala la sensación de enfrentamiento que el despliegue de la racionalidad política de los interrogatorios parecía haber ocluido. Por un lado, interrumpe su lógica de reproducción; y por el otro, confirma la polarización del aparato represivo. Pero en última instancia, exige pensar todas estas capas histórico-ficcionales donde *la tortura como razón política* funciona como interrupción de sí misma. O, mejor dicho: se trata de una razón interrumpida que se acicala en la práctica del interrogatorio porque allí pierde su propia racionalidad a medida que se vuelve más racional en torno a la trama de interrupciones (propias y ajenas) en las que interviene.

En el último despliegue de su teoría, el fraile va a llevar su racionalidad política hasta el paroxismo trayendo a la sala de interrogatorio la relación entre economía y tortura. En la escena 3 del último episodio, Paulo va a ser torturado por última vez en frente de su hermano y su madre. Al enterarse de que sus acciones han subido debido a que él está preso, se plantea la relación directa entre ganancias económicas e interrogatorio: a más tortura, mayor alza en las acciones. Entonces Paulo quiere ser torturado para que continúe la suba, y en el frenesí de ésta pide que lo maten (incentivado por Torquemada y por su familia) para alcanzar el máximo beneficio. La escena termina con la muerte efectiva de Paulo y un incremento descomunal de sus acciones.

La exactitud de esta distorsión resulta siniestra cuando se la compara con el sustrato de la estrategia de la Doctrina de la Seguridad Nacional aplicada a toda Latinoamérica entre los años sesenta y los años ochenta. Pues en el fundamento de su propuesta y su puesta en práctica en todo el continente, esta Doctrina se sustenta en la misma lógica que sostiene el argumento histórico-ficcional de Torquemada. En ambos, *la tortura es la razón técnica* entroncada con la expansión del capital financiero.

Razón, poder e interrupción

El problema fundamental tal vez consista en elaborar qué significa la interrupción en sí misma desligada de la lógica de la represión. Sin embargo, eso nos llevaría a una definición 'técnica' de la interrupción, que requeriría confrontar punto por punto la racionalidad del poder de Torquemada en la obra. Asimismo, el *modus operandi* de la tortura como razón política consiste en interrumpirse constantemente para volver a ser 'racional' en la sala de interrogatorios. El personaje Inquisidor lleva al máximo su racionalidad por intermedio de interrupciones, acaso como espejo de la eficacia de la represión en Brasil. Y, por lo tanto, la interrupción se torna funcional a la dominación social. De ese modo, tal vez la exacerbación de escenas de interrogatorios que había sido criticada por su 'exceso realista' sea una manera de interrumpir esa 'razón política' por saturación. Aunque en verdad, la cantidad de situaciones de tortura que se repiten a lo largo de la obra resulta problemática, ya que, si bien denuncia el accionar represivo de la dictadura brasilera, no se cuida éticamente del efecto que puede generar en las víctimas la 're-vivencia' de los interrogatorios. Cabe aclarar que ésta no era una preocupación en ese momento específico, ya que la urgencia de denunciar el horror de la tortura requería su descripción explícita. Pero leída con el correr de los años, la obra pierde vigor en esa repetición.

Por último, hay que tener en cuenta que "la tortura actúa siempre como interrupción de todo sentido" (Benasayag 29). Desde esa perspectiva, el relato de los interrogatorios en *Torquemada* aparece como un intento de darle sentido a la experiencia cuando ni el lenguaje ni la razón parecen estar del lado de esa reconstitución. Incluso Boal no parece concebir la resistencia dentro de la sala de interrogatorio en la obra.[49] Por el contrario, su estrategia narrativa consiste en describir la máxima *interrupción de todo sentido* con la racionalidad de la interrupción hasta distorsionarla por completo, para encontrar allí, acaso, la representación del sin sentido en el cual se basa el accionar de la tortura misma.

Todo este razonamiento sobre la práctica de la tortura se despliega a lo largo de la obra, intercalado con la narrativa fragmentaria que refleja las discusiones de los presos políticos en la cárcel. Desde esa perspectiva, la apuesta de la *estética de las interrupciones* consiste en interrumpir las interrupciones de la tortura, y situarla en la distancia entre escritura y experiencia para desanudar

---

49. Aun así, la resistencia individual no es imposible frente al interrogatorio ni su tematización ha sido eludida por la literatura carcelaria. De hecho, Albuquerque destaca dos obras donde se elabora una resistencia sicológica del torturado frente al torturador. Ambas, *Pedro y el capitán* de Mario Benedetti (1979) y *Milagre da celda* de Jorge Andrade (1977), "aseveran la superioridad de las víctimas sobre el victimario mientras las primeras están aún en prisión" (*Violent* 196).

su fundamento ideológico en la subjetividad política. A partir de allí, el *imaginario político carcelario* que había comenzado a funcionar en el interrogatorio como interrupción del activismo, se desplaza a la celda colectiva como nuevo punto de partida. Me refiero a la dinámica de la convivencia entre los prisioneros políticos que convoca las estrategias de resistencia y un esbozo de elaboración de derrotas, triunfos y equivocaciones que entran en tensión con el imaginario revolucionario. Es decir: si bien no se puede negar el efecto interruptor de los interrogatorios, Boal parecía estar consciente de que aún bajo el asedio de la tortura, la autoreflexión sobre la subjetivación política tenía que anclarse en la elaboración colectiva de los presos.

II Mediaciones políticas en la fragmentación

En contraste con el 'ritual' de los interrogatorios, que responde a una racionalidad única aplicada sobre el cuerpo y la mente del torturado, la celda funciona con una lógica más caótica que permite generar un espacio de resistencia y reflexión colectiva que está vedado en la sala de tortura. Y si bien ambas están sujetas a un mismo aparato represivo que las engarza, el calabozo funciona como una 'interrupción' de la tortura en la obra. Y mientras el discurso de Torquemada es uniforme, metódico y perverso, en la celda predomina una narrativa fragmentada donde la interrupción es la condición de existencia de los prisioneros.

En efecto, a lo largo de la escena 4 del primer episodio, luego de una detención masiva, las conversaciones entre los presos van saltando de problemática en problemática sin detenerse a elaborar profundamente en ninguna de ellas. La sensación que se transmite al espectador es que todos estos dilemas están sucediendo al mismo tiempo y de manera fragmentaria. Por ejemplo, en un momento, Cristina Yacaré, un 'preso común' homosexual, baila frente a otro preso político que está deprimido ("Torquemada" 97–98). Paralelamente, la *chica* que había tenido un romance con un guerrillero (y que luego iba a ser asesinada por Torquemada) expresa su preocupación "por lo que va a pensar su padre". Luego, el personaje *Un preso con valija* (quien tiene efectivamente una valija en la mano) decide no involucrarse en el grupo y se queda parado, sin sacarse la ropa porque dice que "hubo un error" y cree que lo van a liberar muy pronto. Finalmente, otro preso, Ismael, se queja ante la policía por la presencia de Cristina Yacaré, mientras otro preso trata de convencer al *preso con valija* para que "acepte" su situación.

De ese modo, Boal ofrece un pantallazo de las primeras reacciones de los militantes incrédulos frente a su nueva situación carcelaria: una serie de saltos constantes entre diálogos paralelos que inscribe otra dinámica de la interrupción, la cual no tiene una jerarquía ni una direccionalidad preestablecida. En este terreno, predomina una sensación general de incertidumbre que exige reconfigurar la situación de todos y cada uno: preocuparse por alguien que está afuera de la prisión, deprimirse, no aceptar la encarcelación. Esta situación caótica inicial pronto merma y, una vez asentados en la celda, los presos van a procurar una reelaboración de las problemáticas políticas que los conciernen.

Desde el punto de vista de la estética de las interrupciones, *Torquemada* despliega tres ejes de problematización recurrentes del imaginario revolucionario: (1) el pensamiento de la muerte individual y la del movimiento político como nuevo punto de partida; (2) las tensiones entre interrupción y fragmentación; y (3) la impronta del sacrificio cristiano como sustrato último de la subjetivación izquierdista. Entre ellos, los presos no logran formular una narrativa crítica sólida y coherente con respecto al imaginario político y la práctica revolucionaria. En parte, debido a que la racionalidad militante tiene que distinguirse del carácter unívoco de la racionalidad de Torquemada. Pero la falta de narrativa también es una expresión de las divisiones propias de la izquierda, exacerbadas aquí no sólo por la condición carcelaria sino también por la búsqueda de distorsiones exactas propias de la obra de teatro. Desde mi perspectiva, Boal identifica la trama de un imaginario carcelario que entra en tensión con los valores políticos de la revolución, anclado fundamentalmente en el compromiso de dar la vida por el sueño de transformación radical de la sociedad.

(1) La política después de la muerte

La primera reflexión llevada a cabo por los activistas refiere al momento de sus respectivas detenciones (episodio 1, escena 5). Dos de ellos se lamentan por no haberse suicidado: un preso dice que cuando llegaron a atraparlo se tragó las pastillas de cianuro ("Torquemada" 93–94).[50] Pero como él era un cuadro muy alto en la organización y había estado desde el principio en la misma, "las

---

50. Aquí Boal señala una práctica común a algunos grupos guerrilleros de América Latina: la de cargar veneno para suicidarse y así evitar la tortura y la posible delación de otros miembros de su organización política.

pastillas ya estaban podridas [...] mala suerte, aquí estoy, sano y salvo" (94). Otro preso siente algo similar cuando tuvo que enfrentar a los policías con su arma, y tras ver que no tenía escapatoria, se había pegado un tiro en la cabeza. Pero "hice mal las cuentas" [concluye, y] me pegué un tiro pero no había más balas. Mala suerte. Y aquí estoy, sano y salvo" (94). Por último, un tercer preso cuenta cómo se estaba ahorcando con sus propias manos y la policía lo rescató antes de que se matase.

Estos relatos giran en torno al lamento de una *muerte fallida* donde los presos se resienten por haber sido atrapados con vida y tener que enfrentar la tortura. En ese sentido, no sólo intentan dar cuenta de la cárcel como interrupción de su activismo desde un discurso heroico, sino que la narrativa de la muerte fallida toca un punto neurálgico del modo en que se vivenciaba la experiencia política individual y colectiva de haber decidido, por un motivo u otro, *dar la vida por la revolución*. Pues la distorsión exacta resulta también en un triunfo equivocado. Porque al retener la vida y no obtener la revolución, ¿qué le quedaba al militante? Es decir, la posibilidad de morir peleando que emanaba del discurso revolucionario había sido tan profundamente incorporada dentro de la subjetivación política hasta el punto en que, dado el avance de la dictadura, el deseo de la muerte (en plena acción política) conformaba una experiencia más vívida y urgente que podía obnubilar el deseo de transformación social que los había impulsado en un principio.

Esta problemática no sólo era de los grupos guerrilleros sino que también abarcaba a otros militantes, sobre todo después de la efusión de las movilizaciones populares en 1968 y el incremento de la represión efectiva de la población a partir del AI5 en 1969. En todo caso, luego de que estos tres presos contaran sus propias vivencias, un cuarto prisionero, Ismael, interrumpe el discurso de la muerte fallida y esgrime:

—A mí me pasó peor que a todos ustedes. ¡Fue trágico! Yo lo tenía todo [...] y cuando vi que no me podía escapar [...] me tragué toda una caja de pastillas de cianureto, descargué todas las balas de mi ametralladora en mi cabeza [...] y me apreté [el cuello] hasta que no pude respirar más.
—Preso 1: ¿Y qué pasó?
—Ismael: (*Después de una pausa.*) Morí compañeros, morí (*Otra pausa*) (95-96).

Este relato realizado por un militante *muerto-vivo* impacta a los otros presos quienes se sienten avergonzados de haber exagerado su propio discurso sobre el momento de la detención. De ese modo, el testimonio de Ismael contrasta con la máxima de *dar la vida por la revolución*, ya que el prisionero encarna la muerte real como punto de partida del imaginario carcelario de izquierda. Porque en vez de fijar el deseo de muerte como un acto fallido constante que vanagloria el sacrificio del militante incluso aun cuando éste se realiza, la declaración de muerte de Ismael procura reconfigurar la derrota situando la política después de la muerte del movimiento. Pero ello no significa una muerte total del deseo, sino más bien la muerte de una etapa de lucha que hace falta reconsiderar colectivamente.

De ese modo, al aceptar la muerte propia y la del movimiento, el prisionero reconoce el destino trágico de los propios activistas. Esto se plasma en el modo en que la muerte de Ismael se inscribe en el texto: situado *entre dos pausas*, su anuncio ("me morí") interrumpe el discurso de la muerte fallida desde dentro de la celda. Registra, en la escritura de la muerte después de la muerte, la necesidad de tomar una pausa para reflexionar. Más aún: ese sintagma que anuncia y suspende la muerte al mismo tiempo, inscribe la torsión crucial de la subjetivación política carcelaria bajo la dictadura. Por un lado, la prisión como interrupción de la actividad política aparece allí como una serie de pausas. Por el otro, estas pausas exigen ser pensadas desde el cierre de un ciclo político que, si bien en su momento fue difícil de reconocer, en la cárcel tuvo un anclaje singular ya que juntó en una misma celda a activistas de distintos grupos políticos. Y, por último, el sintagma inserta en la celda un tiempo suspendido en la reflexión subjetiva de los prisioneros sobre el destino carcelario del proyecto revolucionario de izquierda.

Desde esta perspectiva, la trama de las discusiones y conflictos de los presos políticos dentro de la celda en *Torquemada* va a funcionar como el intento permanente de elaborar una política después de la muerte del movimiento. La distorsión extrema de este germen aparece, como mencionamos al principio, en el gesto final de la obra donde los muertos asesinados por Torquemada se juntan para unirse a los espectadores bajo el grito de "¡Yo estoy vivo!" (175-6). En consecuencia, las mediaciones entre esa trama de pausas que encierra la muerte y los gritos finales por la vida procuran elaborar los términos de la resistencia y la derrota política. A través de ellas, la obra pone en juego el alcance y los límites de la propia estética de las interrupciones, cuyo resultado final nos permite esbozar las características específicas del imaginario carcelario de izquierda.

(2) Interrupción y fragmentación

En la escena 4 del primer episodio un preso establece que "el problema principal de nuestro movimiento es que estamos fraccionados" (Boal, "Torquemada" 99). Con ello inicia una discusión acerca de la tensión entre la organización centralizada de la revolución, propuesta históricamente por los partidos comunistas, y la potencialidad de un movimiento más amorfo y auto-dirigido. Y al mismo tiempo, inserta una discusión política 'real' en un texto literario. En ese punto, la interrupción y la fragmentación entran en tensión como mediación de la elaboración de la derrota. Dice un preso:

> Cuando el partido se fraccionó, la fracción menor de las tres líneas se dividió en dos, una más a la izquierda que la otra. [... y allí] la disidencia fue inevitable. Yo me quedé con la disidencia. Pero aún dentro de la disidencia unos pensaban en la lucha armada a largo plazo y otros que estaban a favor de la lucha armada inmediata. Así que el RTP viene a ser más o menos la disidencia de la disidencia de la ultraizquierda de la tercera línea de la microfracción del partido (99–100).

Este párrafo, que se podría pensar como una defensa del centralismo democrático del PC, conlleva a una carcajada si lo leemos bajo el lente de la interrupción. En efecto, la fragmentación histórica del PC brasilero, iniciada a fines de los años cincuenta, dio lugar a la pululación de grupos políticos de toda índole y, entre ellos, a la emergencia de las guerrillas. Frente a ello, Ismael argumenta: "Ustedes son muy teóricos [...] Yo cabecita negra, soy dialéctico [...] Yo nunca fui de ninguna dirección de ninguna microfracción. Yo siempre pertenecí a Grupos Tácticos Armados, GTA. Acción. ¿Me entienden? Acción" (100).[51]

En esta interrupción, Ismael se autodefine como "cabecita negra" y se distancia de las elaboraciones teóricas más afines a los estudiantes y a los sectores medios de la sociedad. Es decir: a través de la voz popular de Ismael, Boal despliega críticamente la estética de las interrupciones. En la yuxtaposición de la diferencia de clase y el pensamiento teórico revolucionario, el autor parece

---

51. Conjeturamos que la utilización de "cabecita negra" se inscribe en el hecho de que la obra fue escrita en Buenos Aires, donde esa nominación es utilizada peyorativamente para referirse a los miembros de los sectores populares.

esgrimir que el dilema de las 'microfracciones' era que buscaban reproducir la cadena de mandos propia del PC en esa escala reducida.

Desde mi punto de vista, el análisis no procura identificar la derrota como resultado de la fragmentación, sino más bien pensar cómo estos fraccionamientos se re-elaboraron dentro de la celda colectiva. En ese sentido, los presos políticos se preguntan (episodio 2, escena 5): "¿Por qué fracasamos?" (142). El cambio de diagnóstico, de la derrota al fracaso, no es menor en tanto asume una responsabilidad propia. De ese modo, los prisioneros buscaban en la trama de la fragmentación las respuestas que no podían hallar inmediatamente. "Era una etapa" dice uno. "[M]i teoría es que el fraccionamiento en sí mismo no está mal" dice el otro (143). "¡Teoría del foco! Eso sí que hizo un mal tremendo [...] sin ninguna coordinación" arguye un tercero. Esta discusión entre coordinación y acción recae también en la apreciación personal de los militantes que se perciben a sí mismos en relación con la fragmentación. Mientras algunos parecen detestar ser dirigidos, otro dice: "Yo actúo. No soy dirigente. No sé lo que es mejor. Quiero que me dirijan. Yo hago". La discusión va y viene hasta que uno de los presos parece dar una especie de resumen conciliatorio de las posiciones cuando dice: "[e]n una primera etapa, el Partido no sirve para nada. Después puede ser que sí. [...] se van fusionando los grupos... Un buen día vamos a tener un partido. Pero siempre partiendo de la acción práctica. Nada de teorías..." (145). Aquí el argumento funciona como interrupción de la teoría en tanto se reduce a "una cosa muy sencilla: nunca en nuestro país estuvo mejor remunerado ni el trabajo peor remunerado. Oye: ¿Qué teoría? ¡Hay que hacer la revolución!". En esta polifonía de voces, se puede ver como la *brasilidade revolucionaria* conserva cierta confianza en el voluntarismo y la acción política aun dentro de la cárcel: el optimismo compulsivo. Pero más importante aún, nos permite dilucidar cómo la fragmentación es la condición de la interrupción, y a la vez, la clave de lectura para entender la inserción del imaginario carcelario en la subjetivación política.

El último giro de esta discusión (más bien una superposición de sintagmas enfrentados y contradictorios) refiere a la continuidad del pensamiento político que cada uno tenía antes de caer en prisión. Y, a su vez, cada uno esboza su sueño político carcelario destacando cómo piensa actuar una vez que esté fuera de la cárcel. La serie de deseos así expuesta comienza cuando un preso dice: "el problema es que siempre hay errores" (150). Entonces Ismael anuncia que "[c]uando yo salga de aquí, voy a formar un GTA". Mientras otro preso señala "que la revolución me perdone, yo vuelvo a la casa de mi mamá". Finalmente, un tercero asevera que "cuando salga de aquí, vuelvo al Partido

[...] no puedo vivir sin partido". La comparación entre la madre y el partido devuelve el humor a la escena, con un gesto similar al que había comenzado la larga explicación del fraccionamiento político (la disidencia de la microfracción) en el primer episodio.

En resumidas cuentas, la *estética de las interrupciones* organiza embrionariamente la fragmentación de ideas y trayectorias políticas en la celda, sin dejar de lado el asedio de la presencia amenazante de la sala de interrogatorio. Leído desde la figura de la equivocación triunfal, Boal plantea tres instancias de la fragmentación como condición de posibilidad del imaginario político carcelario para elaborar la derrota/fracaso después de la 'muerte' del movimiento. En un primer momento, necesita asumir la derrota y requiere de la historización del problema y la reubicación fragmentaria en la celda. Allí el triunfo consiste en reconocer los errores más evidentes. En un segundo momento, procura reflexionar en el fracaso de la empresa revolucionaria a partir de la fragmentación de grupos. Allí el error es no poder distinguir la dimensión del triunfo de la lucha política, su continuidad, a pesar de ese fracaso general. Por último, en un tercer momento, el texto reproduce tres destinos posibles (y concebibles) dentro de la prisión, cuya perspectiva utópica está aún anudada al retorno al pasado más que a la exploración del futuro: volver a la casa maternal, volver al partido o volver a la acción armada. La equivocación, entonces, consiste en disponer un horizonte triunfal en el pasado utópico del cual no se ha tomado distancia aún. Este mecanismo es precisamente uno de los obstáculos más prominentes a la hora de expandir la imaginación radical contemporánea.

En todo caso, el imaginario carcelario se alimenta de estas tres dimensiones, pues a la vez que reconoce su distancia del imaginario revolucionario mediada por la derrota, continúa elaborando el fracaso con las limitaciones de no poder reformular aun el sueño utópico de transformación radical de la sociedad. Pues en última instancia, este esquema no propone más que una puesta en escena de esos dilemas, los cuales, imaginario carcelario mediante, se imprimen en la subjetivación política como nuevos lentes de inteligibilidad del acontecimiento revolucionario.

(3) La parábola cristiana: subjetivación y sacrificio

Tomando en cuenta las limitaciones de estas discusiones en el terreno de las interrupciones, Boal recurre a una metáfora religiosa: acaso la más impactante y problemática de las mediaciones políticas (episodio 3, escena 1). Allí, un fraile que está preso recuerda "la historia de los siete hermanos Macabeos y de su madre", que formaba parte del "antiguo testamento" ("Torquemada" 154). Según el fraile, Jesucristo estaba preocupado por "la cantidad de luchadores patriotas que eran descubiertos por los policías romanos [... quienes] no resistían [la tortura] y delataban a sus compañeros para escapar del dolor". Para intentar contrarrestar esta tendencia, Jesucristo decide contarle "a sus Apóstoles" una parábola.

La historia dice que "los imperialistas romanos allanaron una casa de Macabeos y allí secuestraron a los siete hermanos [...que] luchaban por la liberación del país [... y sabían] donde estaba el líder de la resistencia Macabea, Judas" (154-55). Entonces los represores deciden amenazar con matar a cada uno de ellos delante de su madre, porque tal vez "con sus súplicas, con sus razones de madre, ella sabrá convencerlos para que denuncien a Judas Macabeo" (155). Sin embargo, la madre responde ante el primer hijo que "la vida de Judas vale más que la vida de mis siete hijos [...] Con Judas vive o muere una conducción de la lucha; contigo, vive o muere un soldado, muere un soldado o vive una infamia, una traición" (156). Entonces el hijo decide no denunciar al líder y es torturado hasta la muerte (157). La secuencia se repite con cada uno de los hijos, cuyos argumentos son rebatidos por la madre y termina convenciéndolos de que no delaten el paradero de Judas. Al mismo tiempo, las escenas de tormento resultan cada vez más crueles y escalofriantes porque se van acumulando hasta el punto en que se puede ver cómo todos los hijos están siendo torturados al mismo tiempo.[52]

Más allá del efecto controvertido, y en cierto modo contraproducente, de mostrar una y otra vez la tortura en el escenario, la escena demuestra cómo la lógica del sacrificio cristiano subyace a la lógica de *dar la vida por la revolución* propia de los años setenta. El dilema político no consiste en indagar si la madre y los hijos actuaron correcta o incorrectamente, pues el sacrificio ya estaba dado de antemano —sea en los miembros de la familia o en el mismo Judas quien traicionará eventualmente a Jesucristo—. El problema político es pensar si es posible la revolución sin este 'contrato' previo, acaso inconsciente, con *la traición cristiana*. O más precisamente: la cuestión principal consiste

---

52. "Las torturas son siempre mostradas e interrumpidas. Cada vez que se acerca un nuevo torturado, se toca un tambor, y durante unos segundos los otros torturados repiten la demostración de los efectos de torturas" (Boal, "Torquemada" 160).

en preguntarnos si es posible elaborar las dudas individuales ligadas a los procesos de subjetivación política más allá de la lógica del sacrificio.

En ese sentido, esta escena reproduce las limitaciones del imaginario carcelario de izquierda, las cuales aparecen reafirmadas en el discurso de la madre. Así, ante el arrepentimiento del segundo hijo, quien ya no se considera "un revolucionario", la madre responde que "cuando uno decide entrar a una guerra de liberación nacional, decide dar la vida y no puede pedirla de vuelta" (158). Y frente al tercer hijo que quiere dejar la lucha por la convicción de que están errados, la madre esgrime que "el pueblo empezó la lucha armada y no tú [...] Puedes decidir entrar en la lucha del pueblo pero no tienes derecho a decidir que el pueblo termine la lucha" (158-59). Algo similar sucede con el quinto hijo quien considera que querer "cambiar las reglas del juego [...] es injusto", ante lo cual la madre dice que "queremos cambiar [las ...] para todas las generaciones que vendrán después de nosotros" (160-1). Y, por lo tanto, "la generación que hace al cambio es la más sacrificada" (160).

Tal vez el ejemplo más claro de este tipo de interrupciones de la subjetivación surge cuando el cuarto hijo, quien "tiene mujer e hijos", argumenta que si "no habría luchado por la vida con que sueño, [la utopía...] habría vivido una vida posible" (159). Entonces la madre le dice: "¿Y vale la pena vivir la vida posible? ¿Será eso vida? ¿No será vivir, luchar por una vida mejor?". De ese modo, Boal retoma el argumento sobre el torturador/trabajador Desiderio (el militante de la tortura) que analizamos antes, donde las decisiones políticas están inmersas en la vida personal más allá de uno mismo. Pero ahora lo hace desde el punto de vista del sacrificio, donde luchar por una vida mejor implica efectivamente la potencialidad real de dar la vida.

Este es el corazón cristiano del imaginario revolucionario de los años sesenta y setenta que exige el sacrificio de la vida propia por un sueño colectivo: así como Dios sacrificó a su hijo por nuestros pecados, ahora nosotros le debemos nuestra vida al Cristo redentor. De ese modo, Boal logra traer dudas cruciales sobre la subjetivación política ligadas a la formación del militante revolucionario, la elaboración de los errores y el alcance de la transformación social en el futuro. Pero inmediatamente después que abre esos dilemas, los envuelve bajo el signo del sacrificio y la lógica polarizante de la guerra. No problematiza la lógica cristiana que subyace a la devoción por el líder, mediada por la madre. El mensaje final, que ya estaba inscrito en la subjetivación revolucionaria, llega cuando la madre le imputa a su hijo: "[m]uere hoy, aquí peleando, esta es tu vida" (160).

Desde el imaginario carcelario pergeñado por Boal, esta parábola cristianiza la muerte porque garantiza una vida eterna a la continuidad de la lucha. El propio esquema del relato prescribe ese resultado, ya que una vez que todos sus hijos han sido sacrificados, la madre concluye: "por segunda vez yo les di la vida a mis hijos. Ahora que están todos muertos, soy dos veces madre de cada uno" (162). De ese modo, la parábola de los siete hermanos Macabeos funciona como mediación entre la muerte y el supuesto ejemplo de vida que se desprende una vez consumado el sacrificio: la vida después de la muerte. En definitiva, la conclusión de este relato se proyecta simbólicamente en el grito colectivo de "estamos vivos" al final de la obra, produciendo ese segundo nacimiento de los hijos (que a su vez emula la resurrección del hijo de Dios). Y con esa conclusión, la alegoría del relato no problematiza el trasfondo del sacrificio cristiano como parte de los proyectos de izquierda, aun cuando la racionalidad de la tortura también provenga del mismo sustrato religioso.

Desde el punto de vista del evento carcelario, la parábola cristiana funciona como el triunfo equivocado de la subjetividad revolucionaria: el sacrificio total de una generación de hijos para no entregar al líder. En este punto, el imaginario revolucionario revive y oblitera al imaginario carcelario que se había desprendido de él. Tal vez esto se debía a que el mandato de *dar la vida por la revolución* en los años setenta en América Latina era tan potente e insistente que se había interiorizado en los procesos de subjetivación política. Y, por lo tanto, tal como el personaje Desiderio contiene en su nombre (*desedere*) la ceguera frente a las estrellas, el anclaje cristiano de este mecanismo sacrificial no era cuestionado. Por ejemplo, la mayoría de los testimonios de los ex-presos políticos liberados en intercambio por el embajador se reconocen en esa elección vital, más allá de las diferencias políticas y tácticas. Es decir: no importaba si se elegía la lucha armada o no, pues para toda la generación militante era un prerrequisito incuestionable para adscribir a la revolución en ese momento.

Pero esto es justamente lo que no se puede explicar: ¿Por qué se asumió el sacrificio de esa manera tan radical? Y, en consecuencia: ¿Cuáles son los límites de esta interpelación que pende constantemente sobre los activistas? ¿Por qué exigirle una coherencia política al militante en nombre de un sacrificio que le es hasta cierto punto ajeno? Estas cuestiones pueden rastrearse hasta la actualidad dado que la huella del acontecimiento revolucionario, mediado en este caso por el evento carcelario, pervive en el imaginario izquierdista actual aun cuando las condiciones políticas para la revolución hayan desaparecido. En este punto cabe preguntarse, en términos amplios, por la exigencia autoimpuesta de transformar radicalmente la sociedad: ¿Cómo eludir ese trasfondo religioso de la política? ¿Se trata de una experiencia exclusivamente cristiana? ¿Cómo enfrentar esa *interrupción* de la estructura teológica de la experiencia? Y, en definitiva: ¿es posible pensar la revolución sin sacrificio o hay que asumir su inevitabilidad como punto de partida?

En resumidas cuentas, Boal despliega en *Torquemada* su intervención estética en la distancia entre la muerte-entre-pausas y la afirmación de la vida después de la muerte. A partir de allí plantea dos recorridos: el más mundano, que opera en el tejido de interrupciones y fragmentaciones (una suerte de estado de la situación militante desde la prisión); y aquel más trascendental y teológico que opera en el registro inconsciente de la subjetivación (donde la revolución se justifica a sí misma). Entre ambas mediaciones se teje el imaginario carcelario que procura reflejar la lucha por separarse de (sin dejar de serle fiel a) la revolución. Paradójicamente, las distorsiones exactas de la parábola cristiana y el personaje Torquemada contienen una misma raíz religiosa cuya fidelidad última resulta difícil de distinguir —más allá de la clara diferencia ideológica—. Desde ese punto de vista, la obra pone en juego la potencialidad y los límites de la interrupción como instancia de intervención política, lo cual nos lleva a considerar cómo el evento carcelario interrumpe la obra de teatro.

III. El evento carcelario y la interrupción

La noticia del secuestro de Charles Elbrick el 4 de setiembre de 1969 se hizo saber prontamente mediante la publicación de un comunicado que apareció en los principales medios gráficos y radiofónicos del país. Éste fue escrito por los miembros del Grupo Táctico de Acción (GTA), que llevó a cabo la operación, compuesto por militantes de MR-8 y de la ALN. El texto, que era escueto y conciso, comunicaba la intención de llevar a cabo el intercambio del embajador estadounidense por los 15 prisioneros, aunque no se daban los nombres de los potenciales liberados. A partir de entonces hubo cuatro días de tensión y negociaciones que pusieron en vilo al país, hasta que por fin los exprisioneros políticos llegaron a México el 7 de setiembre y el embajador fue liberado ese mismo día.

Tal vez, como dice Frei Betto, "o seqüestro do embaixador norte-americano foi a o início do fim [...que] marcara o ápice da curva ascendente da guerrilha urbana. Com carta blanca das autoridades públicas para invadir domicílios, prender, torturar, matar, os homes da repressão passaram a ofensiva tão logo Charles Elbrick" fue liberado (90). Esto se vio expresado en la promulgación de dos nuevos Actos Institucionales que, respectivamente, "otorgaron al gobierno el poder de expulsar permanentemente del país a cualquiera que quisiera, comenzando con los prisioneros canjeados [... y] legalizó la pena de muerte en Brasil" (Langland 188). De hecho, dos meses después del secuestro, el 4 de noviembre de 1969, emboscaron y mataron al líder de ALN, Marighella, en São Pablo.[53] Aunque realmente, como vimos, la línea dura que llevó al extremo los principios de la Doctrina de Seguridad Nacional ya había avanzado lo suficiente para llevar a cabo su plan de *eliminación del enemigo interno*.[54]

Entre los testimonios políticos más destacados que refieren al evento carcelario se encuentra *O que É isso companheiro?*, de Fernando Gabeira, escrito por uno de los militantes de MR-8 que participó del secuestro, publicado por primera vez en el momento de la amnistía; y *Memorias do esquecimento* del exprisionero Flavio Tavares (*Memorias*), quien lo dio a luz 30 años después del evento.[55] Al respecto, Rebecca Atencio propone pensar estos textos como un "contradiscurso de sanación" (*Imprisioned* 2). A pesar de ello, las intervenciones de estos textos y protagonistas en el debate político sobre la memoria de la dictadura señalan que ese "secuestro" aún permanece irresuelto en el imaginario político de izquierda brasilero.

Además, a lo largo de los años se han producido una serie de películas que reflotaron la polémica sobre la lucha armada en la época de la Guerra Fría. La más conocida de ellas es *Cuatro días de setiembre* (Barreto *Cuatro*) de 1997.

---

53. Según Emiliano José, el propio Marighella le dijo a "Toledo", el más experimentado de los guerrilleros que llevaron a cabo el secuestro, que "No nos vamos a aguantar a repressao que ven pela frente" (61).
54. Según dice Flavio Tavares, "la ultraderecha militar" estaba en contra de la decisión de la Junta Militar de "aceptar los términos de los terroristas", y estuvieron a punto de impedir el "intercambio" de prisioneros cuando un escuadrón de "paracaidistas" tomó por asalto la torre de control del aeropuerto. Pero para ese entonces, el avión que cargaba a los prisioneros ya había despegado (Da-Rin *Hércules*).
55. La trayectoria de su vida personal ha sido muy peculiar, ya que después de dos meses de realizado el secuestro, Gabeira es detenido y torturado en los DOPS, para luego ser liberado en intercambio por el embajador alemán que había sido secuestrado por otro GTA.

Esta película muestra la trayectoria de un dirigente estudiantil, personaje homónimo de Gabeira, que se involucra en una célula del MR-8, con la cual se lleva a cabo el secuestro del embajador.[56] En contraste con este filme, Silvio Da-Rin produjo el documental *Hércules 56* que apareció en 2006. Allí, el director entrevista a los presos políticos liberados y a los militantes que pergeñaron la operación táctica en esa ocasión.[57] Da-Rin decidió juntar a estos últimos para que pudieran elaborar colectivamente, frente a la cámara, la memoria de aquellos sucesos —aunque el propio Gabeira no participó del filme—. Al mismo tiempo, cada expreso fue entrevistado individualmente, reproduciendo en cierto modo la vivencia específica de aquellos días donde la célula guerrillera actuó en conjunto y los entonces prisioneros fueron liberados sin formar una grupalidad entre ellos.

En todo caso, la intención de retomar este evento como corolario de este capítulo procura destacar cómo éste fue recibido en las cárceles de la dictadura, ya repletas de presos por ese entonces. No busco con ello cotejar datos entre testimonios, documentales, registros históricos y filmes de ficción, aun cuando hago uso de esas fuentes. Más bien, la reflexión apunta a iluminar la exactitud de las distorsiones de *Torquemada* para pensar el evento carcelario y su inserción en el imaginario político brasilero.

El lenguaje del evento

La estructura del comunicado escrito por los guerrilleros del MR-8 y la ANL para hacer conocer la noticia del secuestro públicamente coincide con muchas de las características de la *brasilidade revolucionaria*. Está dirigido al "povo brasilero", reivindica la lucha armada contra la dictadura, y culmina con una frase que reproduce la lógica polarizante de la Guerra Fría: "quem roseguir torturando, espancando o matando ponha a barbas de molho. Agora e olho por olho, dente por dente" (Da-Rin, *Hércules 56* 12). De ese modo, la audacia de la acción se encuadraba en un enfrentamiento entre dos tipos de

---

56. Esta película está basada en el libro de Gabeira.
57. Algunos de ellos retornaron a Brasil y continuaron una carrera política, como el caso de Vladimir Palmeira, que fue diputado por el PT, y de José Ibrahim, que fue dirigente del PDT. Además, Fernando Gabeira también se dedicó a la carrera partidaria siendo uno de los fundadores del Partido Verde en 2002, llegando a ser candidato a alcalde por Río de Janeiro en 2008.

organizaciones armadas abismalmente desiguales en recursos y capacidad de acción: las fuerzas represivas del Estado y las guerrillas fragmentadas.

Leído desde este pequeño manifiesto, el secuestro fue una acción más entre muchas. Acaso la especificidad histórica del mismo consistió en acelerar el acceso de la línea dura de los militares al poder: el golpe dentro del golpe al que nos referíamos anteriormente. Desde esa perspectiva, no podemos considerarlo como un evento político, sino más bien como un producto que coincide con la lógica guerrera de la época. Sin embargo, la distinción del evento carcelario sobrepasó de tal manera las expectativas de lo que era posible tanto para el régimen militar como para las organizaciones armadas, que él mismo requiere ser reconocido en su singularidad. Y, pensada desde la obra de teatro, esa singularidad del evento carcelario refiere a la exactitud de su distorsión.

En primer lugar está el lenguaje. Resulta significativo, como sostiene Franklin Martins —uno de los militantes que participó de la captura del embajador—, que en ese momento no se usó la palabra secuestro, ni tan siquiera rapto, para referirse a la operación táctica (Da-Rin, "Hercules 56"). Según su testimonio, no fue algo planeado, sino algo que se dio: no estaban preocupados por el lenguaje, porque según Franklin, en cierta medida, "la acción hablaba por sí misma" y la redacción del texto fue pergeñada rápidamente. De hecho, no sabían bien cuáles presos específicos iban a pedir la que sean liberados, aunque acordaban que tenía que representar "a todo el espectro de izquierda".

Esta decisión procuraba enviar el mensaje de que las organizaciones armadas formaban parte de un conjunto político más amplio que abarcaba a todo el movimiento político contra la dictadura —que no sólo incluyera activistas ligados a la lucha armada—; tal el caso de Travasos, líder estudiantil, o Bezerra, viejo militante del PC. Aun así, los liberados eran, en su mayoría, guerrilleros o militantes estudiantiles (de hecho, muchos de los cuadros de las organizaciones armadas provenían de una militancia estudiantil previa). Langland destaca que uno de los más reconocidos entre los líderes estudiantiles, Jean Marc Von der Weid, detenido en esos días, había quedado decepcionado por no estar en la lista. El hecho se aclaró cuando uno de los guerrilleros reconoció que "ellos no sabían que él estaba en prisión" (188).

Aunque tal vez resultara imposible ser equitativo en la distribución del pedido de liberación, la distancia entre la representación de *todo el espectro de izquierda* y los presos elegidos es significativa. Lo señalo para destacar, por un lado, el carácter improvisado con que se llevó a cabo la operación; y por el otro, para considerar la concepción política de la lucha contra la dictadura que se ponía en juego al clamar por este tipo de representación. Aunque en última instancia, la trama de este lenguaje expresaba un *modus operandi* que distinguía a los GTA: la interrupción del predominio de la representación por la acción política directa.

En *Torquemada*, este tipo de táctica irrumpe en escena no sólo cuando matan al industrial que detiene el despliegue del discurso del Gran Inquisidor, sino también en las discusiones entre los presos políticos. En efecto, dentro de la celda, el personaje Ismael esgrime que pertenecía a un GTA porque estaba basado en la "acción" y no requería de organizaciones ni de disputas políticas (Boal, "Torquemada" 100). Allí el preso político postula que él

> [e]s dialéctico [... porque a]saltar un banco interesa a todos. A nosotros que asaltamos y a los que son asaltados. ¿Me explico? El dinero del Banco está asegurado [...] Pero a veces aparece un policía muy estúpido y quiere defender la plata del seguro. Él saca su revólver, yo saco el mío. El que es más rápido con el gatillo mata al otro. Es dialéctico (101).

De ese modo, Boal presenta una distorsión exacta: por un lado, parece criticar la táctica guerrillera por su falta de argumento político y la posibilidad de que la acción se transforme en otro acto delictivo alejado del objetivo revolucionario. Por el otro, critica la teoría recordando que el objetivo guerrillero de la interrupción consiste precisamente en desestabilizar políticamente la situación. En ese sentido, la interrupción del GTA funciona más en derredor de la adrenalina del momento en que se enfrenta la posibilidad de la muerte, que como estrategia política; lo cual condice con su intención táctica de intervención.

La imagen del evento

Entre las memorias más punzantes de aquellos años, Frei Betto recuerda cómo "a foto dos prisioneiros embarcados para a libertade no México não me saiu da retina" (90). El hecho de que sea Frei Betto quien comenta esta imagen resulta particularmente relevante para nuestro análisis. Al igual que Torquemada, él también era un fraile dominico. Aunque a diferencia del Inquisidor, el religioso brasilero, junto a otros de su congregación, formaban parte de la red de apoyo de la ANL. Los religiosos cumplían la función de facilitar el paso de los combatientes al exilio vía Uruguay y de "estudar a área onde a ALN pretendía implantar a guerrilha rural" (José 70–73; Frei Betto 90). Desde su

FIGURA 2. Prisioneros políticos liberados en septiembre de 1969 en Brasil antes de subir al avión que los llevaría a México.

función de apoyo a la guerrilla, Frei Betto expresaba un sentimiento colectivo frente a esa foto: había algo de esa imagen que lo desbordaba todo y que no se podía explicar.

En su momento, esta imagen significó una prueba fehaciente, visible, de la represión de la dictadura.[58] La misma ocupa la portada de la película *Hércules 56* (y del libro homónimo publicado por el director), donde se puede ver el número 56 que identifica el tipo de avión que da nombre a ambas obras. Además, la sociedad se enfrentó a los rostros de esos hombres y una mujer: pues llama la atención que haya solamente una mujer, María Augusta, entre los liberados, y que la mayoría de ellos sean blancos, provenientes de zonas urbanas. Aun así, posando como un equipo de fútbol con las manos esposadas

---

58. Los prisioneros retratados en el aeropuerto de São Pablo son 13: José Dirceu, Onofre Pinto, Vladimir Palmeira, José Ibrahim, María Augusta, Ricardo Vilas, Ricardo Zarattino, Leonardo Pacheco, Rolando Fratti, Luis Travasos, Ivens Marchetti, Agonaldo Pacheco y Flavio Tavares. Los dos restantes, Gregorio Bezerra y Mario Zanconato, que no aparecen en la foto, fueron incorporados luego al contingente en otros aeropuertos.

y el avión de fondo, los presos políticos desprendían miradas insondables donde se podía adivinar las marcas del encierro: el dolor, la bronca y el miedo. Pero también allí se puede intuir la fuerza contenida de cada uno de ellos para continuar con la lucha política y, acaso, cierto clamor contenido entre la angustia y la euforia para sentir la liberación, ya que aún su propia vivencia estaba envuelta del halo de opresión de la cárcel y ninguno estaba seguro de qué iba a suceder con ellos cuando subieran al avión. De ese modo, la foto de los trece presos liberados ha quedado impresa en el imaginario político brasilero como uno de los recuerdos más arraigados de esa época. Acaso porque representa un triunfo que no condice con la cara de los esposados. O tal vez porque en el fondo, esos prisioneros reflejaban el estado de ánimo de los activistas jóvenes, castigados por la feroz represión.

Recordando el momento de exposición frente a los periodistas en el momento de tomar la foto, Flavio Tavares (primero abajo a la derecha) recuerda haber alzado la voz para mostrar las esposas. Aparentemente, el único que le hizo caso fue José Dirceu (segundo arriba a la izquierda). Tavares argumenta que "Leonardo [primero abajo a la izquierda] puso un *sweater* encima de las esposas. Eso hace el criminal común. El preso político no se siente culpable. El preso político muestra la cara, las esposas, dice su nombre" (Da-Rin "Hércules 56"). Pero justamente el problema es poder entender el impacto de la experiencia carcelaria y captar la sensación de vergüenza que también corroe a estos activistas al verse expuestos frente a las cámaras en un estado de incertidumbre y nerviosismo incomparables.

En todo caso, mi sensación es que cada vez que se habla acerca del evento carcelario y del impacto de la foto se genera cierto malestar incluso en los círculos de la izquierda. Hay algo que no termina de cerrar en la narrativa de esos sucesos. Tal vez esto se debe a que, al exponer a los presos de esa manera, la izquierda se estaba mirando en su propio espejo. Esos militantes esposados representaban también el destino del sueño revolucionario. Desde el punto de vista de la pregunta del acontecimiento, el evento carcelario aparece como un exceso que logra hacer temblar a la dictadura. Pero plasmado en esa imagen, la representación de éste despierta figuras ominosas sobre el destino de esos presos y sobre otros eventos carcelarios contemporáneos y posteriores, que desbordan cualquier interpretación de la exactitud de esa distorsión. En última instancia, la imagen de la derrota en nombre de una liberación de prisioneros queda atrapada en la retina de la izquierda como *nuestra equivocación triunfal* —tal como sentenció Tavares—.

Sin ir muy lejos, la inquietud que despierta la fotografía se puede vincular con la temprana amnistía de todos los presos políticos, empujada socialmente por las protestas del movimiento político pero elaborada en última instancia por los militares durante el periodo dictatorial. En efecto, la amnistía fue lanzada en 1979 (aunque la democracia recién retornó en 1985), y a cambio de la liberación de los presos y presas políticas canceló toda posibilidad legal de persecución de los militares que cometieron crímenes durante la dictadura. De allí, en parte, que los procesos de memoria en Brasil hayan sido tan escasos a nivel social. Los testimonios políticos y los debates que giraron y continúan girando en torno a los mismos funcionan como un contrapunto histórico al discurso político que presenta "la amnistía como una panacea [que] ha sido muy exitosa en Brasil"—a diferencia de otros países del Cono Sur donde las organizaciones de derechos humanos lograron instalar en el centro de la lucha por la memoria histórica, al menos, una condena social a la dictadura (Atencio *Imprisoned* 6)—.[59] De ese modo, así como la liberación de presos intercambiados por el embajador en 1969 quedó plasmado en el imaginario político brasilero con el sello de esa foto, la lectura de la equivocación triunfal se puede extender como hipótesis para leer el destino de la temprana amnistía de 1977.[60]

El evento carcelario en "Torquemada"

En efecto, la *estética de las interrupciones* de Boal evoca esta táctica específica de la guerrilla en su representación de los presos políticos en "Torquemada". En la escena 3 del episodio 2, luego de que *los burgueses* habían denunciado a Paulo a cambio de su propia liberación, los presos estaban "inquietos" escuchando la radio en la celda (Boal, "Torquemada" 122). Allí se enteran de que

---

59. Esta condena social ha sido parte fundamental, aunque con importantes diferencias, en la lucha por la memoria histórica durante todo el periodo posdictatorial en Argentina, Uruguay y Chile. En cambio, en Paraguay, la lucha por la memoria histórica ha sido muy ardua ya que las estructuras de poder del Stronismo aún están en pie a pesar de la llegada de las elecciones democráticas.

60. Recién en noviembre de 2011 se creó una Comisión de la Verdad apoyada por la actual presidente Dilma Rousseff para investigar las violaciones a los derechos humanos ocurridas durante la dictadura. LA CVJ entregó el informe final de carácter público el 10 de diciembre de 2014.

han secuestrado a un embajador. Inclusive aparece un personaje "nuevo" en esta escena: Fernando (acaso en referencia a Gabeira).[61] Según Ismael, Fernando había "secuestrado un avión [...] pero no tenía mucha práctica. Estaba acostumbrado a asaltar Bancos. Entraba con la ametralladora y gritaba: 'todos al baño'. Cuando hizo lo mismo en el avión, 'Todos al baño', el comandante se dio cuenta de que no tenía mucha práctica" (122).

La referencia tiene su asidero en la realidad ya que esta sensación de confusión refleja la recepción de la noticia por los propios prisioneros liberados. Por ejemplo, Tavares cuenta cómo estando en una celda solitaria, pudo escuchar en su radio su propio nombre y decidió apagarla y devolvérsela al carcelero "para no crear problema" (Da-Rin *Hércules*). Por su parte, el líder estudiantil Palmeiras, quien no esperaba ser uno de los elegidos, recuerda como los prisioneros escuchaban las noticias en las celdas colectivas. Por el contrario, Mario Zanconato, apresado en una cárcel de Belem, al norte del país, relata cómo él se rehusó a ser trasladado porque no les creía a los guardiacárceles que iba a ser liberado, y tuvieron que sacarlo a la fuerza de su celda para llevarlo hasta el avión.

En todo caso, el tono humorístico de Ismael en la obra de teatro permite introducir la trama de interrupciones en referencia a la operación 'real' de los secuestros y los intercambios de embajadores por presos políticos. Es decir, no sólo invoca el nombre de pila de Gabeira, quien participó del secuestro de Elbrick, sino que también refiere a la inexperiencia con que se realizó la acción. Y al mismo tiempo, produce una distorsión exacta del fenómeno en cuestión, ya que estas operaciones tácticas de la guerrilla lograron, de manera simbólica, 'secuestrar aviones' que cargaban presos políticos hacia la liberación.[62] Pero más importante aún para nuestro argumento, Boal utiliza el humor como interrupción de la glorificación de los militantes que parte del sueño revolucionario. Y, de ese modo, nos permite identificar la importancia de los secuestros, particularmente el del embajador estadounidense, sin reducir el problema político a los detalles de las operaciones tácticas mismas.

---

61. En *Milagre no Brasil*, que repite casi íntegramente esta escena, Fernando también aparece en otros capítulos.

62. Dado que la obra se escribió en Argentina, la referencia podría estar ligada también al secuestro del avión en el escape de los prisioneros del penal de Rawson en agosto de 1972 (para más detalles de esta fuga, ver el capítulo 3).

Luego de esa primera interrupción, un carcelero "benevolente" les comunica que van a liberar a quince prisioneros (igual que en la acción real del secuestro de Elbrick). Pero entonces, la historia vuelve a interrumpir la ficción: es decir, siguiendo nuestra interpretación, no sería posible que Fernando (Gabeira) estuviese preso mientras se realizaba la acción. Sin embargo, esta distorsión exacta señala nuevamente que el tejido histórico-ficcional que se va formando a lo largo de la obra funciona en sí mismo como una serie de interrupciones que conectan y desconectan al espectador de la realidad. Esto refleja el *modus operandi* de la obra de teatro, ya que al cambiar de ropa los personajes de manera continua se evoca la idea de que los militantes políticos se auto-concebían como sujetos de un cambio radical, y por lo tanto podían intercambiarse en sus roles.

Ambas interrupciones, la del humor de Ismael y la desestabilización de lo histórico-ficcional, dan lugar a un tercer dilema político. Dada la proliferación de sobrenombres utilizados por los militantes en la clandestinidad, el mismo carcelero les comunica que tal vez uno de los prisioneros, Zeca, puede ser liberado (Boal, "Torquemada" 125). La confusión reside en "el seudónimo de guerra" de "el japonés", utilizado por Zeca en alguna ocasión. Inclusive el prisionero duda si se trata de él por considerarse un militante de poco rango, pero cuando se convence de ello, comienza a insultar a los militares cara a cara con un entusiasmo desbordante (127–128). Y cuando un soldado lo increpa, Zeca responde: "Dije que ustedes son unos hijos de puta que están al servicio de la dictadura sangrienta [...] yo soy un revolucionario. ¡Aunque me vaya del país voy a volver! Voy a luchar toda mi vida contra ustedes" (130). Sin embargo, el soldado le comunica que "el japonés del canje… es del pabellón 3" y, en consecuencia, en vez de ser liberado, los militares deciden llevárselo de la celda e interrogarlo. Al final de la escena, un preso que mira por la ventana dice: "se lo están llevando [...] al *Japonés* equivocado [...] No sé si está muerto o desmayado. Se lo están llevando", y los presos no saben realmente adonde lo trasladan (137).

En este punto, el evento carcelario imprime su sello en la obra de teatro para anclar el signo del acontecimiento revolucionario en el imaginario político carcelario. Recordemos que el embajador japonés también fue secuestrado e intercambiado por un grupo de presos políticos. Desde esa perspectiva, la distorsión exacta de esta escena conecta la *equivocación triunfal* del secuestro con la elección del *japonés equivocado*. En esta superposición, la estética de las interrupciones permite percibir y elaborar el nudo utópico de la izquierda como una derrota de la interrupción. No se trata de encuadrar la *brasilidade revolucionaria* como una equivocación triunfal, sino de leer el conjunto de interrupciones políticas que luchaban contra la dictadura bajo el signo del evento carcelario. Pues, en última instancia, el evento carcelario fue una acción política que llegó a destiempo. Y esa es la clave de lectura de la distorsión exacta tanto de la interrupción del japonés equivocado como de la equivocación triunfal: demuestran ominosamente la atracción de la subjetivación izquierdista a una revolución fallida por la cual aún siguen luchando.

La interrupción canalizada: humor, sexualidad y muerte

La obra no muestra el interrogatorio a Zeca pero refiere a ello por medio de Cristina Yacaré, el preso común homosexual quien dice que el preso "[g]ritó mucho. Después paró de gritar [...] Mejor que lo maten de una vez" (Boal, "Torquemada" 135). A lo que Ismael responde, "¡Callate maricón!". Y de ese modo, el tema de la muerte vuelve a estar presente, ahora entroncado con el lenguaje despectivo contra la homosexualidad propio de los grupos militantes de la época.

En efecto, a lo largo de la escena el tema de la sexualidad en la cárcel aparece, no sólo en el lenguaje agresivo de Ismael contra Cristina, sino también en la consideración del "baño higiénico" (en referencia a la "visita higiénica") como el espacio utilizado para la masturbación (127). La obra no lleva a cabo una reflexión sobre el tema, ni en las acciones ni en los discursos de los personajes, lo cual muestra uno de los puntos débiles de la misma porque repite un supuesto lenguaje carcelario misógino y anti-homosexual sin problematizarlo. Esto se suma a la ausencia de mujeres militantes presas en la obra, ya que el único personaje mujer es la "chica" —que no era activista y que termina siendo asesinada en la tortura por *Torquemada*—. Y si bien el autor no está obligado a considerar todas las cuestiones de la cultura izquierdista en una obra, el traer a colación las referencias sexuales en los discursos de los presos exige al menos presentarla como un dilema, como sí lo hace con los problemas de la fragmentación y el impacto del secuestro.

Tomando en cuenta lo antedicho, la escena parece utilizar las referencias a la sexualidad carcelaria para plantear las tensiones de clase dentro de la cárcel. Tal es el caso de Ismael quien, proviniendo de las clases populares, continúa haciendo chistes cada vez más provocadores hacia Fernando. Finalmente, este último se enoja y le dice:

Fernando.— Callate la boca. ¿No hay horario de silencio en esta celda de mierda? ¡Si hay un horario de silencio, hay que respetarlo! Uno quiere leer. No todos son burros como Ismael.
Ismael.— Burro no, dialéctico... ¿Qué estás leyendo?
Fernando.— Esto es latín para vos.
Ismael.— ¿Qué dice?
Fernando.— *Pennus erectum intra femure tum*, eso dice. [...]
Ismael.— ¿Y qué significa en lengua cristiana?
Fernando.— ¡Carajo! ¡Significa que me tienes las bolas por el piso! (126–127)

De este modo, la referencia sexual canaliza la agresión anudada a la distancia de clase entre ambos. Por un lado, se establece una jerarquía entre los que leen y los que no, los que tienen capacidad de comprensión y los que no. Y por el otro, el diálogo da a entender que los activistas están hablando dos lenguas distintas; aunque irónicamente, el latín no es sino la lengua cristiana de la jerarquía eclesiástica por excelencia. En todo caso, la emergencia de esta tensión de clase *intelectual* entre Fernando e Ismael se ve interrumpida por un preso que sale "pálido" del baño donde se había masturbado. Entonces la tensión se re-canaliza nuevamente por el tema de la sexualidad. E inmediatamente, Zeca grita: "Yo soy el Japonés", torciendo la conversación hacia el problema político de la liberación de los presos.

En definitiva, la trama de la interrupción de toda la escena 3 del episodio 2 conecta los conflictos de clase propios de la izquierda con la agitación que produjo la noticia del secuestro en la celda a través de un lenguaje humorístico, agresivo y sexualizado, que procura alimentarse del lenguaje carcelario *real* de los prisioneros políticos. Todo ello se consolida cuando se sabe que Zeca ha dejado de gritar en la sala de interrogatorio. Entonces, Cristina Yacaré dice: "A mí también, también me van a matar [...] porque son todos homosexuales [...] y cuando me tiemplan ven su propia cara en mí, por eso me odian. Porque son como yo. Soy su espejo. [...] Yo sé que me van a matar" (136). Ismael, imitando "la música de un teleteatro" se burla del preso: "Acabamos de presentar: ¡la vida amarga de Cristina Yacaré!".

Si Cristina Yacaré es el espejo de lo que los militares llevan adentro, esa misma metáfora se puede utilizar para reflejar la canalización de las tensiones de identidad sexual, intelectual y de clase que se discuten en esta escena cuando circunda la noticia del secuestro en la cárcel. El *Japonés equivocado* funciona allí como el espejo de la izquierda: un espejo doble en tanto su potencial de liberación expresa el triunfo añorado que calma las discusiones internas diluyendo su importancia para prestarle atención a un objetivo más relevante; y un espejo de las equivocaciones de esas mismas discusiones que se conglomeran en su error de asumir antes de tiempo la identidad del japonés *correcto*.

Todo ello se anuda en la noticia del traslado de Zeca, en tanto emula la muerte posible de cada uno de los presos quienes no pueden saber quién será el próximo en la lista. De hecho, en la escena 5 del mismo episodio, los soldados "drogados" se llevan a Cristina presa, matan a Ismael y a 18 presos más en una masacre que simboliza el resultado final de la obra (152–53). Con ello, esas discusiones entre los presos políticos ya no aparecen en escena sino hasta la última parte donde claman su grito colectivo de afirmación de la vida.

Sin interrupción

A lo largo de este capítulo hemos desplegado las cuestiones políticas fundamentales que apuntalan la *estética de las interrupciones* propuesta por Boal en su obra *Torquemada*. Con esta lectura procuramos delinear una suerte de *imaginario político carcelario* para señalar el desplazamiento de la *brasilidade revolucionaria* a partir de la visión generada desde la experiencia carcelaria. El centro de la indagación consintió en pensar un terreno histórico-ficcional donde se desplegaron los nudos ideológicos y utópicos de la interrupción, y su impacto en los procesos de subjetivación política tal como eran percibido por los prisioneros políticos tanto en la sala de interrogatorio como en la celda. En la primera, la vivencia de los tormentos físicos y psicológicos estaba anudada ideológicamente a los discursos del personaje Torquemada —sustentados en la máxima de *la tortura como razón política*—. En la segunda, la elaboración del imaginario carcelario bajo la derrota de la izquierda, plasmada en el signo de *la equivocación triunfal*, permite reinscribir la interrupción como herramienta de análisis de las mediaciones de los militantes con la muerte del movimiento político. Los intentos de explicar la fragmentación, la parábola cristiana y la recepción del secuestro del embajador en la cárcel, procuran dar cuenta de ese periplo cuando el régimen represivo aún estaba activo y funcionando.

En definitiva, el corolario de la interrupción como instancia política puede pensarse como una acción ininterrumpida o una interrupción improvisada que continúa funcionando en el espectador/lector una vez que la obra termina. Tal puede ser la interpretación del final de la obra donde los muertos se fusionan con el público. Aunque quizás la reactivación de las interrupciones, leídas bajo el lente del *imaginario carcelario* tenga mayor asidero luego del "traslado" de Zeca, cuando los presos políticos deciden "hacer tres horas de silencio por el Japonés equivocado" (Boal, "Torquemada" 137). Este llamado al silencio emula indirectamente el duelo por el triunfo equivocado del evento dentro del acontecimiento revolucionario.

Tal vez, en el trasfondo inconsciente del proyecto revolucionario de izquierda, *el japonés* no sería sino *un revolucionario equivocado de país*. Y, por lo tanto, la imagen final formaría una doble equivocación o un doble equivocado rodeado del silencio de los presos. Es decir, la interrupción develaría allí dos destinos posibles: la muerte-entre-pausas (de Ismael) y la muerte-entre-equívocos (de Zeca), en tanto ambos "revolucionarios" son extranjeros que siempre caen en el lugar equivocado porque ese es el lugar del acontecimiento político.

En todo caso, la huella final de este evento carcelario no busca generar una metáfora general de la izquierda, sino más bien sugerirse como un acto fallido que se insertó en el corazón de la subjetivación política. Fue un evento propio que desbordó y continúa desbordando el imaginario político brasilero sin interrupción, no sólo cuando tuvo lugar, sino cada vez que ha sido convocado. Pues si el secuestro del embajador generó una desestabilización del régimen dictatorial, su impacto en la prisión se inscribe como una interrupción equivocada donde la liberación de 15 presos políticos expresó el mecanismo de la equivocación triunfal de esa *brasilidade revolucionaria*.

CAPÍTULO 3

Las telarañas del encierro en Argentina

Deseo y revolución en El beso de la mujer araña
(Manuel Puig, 1976)

En la noche del 25 de mayo de 1973 centenares de presos y presas políticas fueron liberadas de las cárceles en un evento inédito en la historia argentina.[1] El epicentro de la rebelión fue el penal de Villa Devoto, ubicado en un barrio residencial de Buenos Aires, donde una multitud rodeó la cárcel exigiendo, entre forcejeos y gritos, la inmediata liberación de los prisioneros.[2] Ese mismo día había asumido la presidencia Héctor Cámpora, culminando con 7 años de dictadura militar y marcando el retorno del peronismo al poder después de 18 años de proscripción electoral. En ese sentido, *El Devotazo*, como se dio a conocer al evento carcelario, representó el estallido de "la marea incontenible del ascenso de masas" que superó los mecanismos propios del Estado de derecho, acelerando lo que entonces se percibía como el advenimiento de la revolución (Izaguirre et al. 88).[3] Y, sin

---

1. Para una sucinta descripción de este evento ver "Los intervalos carcelarios" (Pous). Muchas de las ideas y citas que componen este capítulo refieren y parafrasean ese ensayo.
2. En total, casi 400 presos fueron dejados en libertad esa noche y en los días subsiguientes en Devoto, "Córdoba, Caseros (sic), La Plata, Resistencia y Rawson" (Garraño y Pertot 57–59). Ver también Eidelman.
3. Si bien se había hablado de una "amnistía" que iba a ser tratada por el Congreso de la Nación, la presión popular llevó al recientemente asumido ministro del interior, Esteban Righi, a liberar esa misma noche a presos y presas que hubiesen sido

embargo, ya entrada la madrugada, dos manifestantes fueron asesinados por las fuerzas represivas que dispararon desde dentro del penal a los militantes que seguían protestando en la calle (Garraño y Pertot 58).[4] De ese modo, el triunfo de la liberación cargaba la semilla de la derrota en su propia manifestación trágica.

En este capítulo vamos a leer la novela de Manuel Puig, *El beso de la mujer araña* (1976), en contraste con este evento carcelario para reflexionar sobre las tensiones y contradicciones de la subjetivación política entre el deseo de transformación radical y el imaginario revolucionario.[5] A diferencia de la figura de la fuga o del lente de la equivocación triunfal que guiaron los capítulos precedentes, la imagen de *El Devotazo* como un triunfo que carga la semilla de la derrota por dentro, nos permite pensar al mismo tiempo como un evento dentro del evento en referencia al acontecimiento revolucionario de la época. El problema surge del hecho de que la revolución soñada no tuvo lugar históricamente y, por lo tanto, se establece una distancia entre el evento carcelario y el acontecimiento revolucionario imaginario.

Para elaborar esa distancia histórica, mi lectura de la novela privilegia la idea de telaraña, entendida como la producción constante de hilos casi invisibles que conectan la subjetivación política con el imaginario revolucionario. Por un lado, tal como citamos en la introducción del libro, los procesos de subjetivación política funcionan en torno al *double-bind* entre el impulso de

---

beneficiados por la misma: "Es esto o una tragedia", argumentó el funcionario (Garraño y Pertot 58).

4. La liberación se llevó a cabo de modo desordenado, entre forcejeos y gritos, mediante un decreto presidencial aprobado por el Congreso *a posteriori*. Y si bien alcanzó a la mayoría de las presas y presos políticos, un grupo de manifestantes que "intentó abrir la puerta del penal" a la fuerza fue reprimido por la policía desde dentro del presidio con disparos —de ese grupo resultaron dos militantes muertos: Carlos Miguel Sfeir (de Vanguardia Comunista) y Oscar Horacio Lysak (de la Juventud Peronista) (Garraño y Pertot 59)—. Este hecho fue poco recordado ya que significaba un inicio de gobierno democrático trágico, justo después de tantos años bajo el poder dictatorial. Aunque cabe destacar que en los últimos años se lo ha incorporado como parte de la memoria del evento carcelario.

5. Todas las citas de la novela que aparecen en este trabajo pertenecen a la edición de RBA Editores, SA hecha en Barcelona en 1993, aunque originalmente fue publicada por Editorial Seix-Barral en 1976.

transformación de volverse un sujeto autónomo y la sujeción que "implica una dependencia radical" (en Butler 95). Por el otro lado, el imaginario revolucionario está ligado históricamente a la valorización de la unidad y el compromiso social de dar la vida por una causa colectiva hacia la construcción de una sociedad socialista. De ese modo, la dependencia radical del imaginario revolucionario resultaba muy poderosa bajo la creencia del acontecimiento por venir. Sin embargo, entre ellos se fue tejiendo una serie de distancias o telarañas (casi) imperceptibles que contribuyeron a la derrota del proyecto político. La paradoja de estas telarañas es que buscan atrapar a su presa (la revolución) sin preguntarse por la trama del deseo que las constituye. Y, tomando en cuenta el dispositivo carcelario, las denomino *telarañas del encierro* en tanto el deseo (sexual/político) de atrapar al otro/otra termina desplazándose hasta encerrar al propio sujeto político que las impulsa.

Por su parte, la novela se despliega a través de un diálogo continuo sin descripciones de contexto entre Molina, un preso común homosexual que se considera a sí mismo como mujer, y Valentín, un preso político. Ambos se hallan en la celda de una cárcel porteña a principio de los setenta, la cual no podría ser otra que la cárcel de Devoto, donde tuvo lugar el evento carcelario que nos ocupa.[6] A lo largo de la novela, van desprendiéndose otros textos adyacentes que interrumpen ese diálogo entre los presos. Me refiero a una serie de citas al pie de página sobre la teorización psicológica y psicoanalítica en torno a la homosexualidad; a la irrupción de sueños o voces en itálicas; a los capítulos donde Molina habla con el director de la cárcel, y a los partes oficiales de espionaje sobre los presos. Todos esos textos adyacentes funcionan como telarañas narrativas que contrastan con la conversación central dejando pistas para interpretar la trama subliminal de la relación entre los protagonistas. Desde mi perspectiva, esa sobredeterminación enmarañada expresa el sustrato inconsciente que alimentaba la distancia histórica entre subjetivación e imaginario político en aquella época.

---

6. Si bien durante la novela no se menciona el nombre del presidio, históricamente no podría ser otro que la cárcel de Devoto. De ese modo, la película, que conserva el mismo nombre y está ambientada en Brasil, no pueden anclarse en esta referencia histórica específica (Babenco). Menos aún sucede con el musical presentado en Broadway durante principios de los noventa que disparó nuevamente a Puig a la fama después de su muerte (Jill-Levine 330).

Hasta ahora, la crítica literaria ha interpretado la obra de Puig como parte del estallido de una nueva narrativa (Cuervo; Amícola, *Manuel Puig y la conversación*); o se ha centrado en los dilemas relacionados con la identidad sexual de Molina (Muñoz; Escobar Vera; Cole Rizky). Sin embargo, poca atención se ha dedicado a pensar las relaciones entre deseo y revolución en el texto. Mi lectura destaca cómo, en el tejido de las conversaciones en la celda, se deja entrever el funcionamiento del deseo sexual de Molina quien, en tanto 'mujer araña', quiere atrapar a Valentín en su telaraña. Al mismo tiempo, el militante se cuestiona sobre la telaraña clasista y de género donde se encuentra encerrado su propio deseo sexual y político.[7] Estas dinámicas de deseo derivan, encuentro sexual mediante, en una transformación subjetiva de ambos personajes que les permite romper con esas *telarañas del encierro*, propias y ajenas, y allanar un nuevo sitio, *un refugio*, desde dónde sentir y elaborar sus propios deseos, políticos y sexuales.

Esa fusión de deseos funciona desde la primera línea de la novela: "A ELLA se le ve que algo raro tiene, que no es una mujer como todas" (Puig 9). La frase inicial refiere a la película que Molina le está contando a Valentín acerca de una mujer que va todos los días al zoológico y se pone en frente de la jaula de la pantera. ELLA se ve impulsada por una atracción incontenible, dado que tiene terror de volverse pantera cuando se siente excitada sexualmente.[8]

Indirectamente, la narración refiere a ELLA misma, la mujer que Molina quiere ser, mientras que no puede resistir la tentación de intentar conquistar a Valentín. De ese modo, exponerse a la pantera conlleva, junto con el acto de seducción, la posible confrontación con las pulsiones más propias. Porque la descripción que Molina realiza de la protagonista de la película, Irena, apunta

---

7. Puig no era un militante inmerso en la actividad política de entonces. Sin embargo, recibió amenazas telefónicas de la Triple A y su libro fue prohibido por la dictadura. De hecho, su libro anterior, *The Buenos Aires Affair* (1972), fue censurado por el gobierno peronista en 1973 y luego sacado de circulación en 1974 (Jill-Levine 242). Es que "a la izquierda argentina no le importaba" esa literatura, sostenía Puig (239). Puig vivió en el exilio durante el gobierno peronista y toda la dictadura. Alternó su residencia entre las ciudades de Nueva York, México y Río de Janeiro, y nunca regresó a residir en la Argentina. Finalmente falleció en la capital mexicana en 1990.
8. El relato corresponde a una película real, *Cat Power* (1942), en la cual la protagonista proviene de Transilvania, la tierra de Drácula.

a despertar el deseo sexual de Valentín por la mujer pantera, acaso, con el deseo oculto de convertirse ELLA misma (Molina) en el objeto de deseo del otro (Valentín). Pero el preso político la detiene y le exige que no se extienda en "descripciones eróticas. Sabés que no conviene" (10).

El hilo conductor de *El beso de la mujer araña* está contenido en esta dinámica de la seducción y la represión: la 'rareza' que provoca enfrentarse al propio deseo, guiado por un impulso incontenible que a su vez despierta el terror de convertirse en otro/otra que, sin embargo, reside en las pulsiones más propias y ocultas de la subjetividad. Pero en esa misma descripción, además, Puig está hablando de ELLA, la revolución. O más específicamente, ELLA refiere subliminalmente al objeto de deseo político revolucionario, cuya erótica despierta las pulsiones de transformación radical de la sociedad en los militantes, pero sin atravesar los cambios que la propia subjetividad conlleva en su realización.

Leída desde *El Devotazo*, esta confluencia de deseos se expresa en la efervescencia de la liberación que, si bien parece desbordarlo todo, no se detiene a pensar la figura ominosa que convoca: volverse otro/a una vez conquistado el Estado (sin revolución) en nombre del movimiento peronista. Según el filósofo León Rozitchner, esa otredad revolucionaria fue insertada en el imaginario de la época "sin deshacer la trampa de la cultura [burguesa] que los formó" como sujetos políticos ("La izquierda" 54). Al menos en el *Devotazo*, todo sucede como si esta transformación ya hubiese sucedido, o estuviese sucediendo, y el evento carcelario sólo funcionara como confirmación del advenimiento de un acontecimiento revolucionario. Pero dado que éste al final no tuvo lugar, el análisis retrospectivo de esta distancia histórica imaginaria entre evento y acontecimiento, y entre deseo y revolución, presenta el problema de elaborar *El Devotazo* como un evento del evento (que no fue). Y, de ese modo, se busca señalar esa sustancia inasible que reside tanto en el corazón de la novela como en la memoria histórica del evento carcelario.

Para elaborar los dilemas de estas distancias, Rozitchner parte de la idea de que el sujeto político es "núcleo de verdad histórica" (*Freud* 16). A partir de esa premisa el filósofo sostiene, por un lado, que "la distancia histórica y social" de la "lucha de clases" se prolonga en la "distancia interior" entre los valores burgueses en los que hemos sido formados, los cuales han sido introyectados dentro de la subjetivación política izquierdista; y los pretendidos valores revolucionarios que demandan una transformación social se chocan constantemente con los otros, aunque provengan de una misma fuente

(21). Del otro lado, esa distancia interior se proyecta en una "distancia exterior" que promulga formas políticas determinadas del accionar de los militantes revolucionarios (99).

Esta tensión se expresa en la novela cuando Molina le cuenta películas a Valentín, las cuales funcionan, en la aparente superficialidad de su contenido, como una puerta de acceso a las tramas inconscientes de la relación entre ambos. Tal como destaca Amícola, "la máquina de contar puesta en funcionamiento [por Puig] oculta el proceso de enunciación, gracias a la delegación del acto de relatar" (*Manuel Puig y la tela* 15). Este ocultamiento es el pilar narrativo desde donde se van a desplegar las telarañas del deseo que construyen la psicología propia de los personajes. "Es el anuncio de la presencia posible [...] de una ausencia" que organiza lógicamente la realidad desde ese mismo ocultamiento (Rozitchner, *Freud* 21). Y, del otro lado, la sexualidad que aparece indefinida en tanto Molina se autodefine como una mujer, se refleja en el sustrato machista con que la revolución ha sido pensada y practicada en América Latina (Rizky 139–140).[9]

En consecuencia, mi lectura de la novela procura identificar, en primer lugar, las telarañas del encierro que, operando entre la distancia interior y la distancia exterior de la subjetivación política, construyen la narrativa de la novela como lente de inteligibilidad del imaginario revolucionario de la época. Desde la novela, el *Devotazo* funciona como el síntoma de la tensión entre la distancia interior y la distancia exterior, la cual permite visualizar las telarañas del encierro de la subjetivación política de la época.

En segundo lugar, el desmembramiento de esas mismas telarañas dentro de la cárcel en la novela permite concebir a la celda como un *refugio* en la *distancia interior* de la subjetivación desde donde repensar las coordenadas de la revolución. De modo similar, el evento carcelario retiene, en su producción desde dentro de la cárcel, la potencialidad subjetiva para repensar el acontecimiento revolucionario. Ese refugio va a plasmarse en el sueño de Valentín con el que concluye la obra. Allí predomina "la potencia fulgurante del *ello*" apenas anudada a la conciencia y, por lo tanto, su análisis nos permite discernir el anclaje subjetivo del deseo en el imaginario revolucionario de los años setenta (Rozitchner 78).

---

9. Según la lectura desde el punto de vista transgénero de Rizky, "el sexo entre ellos no es otro sino un acto [---] sexual [ni *hetero*, ni *homo*] sino un acto *queer*" (139–140).

El Devotazo: entre el deseo y la historia

El Devotazo ha quedado impreso en la memoria política de aquellos años como "algo maravilloso: porque no es lo mismo estar preso que salir en libertad rompiendo las puertas de la cárcel acompañado por 100 mil personas (sic)" (Memoria Abierta, *Testimonio de E. Menajovsky*).[10] Sin embargo, como señalábamos, ese triunfo cargaba desde dentro la semilla de la derrota. Esto puede verse en la percepción, acaso exagerada o distorsionada, que las masas como actores emergentes de la historia confluían, peronismo mediante o no, con las ideas de izquierda. Esta confianza ciega en las masas como sujeto revolucionario es parte de la distancia entre deseo e historia que encarna *El Devotazo*.

En otras palabras, las raíces profundas de esta distancia histórica están fundadas en el imaginario revolucionario que se consolidó en los años setenta. Por un lado, las organizaciones de izquierda marxistas y peronistas que hasta entonces se habían unido contra la dictadura de Onganía (1966-1970), se encontraban divididas frente a la evaluación del inminente regreso de Perón (el cual sería efectivo 1 mes luego de la asunción de Cámpora). Por el otro, el fallido intento del último dictador, Alejandro Lanusse (1971-1973), de llegar a un acuerdo político para restaurar la democracia, torcía la pulseada interna entre los militares hacia una estrategia represiva *de eliminación del enemigo interno*. Y, por último, para los militantes, el evento carcelario revalorizaba el compromiso político. Tal como decía un familiar de presos políticos: "sentía que por primera vez pasaba eso en la historia de la Argentina [...] ¿cómo no pensar otra cosa?" (Memoria abierta, *Testimonio de J. Menajovsky*).

Históricamente, el punto de quiebre del ciclo de lucha político contra la dictadura se dio con el estallido popular del Cordobazo en 1969, donde estudiantes y trabajadores organizados tomaron la ciudad de Córdoba por 4 días unidos para terminar con la dictadura.[11] A pesar de la represión posterior, a ello le siguieron otros estallidos populares similares que, en última

---

10. Se calcula que 50.000 manifestantes rodearon la cárcel ese día (Garraño y Pertot 56).
11. Así, por ejemplo, el militante montonero Gonzalo Chávez indicaba que "antes del 29 de mayo de 1969 [fecha del Cordobazo] todo trabajo político que ponías en pie se caía [y] después de la rebelión, se multiplicó por todo el país" (en Acha 151). Para un análisis más detallado del Cordobazo, ver Balve y Marin.

instancia, forzaron la caída de Onganía en 1970.[12] En el contexto de este acontecimiento, el clima político se había tensado con el surgimiento de las organizaciones armadas como un actor político de relevancia en ese mismo año.[13] Nos referimos principalmente a las guerrillas peronistas Montoneros y FAR, y a sus pares de izquierda, el ERP, que provenían de distintos partidos políticos y que interpelaron a todo el movimiento popular.[14] Por lo tanto, al ver a las masas convocadas a la asunción de Cámpora, y a los militantes liberando a los presos en Devoto y en todo el país: ¿*Cómo no pensar otra cosa* sino en la corroboración del imaginario político?

Previamente, la estrategia de la dictadura de Agustín Lanusse consistió en la encarcelación de activistas como parte de su proyecto político de resolución "pacífica" del conflicto social denominado Gran Acuerdo Nacional (GAN).[15] La situación de encierro y tortura de los prisioneros, si bien producía en muchos casos un *aislamiento individualizante*, no restringía totalmente las actividades políticas que se podían realizar desde la prisión. Tal el caso de Agustín Tosco, un dirigente sindical que había tenido una participación crucial durante el Cordobazo (se lo acusaba de haberlo organizado), quien, estando preso en Devoto, ganó las elecciones en su gremio en setiembre de 1971 (Licht 136). O el caso más resonante de la cúpula del PRT-ERP, quienes estando en la misma cárcel, negociaron con empresarios de la automotriz Fiat por el secuestro de uno de sus miembros.[16]

---

12. El más prominente de esos estallidos es el así denominado Rosariazo. Para un análisis de éste, ver Rozas.

13. El secuestro y asesinato de Aramburu llevado a cabo por Montoneros el 29 de mayo de 1970, justo un año después del Cordobazo, cambió sustancialmente las relaciones de fuerza en el campo político argentino.

14. El ERP es un desprendimiento del trotskista Partido Revolucionario de los Trabajadores (PRT). Los Montoneros estaban ligados fuertemente a las Juventudes Católicas y eran parte del peronismo. Las Fuerzas Armadas Revolucionarias (FAR) fueron un desprendimiento del Partido Comunista que venía actuando con anterioridad, pero que hizo su primera acción pública bajo ese nombre en 1970 y luego terminaría uniéndose con Montoneros en 1973.

15. El GAN calculaba una salida a elecciones populares con el propósito de que Lanusse fuera presidente.

16. En efecto, el 21 de marzo de 1972, un comando del ERP secuestra a Oberdan Sallustro "el número uno de la Fiat en Argentina" (Celesia-Waiberg 192). Roberto Santucho, Enrique Gorriarián Merlo y Rubén Pedro Bonet (la cúpula

Frente a este desborde desde dentro del sistema carcelario, "la dictadura trasladó a un número importante de presos" al penal de Rawson ubicado en el sur del país, produciendo un doble efecto en los mismos: por un lado, aumentó el aislamiento separándolos del cuerpo social en una especie de exilio interno.[17] Pero al mismo tiempo, hizo confluir en los mismos pabellones militantes políticos y guerrilleros, quienes en menos de 4 meses organizaron una fuga del penal.

En efecto, el 12 de agosto de 1972 un grupo de presas y presos políticos tomaron el penal de Rawson desde dentro y, acompañados desde fuera, huyeron en tres autos que recorrieron el tramo que va desde la cárcel hasta el aeropuerto de Trelew.[18] Entre ellos, los que efectivamente se escaparon luego de secuestrar un avión y conducirlo a Chile, pertenecían a la cúpula de la guerrilla.[19] Los otros militantes que hicieron ese recorrido (todos jóvenes *guerrilleros*) no llegaron a escaparse en avión, y después de tomar el aeropuerto decidieron negociar públicamente (lo cual fue transmitido por TV a nivel nacional) su entrega a las autoridades para garantizar sus vidas.[20] Pero en la

---

negociadora) pedían, entre otras cosas, "la liberación de 50 guerrilleros y el traslado a Argelia de un grupo de presos", tal como había sucedido en Brasil con la liberación de presos trasladados a México (193). En respuesta, Lanusse argumentaba que según "la doctrina de la Organización de los Estados Americanos [...se] desaconseja en forma terminante" negociar con "delincuentes subversivos" (193). A pesar de ello, un representante de la Fiat, Aurelio Peccei, se reunió a puerta cerrada en la cárcel con la cúpula guerrillera y sus abogados, Rodolfo Ortega Peña y Luis Eduardo Duhalde, pasándose por alto la autoridad del dictador.

17. Tosco mismo expresa, en una carta a Susana Funes fechada el 15 de abril de 1972, que "en Devoto era duro el aislamiento personal, y aquí [en Rawson] es duro el aislamiento con todo lo de afuera" (Licht 138).
18. La operación táctica resultó muy efectiva por la velocidad y coordinación de ésta (el penal se toma en 11 minutos). Sin embargo, un guardiacárcel que intentó resistir resulta abatido por Ana María Villarreal de Santucho, esposa del líder del ERP. Los detalles de la fuga se pueden consultar en distintas fuentes: Arruti; Cheren; Urondo: Celesia y Weiberg, e Izaguirre et al.
19. Se trata de "Mario Roberto Santucho, Enrique Gorrarián Merlo y Domingo Mena, dirigentes del ERP; Marcos Osatinsky y Roberto Quieto de las FAR y Fernando Vaca Narvaja de Montoneros" (Izaguirre et al. 85).
20. La cinta se puede consultar en el filme de Raymundo Gleyzer "Ni Olvido, Ni Perdón" (1972). Finalmente, luego de haber arreglado un retorno al penal de Rawson

madrugada del 22 de agosto, los prisioneros "son sacados de sus celdas y fusilados impunemente al interior de la Base Naval" por los militares —quienes adujeron "un nuevo intento de fuga" (Izaguirre et al. 85)—.[21]

Esta respuesta represiva, conocida como la *masacre de Trelew*, estuvo conducida con total inoperancia por parte de los militares. De hecho, quedaron heridos tres sobrevivientes: "Alberto Camps y María Antonia Berger, de las FAR; y Ricardo René Haidar, de Montoneros", quienes luego iban a ser trasladados a Devoto y eventualmente serían protagonistas del *Devotazo* (85). En todo caso, la masacre de Trelew es considerada un momento bisagra de este pasaje histórico entre una *estrategia carcelaria*, de encierro y aislamiento, hacia una *estrategia aniquiladora*, clandestina e ilegal, que ya se estaba gestando.

Este cambio de estrategias aparece reflejado en *El Beso de la Mujer Araña* con la inserción de capítulos que son informes burocráticos de las fuerzas represivas. Así, en el capítulo 8 (el último de la primera parte) se presenta la ficha burocrática de los prisioneros.[22] Allí el lector se entera que Valentín Aguirre tiene 24 años y ha sido detenido como activista político "el 16 de octubre de 1972" por "disturbios" en una huelga fabril (Puig 151).[23] Por su parte, Luis

---

junto con los abogados y el juez, se dicta la "Ley de Estado de Emergencia, con lo cual todo queda bajo el mando unificado del ejército", quienes decidieron el traslado de los activistas a la Base de la Armada Almirante Zar, que queda entre ambas ciudades patagónicas (Urondo 64).

21. El fusilamiento terminó con la vida de "Pedro Rubén Bonet, Eduardo Copello, Mario Delfino, Alberto del Rey, José Mena, Miguel Ángel Polti, Ana María Villarreal de Santucho, Humberto Suárez, Adrián Toschi, Humberto Ulla, y Clarisa Lea Place, dirigentes del PRT-ERP, Susana Legart y Mariano Pujadas de Montoneros, Carlos Astudillo, Alfredo Kohon y María Angélica Sabelli de las FAR" (Izaguirre et al. 85).

22. Como parte de su preparación para la escritura de la obra, "[e]n junio de 1973 [cuando apenas había sucedido el Devotazo], antes de que Manuel [Puig] se fuera de la Argentina, un abogado amigo le presentó a unos ex-presos políticos; las conversaciones que tuvo con ellos, junto con los datos de amigos que participaban en el escenario político, lo ayudaron a darle forma al [personaje del] guerrillero militante" (Jill-Levine 244).

23. Su caso estaba pendiente del Poder Ejecutivo Nacional a la espera de juicio. Además, Valentín había participado de actividades de resistencia dentro del penal.

Alberto Molina, de 37 años, cumple una condena por "delito de corrupción de menores" desde el "20 de julio de 1974". Ambos fueron puestos en la misma celda el "4 de abril de 1975" como parte de una estrategia militar donde se incita al preso común a sonsacar información del preso político, prometiéndole a cambio una pronta liberación.

Valentín, por supuesto, no conoce el objetivo oculto del director de la prisión, y a lo largo de toda la novela no parece sospechar nada de Molina. Sin embargo, a partir de allí, todo el desarrollo anterior de la relación entre ambos se trastoca. Por ejemplo, Molina sabía que la comida "envenenada" que le cae mal a Valentín era enviada por los represores para debilitarlo y de ese modo su compañero de celda podía obtener datos del preso político. Así, entre el diálogo central y los textos adyacentes emerge esta otra telaraña, ligada al poder y la traición, que se estaba tejiendo a oscuras, y que aparece como la fundamental organizadora de lo cotidiano con el claro objetivo de *quebrar* al prisionero político. Sin embargo, cabe aclarar que, en la segunda parte de la novela, Molina utiliza sus reuniones con el director del penal para "ayudar" a Valentín (y, de hecho, nunca lo delata).

Al final de la novela, las autoridades carcelarias deciden liberar a Molina y espiarlo para que éste los conduzca hacia el grupo de político de Valentín. El capítulo 15 (el anteúltimo) es la transcripción del informe de inteligencia donde se relata cómo es asesinado Molina. La diferencia entre ambos capítulos-informes, en términos del lenguaje y de la operación militar, señala el pasaje de una estrategia carcelaria *persuasiva* a otra clandestina de *eliminación del enemigo*. Sin embargo, en 1973 las condiciones políticas aún no estaban dadas para la plena expansión de esta política de exterminio, cuya instalación plena en la sociedad sucederá con la dictadura militar (1976–1983). En efecto, el gobierno militar va a poner en funcionamiento desde el Estado el "poder desaparecedor": la organización sistemática del secuestro, tortura, muerte y desaparición de cuerpos que operó principalmente mediante la coordinación de Centros Clandestinos de Detención, Terrorismo y Exterminio, pero que también incluyó cárceles y comisarías (Calveiro, "Prólogo" 12). Usamos este término para destacar que "la política *desaparecedora* de los años setenta

---

En la misma ficha se destaca su liderazgo en una huelga de hambre, protestas por mejoras en las condiciones del penal y una protesta por el asesinato de un preso (Puig 151).

comprendió, junto a la desaparición de personas, el intento de desaparecer al mismo tiempo los crímenes y los responsables".[24]

Ahora bien. Visto en retrospectiva, el *Devotazo* funcionó como uno de los momentos *bisagra* en este cambio de estrategia represiva.[25] Por un lado, el evento carcelario significó el momento de exposición de mayor fortaleza y, a la vez, de mayor debilidad para el movimiento político de izquierda. Tal como fue percibido en 1973, el retorno a la democracia representó acaso el triunfo más buscado contra la dictadura, mientras que el Estado peronista reconocía oficialmente en los militantes guerrilleros que liberaba, una de las fuentes de esa victoria. Pero pensado en retrospectiva, *El Devotazo* marcó uno de los comienzos de la derrota, en tanto que a partir de ese momento, se aceleró el traspaso entre distintos modelos represores en respuesta al ciclo de lucha popular (Verbitsky; Marín; Izaguirre et al.). En ese sentido, el desenlace trágico de la novela, con el asesinato de Molina y la tortura de Valentín, refleja ese cambio histórico: el pasaje de una *estrategia carcelaria* de contención del movimiento político a una *estrategia de eliminación* abierta del 'enemigo interno' que, como vimos en la introducción, marcó el destino de la Guerra Fría en América Latina luego de la expansión de la Doctrina de Seguridad Nacional a partir de 1962.[26]

Partiendo de este análisis, la pregunta del acontecimiento que se articula en este capítulo refiere a la formación del deseo y la racionalidad revolucionaria en su instancia carcelaria. En cierto modo, la liberación iluminó la vida en la prisión de tal manera que generó experiencias y lazos tan intensos entre

---

24. El informe oficial ha contabilizado alrededor de 10.000 desaparecidos, aunque se calcula que se produjeron, además de las muertes, los encarcelamientos legales y los miles de exiliados políticos de alrededor de 30.000. Ver el informe *Nunca Más*.

25. En términos de periodizaciones podríamos decir que *El Devotazo* señala el cierre de un ciclo de lucha antidictatorial, anudando por un lado una lucha larga contra las dictaduras en general (que debería pensarse en relación con la primera dictadura militar en 1930); otro corte en relación con la dictadura del 55 (y en ese sentido termina con 18 años de proscripción del peronismo); y una victoria directa contra la dictadura (1966–1973) cuyo tramo más relevante en términos de la aceleración de la lucha de masas corresponde al periodo 1969–1973.

26. De hecho, la publicación de la novela en 1976 se lleva a cabo muy poco después del despegue del la Operación Cóndor en la región en noviembre de 1975.

los presos, que ese evento (carcelario) dentro del evento (revolucionario) expresó al máximo el espíritu de transformación radical tan añorado. Paradójicamente, ese imaginario revolucionario, literalmente encerrado, habría dado sus mejores frutos detrás de las rejas. Y en ese sentido, la insatisfacción de no haber alcanzado la revolución de manera efectiva puede reelaborarse a partir de la trama subjetiva construida dentro de la cárcel tanto en los días previos a la liberación como en la novela. Mi hipótesis es que ambos dialogan en esta inversión de los términos de la pregunta del acontecimiento para deshilvanar la marca subjetiva que ese evento dejó en la cultura política de izquierda.

En efecto, según Rozitchner el punto de partida es el "deseo insatisfecho" entendido como una pulsión que tiende a su satisfacción basado en una experiencia previa de realización de éste (*Freud* 19).[27] Paralelamente, el punto de partida de Manuel Puig es que "[e]n aquella celda hay sólo dos hombres, pero eso es sólo en la superficie. En realidad, hay dos hombres y dos mujeres" (Hill-Levine 242). Citando a Roszack, Puig sostiene que "la mujer más necesitada, desesperadamente, de liberación es la mujer que cada hombre lleva encerrada en los calabozos de su propia psiquis" (en Escobar Vera 30).[28] De ese modo el escritor presenta a Molina como una mujer encerrada en el cuerpo de un hombre. Y a su vez, el personaje de Valentín se va desplegando como un hombre que *desconoce* la mujer que vive dentro de él. En la conjunción de ambos, la idea de la telaraña procura indagar el tejido del diálogo entre los dos presos en el registro de este *deseo insatisfecho*. Por un lado, los relatos de Molina van a desplazar ese deseo hacia la erotización de los filmes para introducirse en la imaginación sexual de Valentín. En respuesta, el militante va a rechazar estas *imágenes*, desplazando las identificaciones directas, aunque al hacerlo, quede envuelto en la lógica sensual del relato. Y de ese modo la forclusión funciona en la telaraña del deseo del otro/a: rechaza las imágenes, pero disfruta del relato. Por el otro lado, Valentín va a intentar convencer a Molina para que éste defienda su derecho a ser mujer abiertamente y, potencialmente,

---

27. Rozitchner enfatiza "el acogimiento" primario de la madre, donde la satisfacción del niño o la niña se consiguió plenamente sin la intervención de una *distancia histórica*. En ese sentido, la "densidad infantil sigue siendo [...] para el deseo inconsciente la más real, porque fue la primera" (*Freud* 19).
28. En ese sentido, su concepción de lo femenino queda restringida al modo en que ello atraviesa a los hombres solamente.

se una a la causa revolucionaria. Los impulsos de este deseo de conquista del otro/a, sin embargo, no eran exclusivos de los presos, sino que formaban parte de un entramado de deseos políticos e históricos sobredeterminados al que hemos denominado *telarañas del encierro*. En lo que sigue, procuro identificar algunas de ellas a partir del *modus operandi* de la racionalidad política militante que operaba en función de la revolución social.

PARTE I

Telarañas del encierro I: seducción y fidelidad

A lo largo de la novela, Molina se ocupa de seducir a Valentín a través del relato de diferentes filmes (5 en total) que ponen en juego una serie de desplazamientos de las identificaciones entre los personajes de las películas y los presos —lo cual refleja el estado de la relación entre ambos—. Tal como sucede en "la película de la pantera", luego de describir eróticamente a ELLA, Irena (la mujer pantera), Molina presenta al arquitecto, "un tipo de buena pinta, no un galán [...] un tipo muy comprensivo, tranquilo", que conoce a la protagonista casualmente y quiere seducirla sutilmente (Puig 10–11). Además, paralelamente, una colega arquitecta del hombre, "que se nota que está enamorada de él," se inquieta cuando percibe que él está entusiasmado por alguien. Toda esta energía sensual-reprimida que el arquitecto dedica hacia la mujer pantera instala en la celda el deseo de Molina de que Valentín sea ese hombre de *buena pinta, comprensivo,* etcétera. Pero Valentín, en un segundo intento de reprimir ese enlace sensual del relato (ya le había dicho que no convenían descripciones eróticas), sostiene que no vale la pena pensar en el filme si no es a la noche, antes de irse a dormir, como recreación. Y en efecto, este primer extracto de la novela culmina con Molina despidiéndose de Valentín: "Hasta mañana. Que sueñes con Irena"; y el militante responde: "A mí me gusta más la colega arquitecta" (15).

Si en las identificaciones directas Valentín se siente atraído por la "colega arquitecta" (luego nos enteramos de que Valentín mismo es arquitecto), Molina vuelve a insistir en el tema de la recreación cuando invita a su compañero de celda a "vivir el momento" mientras cocina algo para él (33). Esta "invitación" que procura "cuidar al otro" viene acompañada de una exigencia: aumentar ese tiempo de recreación hasta aquí solo dedicado a los relatos fílmicos nocturnos. Entonces, el militante político le presenta "un planteo" racional (tal como se usaba en esa época para "clarificar" las discusiones entre los activistas): "Yo no puedo vivir el momento, porque vivo en función de la lucha política [...] todo me lo aguanto porque hay una planificación. Está lo importante, que es la revolución social, y está lo secundario que son los placeres de los sentidos" (33). Rozitchner va a criticar el fundamento de esta racionalidad política del militante, porque parte de la premisa de que el "dualismo que divide al hombre [como ser humano genérico] entre sensibilidad propia y racionalidad externa" promueve una imaginación revolucionaria que va a terminar por expresar "los nichos de la intimidad ['burguesa'] donde yacen las ilusiones perdidas" ("La Izquierda" 57). La tarea revolucionaria individual consiste, según Rozitchner, en "atrever[se] a enfrentar afuera la carencia que antes se reservaba para adentro" (57). En el corazón de este "proceso paulatino de modificación" de la subjetivación política, la novela interpela el fundamento de la fidelidad de Valentín hacia el proyecto revolucionario (54).

Esta puesta en duda de la fidelidad late en el relato de Molina cuando Irena se casa con el arquitecto, con quien no puede tener relaciones sexuales por miedo a despertar dentro de sí esa mujer pantera. De ese modo, el hombre cuida a Irena entre deseoso y reprimido frente a la potencialidad sexual de su esposa. Entonces, Irena recurre a un psicoanalista; pero también continúa yendo al zoológico a visitar a la pantera. Con ello, el mecanismo de la forclusión se vuelve evidente en tanto la mujer pantera desdobla su fidelidad: es fiel a la razón de la cura y a la razón de sus impulsos al mismo tiempo. De modo similar, el militante revolucionario proveniente de la clase media, amojonado en valores burgueses, siente esta distancia interior entre su deseo de transformación radical y su formación clasista como sujeto. Es decir: es fiel a los dos deseos que pujan por dentro, aunque en un principio no lo reconozca.

En ese sentido, el desenlace de la película resulta relevante. Mientras la colega arquitecta contiene emocionalmente al hombre e incluso llega a ser "perseguida" por Irena, el psicoanalista pretende curar a la mujer pantera incitándola a tener sexo, ante lo cual ella se transforma realmente en pantera y lo mata (Puig 44-46). Luego Irena, "como transportada a otro mundo", va al zoológico, abre la jaula, y la pantera la mata a ella de un zarpazo, produciendo así el triunfo mortal de los impulsos que quiebra la doble fidelidad. En la imagen final del relato, los colegas arquitectos "se van abrazados, tratando de olvidarse de ese espectáculo terrible que acaban de ver" (47).

Esta doble acepción de la fidelidad hace eco en la figura del *hombre nuevo* promovida por Ernesto Che Guevara, que, según la historiadora Vera

Carnovale, era "una figura de fronteras" acicalada en al menos tres antagonismos (183). En primer lugar, el 'hombre nuevo' se ubicaba entre un mundo capitalista y otro comunista; en segundo lugar, se trataba de una figura en nacimiento que se insertaba entre "el cuerpo individual y el colectivo [...] entre el guerrillero y el asceta" y, finalmente, a medida que crecía su compromiso político se exponía a la delgada línea "entre la vida y la muerte". En resumidas cuentas, era "una figura de horizonte: guía, promesa y finalmente, imposibilidad" desdoblada entre fidelidades contrapuestas. Me refiero a su anclaje racial blanco, europeo y de género masculino, donde "la promesa de un 'hombre nuevo' al que le serían permitidas todas las satisfacciones [proyectaba] un hombre nuevo, tan viejo como el mito del paraíso en el que se inspira[ba]" (De Santos 32).

Desde esta perspectiva, el hombre nuevo que se forjaba en el imaginario revolucionario intervenía en la coyuntura histórica como una figura de fronteras encerrada en sus propias determinaciones. En ese sentido, el dilema de Irena estaba anclado 'místicamente' en la herencia de las mujeres panteras provenientes de Transilvania. Ella luchaba por conformarse con la nueva sociedad mientras no podía acallar su instinto sexual y de muerte. De modo similar, al asumir la tarea del hombre nuevo como propia, Rozitchner sostiene que ser fiel a la revolución significaba para el militante "la destrucción de las viejas pertenencias, el abandono de la vieja complicidad de clase" (citado en Bosteels 115). Pero esas mismas determinaciones históricas retornaban, desplazadas, para corroborar que el hombre nuevo era precisamente una figura de fronteras, situado entre fidelidades desdobladas.

En la novela, el anclaje doble de esta fidelidad sustenta el juego de identificaciones entre los presos y los protagonistas. En primer lugar, Valentín se identifica con el psicoanalista y Molina con "Irena, la heroína" (Puig 31). Pero en una segunda instancia, desde su deseo proyectado en el relato de la película, Valentín se siente atraído por "la arquitecta, mi novia" (35). Por su parte, Molina siente lo mismo, pero por "el novio de la mujer pantera" (23). Este juego de identificaciones permite que el deseo del otro/a se bifurque en dos (entre sí mismo y el otro/a) y abra una grieta en la trama intersubjetiva de los presos. En ese punto, el *deseo del otro/a* queda plasmado en el encuentro final que quiebra la doble fidelidad: muertas las identificaciones primarias (el psicoanalista e Irena), queda el objeto deseado de ambos, o sea, el hombre y la arquitecta. Por lo tanto, aquello que la película junta en la telaraña construida en la celda es el objeto de deseo del otro/a, unidos bajo la promesa del olvido *de ese espectáculo terrible* de la prisión.

La sutura de esta promesa del olvido pude pensarse desde *El Devotazo*. En efecto, en el evento carcelario, la liberación parece abrir una nueva etapa posdictatorial sin detenerse en la matanza de los dos militantes en las afueras del penal. Pero incluso, anteriormente, esa figura de fronteras se expresa en el mismo momento de la liberación cuando, en medio del forcejeo, los manifestantes agolpados en la puerta 'impiden', por un momento, que los prisioneros y las prisioneras puedan salir. "'Compañeros, ahora nos encontramos presos de ustedes', dijo el Turco Haidar por un megáfono, sin obtener mucho resultado" (Garraño y Pertot 58). Esta imagen de la multitud funcionando (momentáneamente) como obstáculo de la liberación se superpone en el preso político con la marca de la tragedia: el "turco" Haidar era un militante de las FAP quien había sobrevivido a los fusilamientos de Trelew. De ese modo, esta suerte de imagen dentro de la imagen del acto de liberación, como un evento dentro del evento, señala la semilla de la derrota: el encierro propio construido por la militancia al borrar la frontera interior (distancia interior, diría Rozitchner) abierta por esta experiencia carcelaria singular.

Por un lado, la imagen política de la liberación, mirada desde arriba puede ser descrita con intensa emoción, como el encuentro de cuerpos que rompen la frontera carcelaria. Pero al mismo tiempo, al cancelarse como prisioneros, su retorno a la militancia volvía a estar enmarcado en la distribución de roles y posiciones dentro del plan de cada organización política: volvían a estar sujetos al deseo del otro/a. Metafóricamente, la paradoja es que se liberaban para volver a estar presos de las decisiones estratégicas de las organizaciones y los líderes. O más precisamente, aquello que la cárcel corroboraba era que el *hombre nuevo* en construcción era una figura de fronteras donde la efervescencia de la liberación parecía olvidar por un momento esos obstáculos: era muy seductor ver en ello el comienzo de una revolución. Aunque la trampa de esta telaraña era —precisamente— que esa doble fidelidad se trasladaba (modificada) en la distancia interior subjetiva de las trayectorias militantes que sostenían el sueño revolucionario.

Telarañas del encierro II: el miedo y el cuidado del otro/a

En referencia al relato de la película, Valentín recala retrospectivamente en la secuencia cuando la mujer-pantera estaba persiguiendo a la arquitecta, porque sentía celos de que ella había logrado cierta intimidad con su marido. En ese momento, confiesa el militante, "sentí miedo": "me la imaginé a mi compañera que estaba en peligro. Y me siento tan impotente acá, de avisarle que se cuide" (Puig 40-41). Molina, por su parte, va a sentir una compasión similar por su madre (41). Este *miedo por la otra*, revestido de un *deseo de cuidar* a quien está afuera de la cárcel, se inserta en el interior de la celda como resultado del desplazamiento anterior de las identificaciones fílmicas: la emergencia concreta de una preocupación antes reprimida. Valentín describe este miedo como un "sentimiento desbordante", incontenible. Y de ese modo, a través de la asociación de su compañera de militancia (también su pareja amorosa) con el personaje de la película, se produce la primera grieta dentro de la trama subjetiva de Valentín que habilita el retorno de lo reprimido, donde antes se había negado la posibilidad misma de sentir: *todo me lo aguanto porque hay una planificación*.

Para Rozitchner, hay que partir del hecho de que "el hombre (sic) que quiere la revolución viene de la burguesía" donde "[l]a trampa de la intuición afectiva e intimista" consiste precisamente en creerse "capaces de darse a priori el sentimiento de la totalidad" que sustenta la escisión entre el sentimiento y la razón, lo individual y lo colectivo, etc., como fundamento de la subjetividad ("La izquierda" 54, 101). O en otras palabras: hay que asumir que el deseo revolucionario es un deseo burgués. Se ha gestado y proviene de un mundo cultural cuyos valores organizan la reproducción de la vida cotidiana según las relaciones sociales capitalistas. Pero de ello no se desprende una alerta cuasi policial de señalar que tal actitud o acción opera como un resabio pequeño burgués, sino de comprender que todo el entramado de la subjetivación ha sido producido por la lucha de clases propia del capitalismo. Y a partir de allí, hay que elaborar, retrospectivamente desde hoy, su singularidad histórica en la interseccionalidad correspondiente de la raza, el género, la clase, las capacidades, la orientación sexual, etc., en torno a la elección vital de dar la vida por una causa.

En ese sentido, la racionalidad política del militante, al esgrimir que *primero está la revolución social*, se olvida que esta transformación se lleva a cabo también en el entramado de los placeres y sentimientos que la acompañan. Y como resultado de su propia proscripción militante, a Valentín le va a costar identificar esta escisión identitaria, mientras que a Molina (quien no se plantea una revolución política) le va a resultar "natural" reconocerse a sí mismo como "una señora burguesa" (Puig 50).

Ese olvido de sí mismo, del lugar de procedencia del deseo político, se superpone con el olvido que buscan el *hombre y la arquitecta* en el final de la película: el olvido de los impulsos propios que, si los dejáramos sueltos, nos llevarían al terror. Y en esta yuxtaposición, se trata de plantearse el problema del retorno de lo reprimido: "¿Qué hacer con aquello que surge en uno como necesidad de satisfacción [como deseo] pero que frente a la represión y al orden cultural implica un peligro?" (Rozitchner, *Freud* 106). El olvido lo rechaza "como si fuese externo", transformándolo en un combate "contra sí mismo como si lo *más propio de los propios impulsos fuese lo más ajeno*, sin darse cuenta de que el combate real tendría que ser ahora contra lo externo represivo" (106; subrayado mío). Pues ese miedo proyectado en el cuidado de su compañera reside en el fondo en un miedo a sí mismo que pide ser *cuidado*: tal como Irena pedía cuidarse de su instinto felino, sexual y de muerte.

Telarañas del encierro III: Deseo histórico y poder político

Hasta aquí, las telarañas del deseo en la novela se tejen como un juego de seducción entre identificaciones para luego sumirse en la grieta que deja aflorar un sentimiento reprimido como el miedo, enmarañado en el mandato del cuidado del otro/a. Este miedo a sí mismo va a socavar los preceptos revolucionarios provocando en Valentín una crisis identitaria. En ese sentido, la cuestión del fundamento inconsciente de la racionalidad militante en la novela va a proyectarse ahora en el debate ideológico: en la distancia exterior que hace sistema con esa escisión, puesta en acto en el sentimiento desbordante de Valentín —aún sin elaborar—.

En efecto, el segundo filme relatado por Molina, "la película nazi", va a ser rechazado de plano por Valentín por considerarlo una "inmundicia" (Puig 63).[29] De hecho, Molina destaca que la vio "después de la segunda guerra mundial" cuando Perón estaba en el gobierno, con lo cual el tejido de su narrativa insinúa un correlato entre el nazismo y el peronismo que nunca es nombrado por los prisioneros (56). De ese modo, el mecanismo represivo inconsciente que se había quebrado para abrir una grieta en el militante ahora aparece funcionando de modo explícito, *actuado*, contra el contenido ideológico que representa el relato. Es decir, si antes ese mecanismo había quedado oculto allí donde retornaba lo reprimido, ahora, como en una forclusión, el enojo funciona para ocultar lo que no quiere ver: la comparación de la revolución con el origen proto-fascista del peronismo.

---

29. A diferencia de "Cat power", esta película es inventada por Puig.

Brevemente, el filme cuenta la historia de una cantante, Leni, quien se enamora de un oficial nazi en Francia pero que aún duda de su relación con la resistencia. Ella no sabe a quién serle leal, a su amor o a sus valores políticos (nuevamente el dilema de la doble fidelidad) y, en medio de su disquisición, es invitada a hacer un filme en Berlín cuyo título es *Destino*. De allí surge una larga cita a pie de página donde se expone la propaganda de ésta, demostrando cómo *el Conductor* (¿Hitler?) avala y justifica la película como parte de una "síntesis de Estado y pueblo" (88–89). Finalmente, Leni, en un acto de espionaje, decide delatar a los miembros de la resistencia, y en un episodio confuso, mata a su líder, pero muere como resultado de la misma trifulca (99–100). La imagen final "es en el panteón de los héroes en Berlín" y la muestra a "ella, una estatua [...] de tamaño natural", que tiene "una inscripción [...] que dice algo así como que la patria no los olvidará nunca" (100). La comparación, innombrada en la novela, de la protagonista con Evita y del *Conductor* con Perón, con el sello del *olvido nacional*, nos muestra un esquema similar al final de la "película de la pantera", pero ahora invertido y proyectado (en nuestro análisis) en el debate ideológico argentino: en vez del olvido del espectáculo terrible donde los instintos llevaron a la muerte, el recuerdo monumental de la heroína sacrificada por la patria, donde el olvido escribe la historia borrando la traición posterior de Perón a los guerrilleros Montoneros que protagonizaron *El Devotazo*.

Desde esta perspectiva, la novela presenta el fantasma del nazismo anidado en este peronismo que iba a sustentar el imaginario revolucionario en los años setenta: ¿Qué hacer con este dilema del origen y formación proto-fascista del peronismo, siendo que ellos mismos se han insertado en el corazón de los trabajadores, quienes continúan mirando con recelo a las opciones de izquierda? Y en su reverso: ¿Cuáles son las transacciones políticas que hicieron posible que amplios sectores de izquierda confluyeran en el peronismo? ¿Cuál es el fundamento del poder político en la izquierda si quiere distanciarse del fascismo? Este dilema continúa hoy en día en las filas del Kirchnerismo, sobre todo en la organización denominada La Cámpora, la cual rescata el discurso triunfal del Devotazo y el recuerdo del gobierno de Cámpora como cierto origen desplazado y re-fundador del peronismo de izquierda.[30] Pero en ese olvido del 'origen' que envuelve la efervescencia política de la memoria del

---

30. En efecto, la organización de nuevos cuadros jóvenes, *La Cámpora*, alimentada por el kirchnerismo, tiene su origen y su nombre en referencia al presidente de

Devotazo, también se haya encerrada la semilla de la traición (del líder Perón) quien una vez en el gobierno, favoreció los sectores de derecha propios del movimiento peronista.[31]

Telarañas del encierro IV: sacrificio e imaginario político

Precisamente cuando Valentín rechaza "la película nazi" y Molina se pone a llorar, este último asocia inmediatamente su llanto con el recuerdo de un trabajador del cual estaba enamorado: un mozo de bar proveniente de clase baja con quien nunca tuvo relaciones sexuales, pero al que Molina siempre quiso ayudar. Se trataba de un hombre casado, que no creía en los sindicatos, y tenía problemas matrimoniales. De ese modo, Molina expone cómo crecieron sus "ilusiones" para su amor ideal: "que se venga a vivir con mi mamá y conmigo. Y ayudarlo, y hacerlo estudiar [... que] no trabaj[e] más [...] y que no piense en una cosa sino en él mismo. Hasta que se reciba de lo que quiere y la termine con su tristeza" (Puig 76). Así, Molina expone su *modo de amar* con devoción total hacia el otro-trabajador (y potencialmente al otro militante). Pues su deseo es cobijarlo en su casa (lo cual asume que deje a su esposa) para que el mozo sobrepase la tristeza mediante el estudio. Es decir: Molina procura "encerrar" al trabajador aislándolo de su historia y sus penurias para que deje de ser de la clase trabajadora y sea, supuestamente, *él mismo*.

Este mecanismo de la telaraña de Molina —entre cuidado/encierro del otro/a— refleja en cierto modo la tensión de clase y género propia de las disputas internas de los grupos revolucionarios, pero ahora proyectada en la figura del trabajador como un ser masculino a ser transformado. Desde esa perspectiva, los dilemas políticos entre la izquierda y el peronismo giraban en torno a la distancia externa entre las organizaciones políticas y los trabajadores. Esta concepción, que estaba inserta en el corazón del deseo revolucionario desde el comienzo, se condensaba en

> [e]ste problema del pasaje, del tránsito, que no es sino el de la distancia real entre el sujeto y el mundo, es lo que la enfermedad y los sueños

---

entonces. De hecho, su líder, Máximo Kirchner, ha dicho que eligió ese nombre inspirado en el libro de Miguel Bonasso, *El presidente que no fue*.

31. Para un análisis de este dilema en términos de la transmisión generacional, ver Pous ("Rozitchner").

[y la lucha de clases, como proceso colectivo que permita desbrozar un campo histórico para la elaboración real del deseo insatisfecho] tienen de común: *elaborar una transacción donde lo interno se transforma en externo y lo externo en interno*. (Rozitchner, *Freud* 33; subrayado propio).

La carnadura histórica de estas transacciones políticas provenía de dos sitios que, si bien eran discernibles entre sí, estaban profundamente implicados: uno referido a las transacciones ideológicas sobre la concepción de clase trabajadora (que nutría los fundamentos de la acción política), y otro correspondiente a las transacciones con los eventos históricos que redireccionaban el curso de la acción política.

En primer lugar, el debate ideológico-político que sustentaba estas proyecciones en los años sesenta y setenta presentaba, esquemáticamente, dos concepciones distintas de la clase obrera: una funcional al capitalismo enfocada en la negociación de los derechos laborales y otra reivindicativa de valores socialistas.[32] En esta disputa, la izquierda marxista pensaba que bastaba con la "toma de conciencia" política del movimiento obrero para hacer la revolución, ya que la historia estaba de su lado y sólo hacía falta reconocer el liderazgo de las vanguardias revolucionarias —mientras que la izquierda peronista asociaba el proletariado a las masas que seguían al líder Perón, cuya futura llegada al poder, eventualmente, garantizaría el camino al socialismo—. En ambos casos, el problema consistía en que los componentes ideológicos de los sectores populares no estaban ligados a la izquierda, y la solución no hacía sino reproducir ese mismo problema: mientras la izquierda marxista confiaba en la formación de una clase obrera argentina homónima a la europea, sin mediar ninguna transacción, la izquierda peronista depositaba en Perón una confianza desmesurada para dirigir las masas al socialismo. De ese modo, el tránsito por la subjetivación que procuraba separar la proveniencia de clase del deseo político de su ímpetu revolucionario quedaba relegado desde el encuadre teórico.

---

32. Esto puede verse en las grandes líneas políticas del movimiento obrero de la época. En efecto, el sindicalismo peronista se encontraba dividido a nivel nacional entre un sector oficialista, liderado por Augusto "Lobo" Vandor, y otro más combativo, la CGT de los Argentinos de Raimundo Ongaro. A su vez, había todo un sector sindicalista de izquierda no-peronista cuyo líder más reconocido era Agustín Tosco. Para un análisis más detallado de este fenómeno, ver James, y Torre.

En segundo lugar, la efervescencia vivida en *El* Devotazo en connivencia con el 'retorno de la democracia' ese día, se situaba en una cadena lógica donde la mayoría de los militantes podía leer en ello el advenimiento de la revolución. Sin embargo, el mismo evento histórico señalaba las falencias de una transacción política donde una democracia frágil, dirigida por un líder como Perón, lejos estaba de una revolución social. Pero lo más problemático era que esta verificación histórica aparecía hecha carne, entre otros, en los militantes de estas organizaciones armadas que hicieron propio ese deseo revolucionario proponiendo una manera concreta de "ofrecer la vida" por una sociedad más justa. Tal como decía Valentín: *vivo en función de la lucha política*. Pues el surgimiento de grupos guerrilleros en los setenta (y nos referimos principalmente a las guerrillas peronistas Montoneros y FAR, y a la trotskista ERP, aunque hubo otras) interpeló a todo el movimiento popular y a la sociedad entera.[33] Es que la vivencia de este pasaje a la lucha armada apareció fuertemente vinculada a la voluntad política de una decisión individual; aunque en el fondo, esta elección vital respondía también a "una tipología moral [...] que reclama[ba] el sacrificio de la propia vida" en nombre de una matriz cristiana inconsciente (Vezzetti 139).

La combinación de las transacciones ideológicas (la visión revolucionaria distorsionada) y las transacciones políticas (poner el cuerpo donde termina la racionalidad) conformaron el sustrato del imaginario político revolucionario. En ese sentido, los relatos de estas dos películas en *El beso de la mujer araña* pueden leerse subliminalmente sobre al trasfondo sacrificial de la revolución, entendido como el fundamento inconsciente de su práctica y su racionalidad militante. Desde esa perspectiva, la combinación de un deseo desbordante (como el de Irena) junto con la imagen del sacrificio monumental por la patria (como el de Leni) funcionan como las telarañas que anudan el imaginario revolucionario con una estructura sacrificial más profunda, que no sólo la precede y en parte la determina, sino que también se presenta como seductora y atractiva en las imágenes del desborde popular de masas y los mártires que idealiza.

---

33. El ERP es un desprendimiento del trotskista Partido Revolucionario de los Trabajadores (PRT). Los Montoneros estaban ligados fuertemente a las Juventudes Católicas y eran parte del peronismo. Las Fuerzas Armadas Revolucionarias (FAR) fueron un desprendimiento del Partido Comunista que venía actuando con anterioridad, pero que hizo su primera acción pública bajo ese nombre en 1970 y luego terminaría uniéndose con Montoneros en 1973.

El ejemplo más notorio fue el secuestro y asesinato del exdictador Aramburu llevado a cabo por Montoneros en 1970. Tal como sostiene Carnovale, el "ajusticiamiento" del militar, y todo lo que significaba en tanto había dirigido el golpe de estado contra Perón en 1955, ponía a funcionar un criterio militar como base de la disputa política haciendo prevalecer "al enemigo represor por sobre el enemigo de clase" (128). Más adelante volveremos sobre ello.

En última instancia, el impulso del sacrificio por la revolución, hasta cierto punto inconsciente y cristiano, desbordaba el acontecimiento histórico. ¿No es precisamente esa prudencia de la razón que no permite pasar a la acción directa la que el pensamiento revolucionario estaba taladrando constantemente? ¿Cuál es entonces el valor del análisis transaccional en el momento de la toma de decisiones? En todo caso, caeríamos en un error analítico si nos detuviéramos en este punto para responsabilizar exclusivamente a las guerrillas por el advenimiento del terror de Estado posterior. La tarea que nos proponemos aquí consiste en discernir, mediante el pensamiento de las telarañas, cómo funcionaron estos pasajes o transacciones en la formación constante de un deseo político cuyo impulso revolucionario ya estaba interpelando a la sociedad para ese entonces.

Las telarañas del encierro en Devoto: compromiso y unidad

Hasta aquí la trama arácnida, por decirlo de algún modo, de esta racionalidad militante se despliega en torno a estas paradojas de la doble-fidelidad y del cuidado del otro/a, acuciados por la punzante pregunta sobre el origen fascista del peronismo y la profunda pulsión sacrificial cristiana que la desbordaba como un llamado político a tomar acción. El imaginario revolucionario se construye en torno a estas telarañas del encierro (sexuales, políticas, históricas) que están sobredeterminadas en torno a dos instancias de *transacción política*. La primera está ligada al grado de *compromiso político* con la causa revolucionaria que se veía interpelada por la emergencia de la lucha armada como posibilidad real. Y la segunda corresponde al desplazamiento de los conflictos de clase, que va del deseo de articulación entre organizaciones izquierdistas y de trabajadores hacia una hipotética unidad de los grupos armados. Además, visto desde la prisión como un sitio de resistencia inserto en el ciclo de lucha popular, estas problemáticas de la subjetivación política de la época enlazan este deseo revolucionario, vago, intenso, avasallador, y hasta cierto punto indefinible, en un imaginario triunfalista.

Desde esta perspectiva, el análisis de la preparación del *Devotazo* desde la prisión puede servirnos de índice de verificación del estado de la situación de las problemáticas del compromiso militante y la unidad política. En efecto, según los recuentos históricos y testimoniales, el desarrollo de los eventos no fue tan improvisado como parece a primera vista.[34] De hecho, dos días antes del evento, las presas y presos políticos habían tomado los cinco pisos donde se alojaban sin producirse enfrentamientos con los guardias (Trotta 151).[35] En este "intervalo" entre el copamiento interno y la liberación, con los pisos comunicados y cada organización preparando sus carteles y consignas, se produce una discusión al interior de cada grupo político (peronistas, comunistas, trotskistas) sobre si era posible que las parejas ya formadas (o en pleno romance iniciático) tengan un tiempo a solas para reencontrarse sexualmente (153-155).[36] La libertad era puesta en juicio por la dirección insurgente decidiendo el destino de ese *intervalo inédito* para sus propios cuadros políticos: "había que autorizar o denegar las relaciones sexuales dentro del penal" (153). Se trataba de un intervalo doblemente libre: del poder carcelario y de la liberación que vendrá (y con ello la inserción en otro registro de la lucha política). Era una libertad todavía no liberada o una liberación aún encerrada que, sin embargo, no pudo atenerse a una lógica colectiva que no sean los mandatos de las organizaciones políticas asentados en el compromiso previamente asumido.

De hecho, se destinó el segundo piso para esos encuentros sexuales, aunque los mismos fueron autorizados por los peronistas y negados por los grupos

---

34. Por ejemplo, muchos de los prisioneros trasladados desde Rawson a Devoto para declarar en sus respectivos casos (entre ellos Haidar), se negaron a volver al sur y así pudieron trabajar colectivamente por la amnistía desde dentro.

35. Desde afuera recibieron el apoyo de "legisladores, periodistas, organismos de solidaridad, familiares y abogados", quienes tuvieron la autorización de entrar para realizar "reuniones entre las direcciones insurgentes, legisladores y organismos de solidaridad" (Trotta 151). Inclusive, "la misma noche del 23 de mayo, se decidió organizar una cena para confraternizar entre los detenidos" y todos/as los/as que pudieren entrar para brindar su apoyo al copamiento (158). Además, cabe destacar que "[n]o hubo ningún intento de parte de los agentes carceleros de retomar el penal".

36. Para un análisis sobre la noción de *intervalo* en *El Devotazo*, ver Pous ("Los intervalos").

de izquierda (154). Esta inserción de la organización en la vida sexual de sus miembros se acicalaba en la sensación de que este acto podía verse como parte de "gestos individualistas, tildados de deleznables vicios pequeños burgueses" (153). Este autocontrol operaba a nivel táctico y "valorizaba" el compromiso político de cada uno determinando su horizonte de vida y su conducta cotidiana: la doble-fidelidad y el cuidado del otro.[37] Y no es que hubiese sido posible simplemente no discutirlo; sino que, al planteárselo, asumía en lo que valoraba (el compromiso colectivo) el deber de entregar la vida (el deseo "propio") a la lógica de la organización política. Es decir, en el momento de mayor libertad y algarabía dentro de la cárcel, la subjetivación política contenía dentro de sí misma la extensión de *un encierro dentro del encierro:* el restablecimiento de la jerarquía de mando y el sacrificio personal. Esa *distancia interna* desde donde estallaba el compromiso individual se volvía a cerrar frente a las propias prerrogativas militantes y la división política no podía (no sabía cómo) canalizarla.

Por su parte, en medio de ese clima de efervescencia que inundaba el penal, el militante-intelectual Paco Urondo se reúne en una celda con Camps, Haidar y Berger, los tres sobrevivientes de la masacre de Trelew, y graban una entrevista que luego será publicada como *La Patria Fusilada* (Urondo).[38] En ella reflexionan juntos, por única vez, sobre la fuga de entonces que devino masacre, mientras apenas mencionan la liberación que se venía. En ese contexto, la conversación gira en torno a la evaluación de la "operación político-militar" de la fuga de Rawson: de la decisión, que todos consideran correcta, en tanto "se buscaba sumar compañeros a la lucha" (Urondo 28). Y en la que todos, además, destacan algunos puntos de discordia tales como "la falta de detección del grado de deterioro del enemigo [y] el rol del General Perón", que terminaron por dividir las aguas con los sectores de la izquierda no peronista. Al mismo tiempo, dice Haidar, se trata de "un proyecto de Guerra popular y prolongada [que] tiene un carácter estratégico, es decir, metodológicamente

---

37. El propio Roberto Santucho sostenía que "la cárcel es un frente más de lucha, donde el revolucionario que está prisionero tiene también una tarea que cumplir. Se organizan en los pabellones de cada cárcel, con horarios de actividad: se comienza siempre por la mañana muy temprano, con gimnasia para mantener las condiciones físicas y se continúa con las reuniones, cursos, estudios y discusiones" (Garaño y Pertot 34).

38. La entrevista se llevó a cabo el 24 de mayo entre las 9 pm y las 4 de la mañana (Urondo 15–16).

nosotros queremos utilizar la Guerra popular para alcanzar la toma de poder" (29). Entonces, la pregunta central parece hacer un columpio: ¿cómo no es posible la unidad de las fuerzas revolucionarias si comparten la misma perspectiva bélica? Y en el otro extremo: ¿cómo fue posible la fuga dadas las diferencias políticas entre ellas? "Tal vez [dice Haidar] fue la única operación que se concibió unitariamente entre las tres organizaciones [...] el único tipo de operación en el cual siempre vamos a estar unidos" (38).

Retrospectivamente se puede pensar que, en la entrevista, toda la intención de recordar la fuga y la masacre fue un modo de habitar ese fantasma de la unidad. Pues paradójicamente en la cárcel, tal y como este dispositivo de encierro se encontraba entonces, fue el único sitio donde existió una unidad concreta entre las fuerzas revolucionarias. En efecto, según Haidar, entre las organizaciones peronistas (Montoneros y FAR), hubo "un trabajo de confluencia que no se daba afuera en ese momento. Al contrario, en la primera mitad del año 1972, las prácticas eran bastante distintas y había un distanciamiento entre ambas organizaciones. En cambio, adentro el proceso era inverso [...] había una gran identificación" (43). Es que el tiempo carcelario que procuraba detener un movimiento social había sido incorporado a la máquina de resistencia: "doce horas por día discutíamos [en Rawson]. Había un grado de elaboración muy grande", recordaba Berger (41–42).[39] Del mismo modo, sólo pudieron reunirse para hablar de lo sucedido en ese *intervalo carcelario* previo a la liberación. Es que estas instancias intermitentes donde se produce una unidad de acción operan en su propia temporalidad sustrayéndose de la lucha histórica, pero transformándose a sí mismas en ella. Esta sustracción funcionaba como el corazón pensante de la liberación, pero bajo el registro narrado del evento unificador: la revolución por-venir. Y, sin embargo, aclara Haidar, "de ninguna manera la fuga podía significar la unidad de las organizaciones armadas" (45).

Siguiendo estas dos instancias de discusión que interpelan al compromiso militante y la tensión de la unidad de manera distinta, la paradoja final es muy curiosa: la transacción política al interior de la cárcel hace posible *la unidad* solamente como resultado del encierro. Una vez fugados, una vez liberados,

---

39. Como resultado de las discusiones en Rawson, se produjo un documento conjunto de ocho páginas conocido como "El Balido de Rawson" (en referencia a la comida carcelaria, un "viejo y frío" cordero patagónico) donde la discusión central giraba en torno a cómo relacionarse con el movimiento de masas peronistas (Urondo 40).

la unidad se esfuma, y el deseo de encerrar a la revolución para volverla inevitable, se escapa. Es decir, con la realización de la liberación lo que se escapa es la unidad que la hizo posible.[40] Del mismo modo, el autocontrol militante del "propio" compromiso político se impone como auto-encierro frente a la realización de la libertad. Su transacción ya está interiorizada en una jerarquía que se le escapa. Y en ese sentido, las telarañas del deseo estarían siempre respondiendo a un intento de encierro. El encierro del poder (el cambio de estrategia) y el encierro de la revolución (la reacción frente a la liberación): como si en última instancia, el deseo del encierro del otro se impusiera e hiciera sistema con el encierro del deseo propio. Por lo tanto, la indagación sobre los valores de la unidad y el compromiso político como instancias de transacción política buscaban desbrozar el deseo del encierro (y con ello el encierro del deseo) —no para identificar un deseo revolucionario último, sino más bien, para entender cómo funcionó este imaginario político en su momento, ya que aún determina, en parte, la subjetivación política contemporánea—.

PARTE 2

La carta y la panza

Ahora bien. Estas *telarañas del encierro* desplegadas en el apartado anterior entre *El beso de la mujer araña* y *El Devotazo*, se anudan nuevamente en el capítulo 7 de la novela, cuando Valentín comparte con Molina una carta de su compañera de militancia (no sabemos su nombre) quien también era su pareja sexual. Al leerla en voz alta, el militante explica cómo fue escrita en clave para evitar la censura carcelaria: "cuando dice 'desde que soy vieja', quiere decir desde que entré en el movimiento. Y tío Pedro, [quien ha muerto] por desgracia es un muchacho de 25 años, compañero nuestro del movimiento" (Puig 138). Además, Valentín prosigue:

> —Quiere decir que me estaba extrañando mucho, y nosotros tenemos *el pacto de no encariñarnos* demasiado con nadie, porque eso después te paraliza cuando tenés que actuar.
> —¿Actuar de qué forma?

---

40. Sin embargo, una vez que los militantes de la cúpula llegan a Chile después de la fuga de Rawson, entran en contacto con los guerrilleros del MIR chileno. Y esa reunión será el germen de una organización entre grupos armados de toda América Latina, la Junta Coordinadora Revolucionaria (JCR) (ver Dinges).

—Actuar. *Arriesgar la vida.*
—Ah.
—Nosotros *no podemos estar pensando que alguien nos quiere,* porque nos quiere vivo, y entonces eso te da miedo a la muerte, bueno, no miedo, pero te da pena de que alguien sufra por tu muerte. Entonces *ella está teniendo relaciones con otro compañero* (Puig 139; subrayado mío).

De este modo, Valentín expone un segundo anclaje de la racionalidad militante.[41] De un lado, despliega su modo de mirar el mundo, entre-líneas, tratando de descifrar aquello que no aparece a primera vista. Y del otro lado, la lógica revolucionaria prescribe no conectarse con sus propios afectos, *no estar pensando que alguien nos quiere.* De ese modo, la vida que se arriesga al sacrificio ya ha sido desconectada de su trama afectiva; es decir, según esta proscripción, ya no es vida porque si lo fuera, en conexión con la vida colectiva de los otros, va a doler en cada otro que sobre-viva. Al mismo tiempo, instala un sustrato paranoico que resulta necesario para la sobrevivencia en tiempos de clandestinidad, y que en la cárcel se vuelve uno de los elementos propios del *cuidado del otro,* entrando en tensión con la búsqueda de una "una racionalidad más profunda [...que,] partiendo de la experiencia sensible de nuestro cuerpo, [aspira a rescatar] nuestra conexión perdida con los otros" (Rozitchner, "La izquierda" 52).

Y todo ello, finalmente, está anudado por el principio que une el compromiso de *arriesgar la vida* por la revolución. El funcionamiento de esta racionalidad militante que subyacía a esas identificaciones en las películas que hasta ahora parecían banales, retorna con todo el peso de la realidad, porque "si pensar es aquí tejer y enlazar los hilos que la trama afectiva e inconsciente organiza; todo enlace que cae fuera de ella duele: cae en la carne viva, no integrada, residual" (Rozitchner, *Freud* 62). Por un lado, el dolor reconocido ante la noticia de la muerte de un compañero. Por el otro, el dolor no reconocido del engaño de su pareja. Se trata de un dolor que la racionalidad política no logra contener en su propia lógica e impacta el cuerpo de Valentín, quien comienza a sentirse mareado por la comida "envenenada" que sirven en el penal (con el objetivo clandestino de 'ablandar' al prisionero político). Ante ello, el militante razona: "Sabés una cosa... yo me reía de tu bolero [que

---

41. El primero había sido la separación de los placeres y el deber revolucionario, tal como vimos anteriormente.

Molina estaba cantando al principio del capítulo 7] y la carta que recibí por ahí dice lo mismo" (Puig 140). Entonces Molina repite la canción, "La Carta", de Mario Clavel:

> —Querido, vuelvo otra vez a conversar contigo... La noche, trae *un silencio que me invita a hablarte*... Y pienso, si tú también estarás recordando, cariño...*los sueños tristes de este amor extraño*...Tesoro, aunque la vida no nos una nunca, y estemos –porque es preciso- siempre separados... te juro, que el alma mía será toda tuya, mis pensamientos y mi vida tuyos, como es tan tuyo...este *dolor*... o este penar (140–141; subrayado mío).

La letra de la canción parte de ese *silencio* que denota la ausencia de la otra/otro amado, al cual se lo reconstruye *hablándole* (aunque no esté) para alimentar la continuidad de este *amor extraño* en la distancia interior. De modo similar, la ausencia de la mujer militante que antes había generado miedo en Valentín, ahora se presentaba en la lectura de la carta escrita. Sin embargo, la carga afectiva se ve desplazada dado que el activista, en el fondo, no la extraña a ella sino a otra mujer, Marta, una exnovia que provenía de la misma clase que él. Así, al yuxtaponer ambas 'cartas', Valentín se enfrenta a la desconexión entre su propia racionalidad militante y la trama afectiva que la sostiene: la posibilidad real de que *la vida no los una nunca*. Y esto mismo resuena en la celda, porque por primera vez en la novela Valentín reconoce la importancia del discurso de Molina. Y en ese gesto, se abre por primera vez al otro: al sentimiento y a la sexualidad del otro. Pues si ambos *dicen lo mismo* frente a la distancia afectiva, si ambos hablan a partir de ese *dolor* del cuerpo, hay entonces un lugar para la transacción (sexual, política, histórica) en el reconocimiento del (deseo del) otro.

Al final de este diálogo, justo cuando ambas 'cartas' quedan vinculadas explícitamente, Puig agrega una nota a pie de página donde aparece una exposición teórica sobre la homosexualidad masculina como resultado de una fuerte identificación con la madre.[42] De esa manera, en el significante *carta*

---

42. Allí Puig trae a colación el texto *Introducción al narcisismo*, donde parafrasea a Freud cuando éste señala que "el varón homosexual empezaría con una fijación maternal, para finalmente identificarse él mismo como mujer" (141). Tal es el caso de Molina, quien reconoce y exige ser tratado como tal. Pero no es claro para Puig que "el objeto de su deseo sexual es su propia imagen" sino más bien la del otro, masculino, que le permite ser mujer.

confluyen la narrativa de la transformación social (revolucionaria y sexual) del diálogo central, junto con el saber sobre la sexualidad y el control social. Estas telarañas operan de modo 'invisible', como ausencias no reconocidas de la vigilia. Me refiero por un lado al reconocimiento parcial de Valentín cuando confiesa que "yo de gente de tus inclinaciones sé muy poco". Y por el otro, se hace presente en la comida 'envenenada', desconocida sólo para el militante. Este despliegue expresa, no el agujero negro central de una telaraña, sino la sobredeterminación de tejidos que dejan agujeritos entre sí donde se cuelan los pasajes antes descritos.[43] Como si hubiese una superposición de ausencias que dejan sus rastros en la trama de la relación entre los presos. Una carta es leída *en clave* revolucionaria, y la otra cantada como reminiscencia de un amor lejano. Esa 'letra', que proviene de afuera de la cárcel, atraviesa la subjetivación para insertarse en el corazón de los protagonistas. Y todo eso apuntalado por la aguja del poder que está punzando el estómago del preso político, para debilitarlo y 'sacarle' información. Hasta que por fin ese nudo se desprende, literalmente, cuando Valentín no aguanta más el dolor de panza y se hace caca encima. Suelta lo que tenía adentro. Y es Molina quien lo limpia, ya que su compañero de celda está muy debilitado, revitalizando el cuidado del otro como fundamento de la relación.[44]

---

43. Aquí se podría hacer un contrapunto con la interpretación de Jacques Lacan y la predominancia de la fórmula del sujeto que gira en torno a un vacío, a *una falta* alrededor de la cual se erige el sujeto. "La idea del sujeto como falta no puede separarse del reconocimiento de que el sujeto siempre intenta compensar su falta constitutiva en el nivel de la representación, mediante continuos actos de identificación" a pesar de que la falta "nunca cesa de resurgir" (Stavrakakis 47). Para Rozitchner, en cambio, "el ver y el pensar verdadero están al servicio del ello", y no de la falta. Por lo tanto, esta lógica del deseo desplazado tiene como posibilidad real el encuentro con los "propios" deseos en relación con el otro (*Freud* 95). Para Lacan "sólo tenemos un acto cuando respondemos al encuentro con lo real registrando la falta en el Otro: el acto es un acto del decir que responde en este punto donde el otro falta" (Stavrakakis 161). En resumidas cuentas, mientras Lacan enlaza la relación con el otro a través del señalamiento de la falta, Rozitchner destaca el trabajo colectivo que hace carne en el acogimiento del otro.

44. Una clara referencia a las teorizaciones de Freud sobre las etapas de la sexualidad (oral, anal, genital) que aparecen criticadas en la misma nota al pie. De hecho, se podría pensar esquemáticamente la novela como un momento oral, donde Molina cuenta películas y ofrece comida a Valentín; un momento anal,

Simbólicamente, esta descarga corta de cuajo las telarañas del encierro y el resto expulsado de mierda (literalmente) retorna luego del cuidado del otro hecho lenguaje. En consecuencia, el resultado de ese desmembramiento va a coincidir con uno de los versos cantados: el recuerdo de *los sueños tristes de este amor extraño*. Esta frase lleva a Valentín a recordar su amor con Marta, una chica "de familia burguesa y costumbres muy liberales" (142). Se trataba de un amor que no concordaba con el movimiento político de la época a pesar de la intensidad de su vivencia: un amor para nada extraño a su condición social. Pero este retorno viene cargado, ahora, de un enojo. Dice Valentín: "¿Y sabés por qué me molestó cuando empezaste con el bolero? Porque me hiciste acordar de Marta, y no de mi compañera. Por eso. Y hasta pienso que Marta no me gusta por ella misma sino porque tiene... clase, como dicen los perros clasistas hijos de puta... de este mundo" (147-148).

Al respecto resulta muy interesante la distinción que realiza Vera Carnovale entre el enemigo de clase y el enemigo militar (128).[45] Según la historiadora, a medida que avanzaba el proceso de militarización del ERP en los setenta (y acaso lo mismo puede decirse de otras organizaciones armadas), "la figura del enemigo represor adquiri[ó] preeminencia por sobre el enemigo de clase" (138). Este desplazamiento no sólo identificaba conceptualmente guerra y revolución, sino que también inscribía la distinción amigo/enemigo en un proceso de subjetivación complejo, reduciéndolo a un enfrentamiento entre 'ejércitos' desiguales.[46] Paradójicamente, concluye Carnovale,

---

que estaría marcado por la defecación; y otro genital, que llegará con el encuentro sexual entre ambos.

45. En su estudio sobre el ERP, Vera Carnovale sostiene que esos militantes mantenían una ambivalencia en la figura del enemigo que se intercalaba entre el enemigo de clase, ideológicamente identificado con el capitalismo, y el enemigo represor, identificado con las Fuerzas Armadas (128).

46. Según el texto de Carl Schmitt, "Teoría del partisano. Acotación al concepto de lo político", la guerra total entre Estados tiene sus propias reglas donde los ejércitos regulares "soberanos portadores de un *ius belli* [...] respetaban a sus enemigos y no los trataban como criminales" (en Carnovale 173). En ese sentido, "la guerra clásica —sostiene Schmitt— es una guerra acotada". Pero en el siglo XX aparece una nueva clase de guerra "que se enreda en un vínculo de terror y contraterror hasta la aniquilación total" (172). La figura central en esta nueva configuración es "[e]l partisano moderno [quien] no espera ni gracia ni justicia del enemigo".

"los guerrilleros postularon un enemigo a imagen y semejanza, desconociendo el paradójico hecho de que ese mismo enemigo [las Fuerzas Armadas] había asimilado más seriamente las implicancias de las nociones de enemistad absoluta que la guerra revolucionaria traía consigo" (180).

En la novela, esta ambivalencia entre el "enemigo de clase" y el "enemigo represor" vive en la distancia interior entre el yo y el superyó. Por eso Valentín se ha enfadado con ese otro 'muchacho' que está dentro de él y que desea valores burgueses. La pasión militante que lo había llevado a *arriesgar la vida por la revolución* se había salteado ese halo afectivo: reconocer que esa vivencia del amor en clave "burguesa" se había hincado en su carne, y a pesar de haberla desestimado y olvidado en su momento, ahora *se desprendía* de él mismo. Es por eso que ese recuerdo retorna junto a la sensación de no haber podido cambiar lo suficiente para la *causa*: "adentro mío [dice Valentín] yo soy igual que todos los reaccionarios hijos de puta que me mataron a mi compañero...Soy igualito a ellos" (Puig 147).

De ese modo, el fundamento de su atracción por Marta reside, primero, en el enemigo represor (identificado con los asesinos de su compañero) y, en segundo lugar, en el enemigo de clase que determina su *deseo* (clasista) por cierto tipo de mujeres. Para Rozitchner, el problema consiste en "¿cómo pensar el tránsito efectivo hacia la revolución si hemos sido hechos en las categorías de la burguesía, si todavía vivimos amojonados dentro de su realidad?" (*Freud* 15). Cabe señalar que en la transacción de Valentín no predomina una noción militarista, sino más bien la frase del bolero: *los sueños tristes de ese amor extraño*. Es decir, a través de esa frase, Valentín conecta ambos 'enemigos interiorizados' para procesar explícitamente el dolor de la muerte

---

> Y a su vez, los ejércitos regulares que habían sido entrenados para pelear una guerra entre Estados, ahora tienen que reconfigurarse para combatir el enemigo interno y aniquilarlo. Para ello, van a asociar al partisano con el criminal, el bandido social, el *outlaw*. Todo el pasaje de la Doctrina de la Seguridad Nacional a la Operación Cóndor, y luego a la "guerra de baja intensidad", consiste en la extensión del terror de Estado que estaba pensado para destruir esta figura emergente y evitar que vuelva a surgir. Y del lado de los revolucionarios, "el fin de esta nueva clase de guerra es la destrucción del orden social existente". La idea de Lenin de "guerra civil revolucionaria", o la de Mao, de "oponer la guerra revolucionaria a la contrarrevolucionaria", alimentaron la "guerra popular y prolongada" adoptada por el ERP (y por otros grupos guerrilleros) en los setenta (173).

del compañero: el amor extraño por la revolución que devino en la muerte del otro inundando de tristeza el sueño que le dio vida. Pero la ruptura de esa malla colectiva de solidaridad que tanto costó construir entre los militantes había comenzado anteriormente. Es decir: al identificar la extrañeza de ese amor por Marta, se desplaza el segundo dolor (ausente en el discurso) ante la nueva pareja sexual de la compañera que escribe la carta. El impacto de la nueva realidad, comunicado a través de la carta, devela que su amor por Marta, revestido por el discurso militante que lo había vuelto extraño, ha retornado entre la des-carga fecal y la carga libidinal del enojo contra sí mismo. Y, entonces, el militante se cuestiona tanto el sustrato de clase como su *modus operandi* 'reaccionario' de donde emerge su propio sueño revolucionario, *amojonado en esa realidad* de la cual parece no poder desprenderse.

Es decir, el problema consiste precisamente en pasar de una idea de enemigo a la otra sin pasar por uno mismo, sin hacerlo carnadura propia y, por lo tanto, sin poder elaborar una crítica de la noción de enemigo (y sus implicancias políticas) —que sin embargo pulula en todos los discursos de la época—. De no ser así, estaríamos en presencia de un pasaje de *lo externo a lo externo*, que no implicaría una transacción política tal como la definimos con Rozitchner: de lo interno a lo externo, y viceversa. En ese sentido, la transacción política en Valentín en este momento funciona de interior a exterior: en la carga libidinal que explota en el enojo, y en la des-carga fecal, porque el militante se cuestiona el sustrato de clase y de representación política de donde emerge su propio sueño revolucionario.

El sueño del guerrillero y la condena eterna

Aun así, no alcanza solamente con ese reconocimiento. En este sentido, para Rozitchner, el modelo de esta transacción es el sueño, en tanto "compensa alucinatoriamente la insatisfacción" (*Freud* 24). El argumento es el siguiente: en la vigilia *lo racional* cobra sentido siempre y cuando lo reprimido permanezca invisible; en cambio, en el sueño, todo se organiza en función de esa "idea desdeñada" en la realidad. En ambos casos predomina el deseo insatisfecho, pero en el sueño funciona como si esa ausencia estuviera presente; y, en cambio, en la vigilia se organiza como si no hubiera ausencia. Entonces, la lógica alucinante del sueño muestra cómo "el desacuerdo entre el yo y el ello aparece como fundamento inconsciente del acuerdo entre el yo y la realidad" (27, 39). Más precisamente: se trataría de una ausencia que organiza las otras ausencias en la superposición de las telarañas del encierro y "nos muestra la diferencia interna no asimilada": la grieta a partir de la cual la subjetivación política tiene que elaborarlo todo de nuevo (28-29). Ambos elementos, la lógica alucinante y las ramificaciones de lo reprimido (las ausencias), dejan al sueño como instancia privilegiada de transacción política.[47] Es que el sueño se asienta en una relación de *interior a interior* que busca satisfacer un deseo (como todo instinto). Y, al hacerlo, plantea la "distancia entre uno y uno mismo" (23). Por lo tanto, Rozitchner propone elaborar y acercar esa distancia entre el yo y el ello, la grieta inclaudicable, para reducir la tensión de la articulación entre el yo y el superyó (99).

En la novela la distancia entre el deseo revolucionario y el mandato militante comienza a abrirse en medio del diálogo del capítulo 6. Ahí emerge una narración justo cuando Valentín se siente mal del estómago y decide descansar (Puig 128). El relato del sueño que sigue interrumpe el diálogo central conservando la estructura narrativa de una película —acaso funciona como una superposición de ambos, y de hecho carece de diálogo y está escrito *en itálicas*—. Algo así como un desprendimiento textual que reverbera en las grietas de la conversación central y va desplegando su telaraña *paulatinamente*. Y como *un silencio que ha sido invitado a hablar*, tal como dice la canción, termina por ocupar el final del capítulo 7.[48]

Esquemáticamente, el sueño devela el dilema de los hijos de la "pequeña burguesía" devenidos "revolucionarios" que *aún viven amojonados en esa realidad* que los preexiste. Pues al mostrar estas contradicciones propias de la *subjetivación política* de la época, presenta a la vez los límites de una transacción política: aquello que estando entre uno y uno mismo, *se resiste en nosotros para ir más allá de nosotros mismos*.

En efecto, a contrapelo del diálogo entre los presos, el relato del sueño discurre a través de una serie de transferencias entre personajes: *"una mujer europea,... una mujer hermosa,... una mujer con conocimientos de marxismo,...*

---

47. Aquí preferimos utilizar 'instancia' en vez de "modelo", como hace Rozitchner, porque nos permite reconocer la sobredeterminación de distintas lógicas que entran en juego en cada transacción específica.

48. En "Lo ominoso", Freud elige una frase para describir la complejidad del concepto que se parece bastante a ésta del bolero. La misma pertenece a Schelling y esgrime que "se llama *Unheimlich* [lo ominoso] a todo lo que estando destinado a permanecer en el secreto, en lo oculto. (...) ha salido a la luz" (224).

una mujer que admira a un revolucionario latinoamericano... una mujer que hasta podría olvidar la muerte del muchacho que regresó a su patria" (128-129). Esta muerte anunciada permite, en el despliegue del relato, que se cambie de personaje. Ahora, sabiendo su destino, el segundo personaje —el muerto-aún-vivo— entra en escena: *"un muchacho que vuela de regreso a su patria... que cree sin vacilar en la doctrina marxista... [y] teme ser considerado un oligarca más... un muchacho que desciende del avión y abraza a su madre viuda vestida con estridentes colores"* (129-130). Ahora es la muerte del padre la que nos permite cambiar de personaje, apareciendo en escena *"una madre sin lágrimas en los ojos... una madre que bajo el palmar narra cómo su exesposo fue ultimado por guerrilleros..."* (130).

Estos deslizamientos entre muertes funcionan como ramificaciones de la subjetivación política de la época a la sombra de las cuestiones centrales de la doble fidelidad (a la familia y a la política) y del cuidado del otro/a, que contiene el miedo (secreto) a ser identificado como ese otro/a. Por un lado, está la temporalidad de una revolución ajena que, heredada de Europa, ya viene muerta en el avión. Se trata de una revolución no pensada o elaborada con categorías propias. Por el otro, esa misma revolución está anclada en las contradicciones de clase que, como los sentimientos encontrados de Valentín, le dan ese carácter fantasmal, de estar viva y muerta a la vez: como sueño y como imposibilidad. Significativamente, esta doble muerte masculina, de padre e hijo, se recuesta en las mujeres como cadena de transmisión de éstas. Son ELLAS las que narran la muerte del otro, mientras que los hombres fundan la autoridad en este mundo patriarcal. Pero ¿quiénes son realmente las/los sacrificadas/dos?

Al mismo tiempo, el sueño nos muestra esa *distancia entre uno y uno mismo*: entre Valentín y el "protagonista" de su sueño. Como si el preso estuviese viendo en una película el desbarrancamiento de su "propio" ser militante, pero distanciado de sí mismo. Este desdoblamiento invierte la figura ambivalente del enemigo (de clase y represor), que ahora se inviste en los guerrilleros asesinos de su padre (y de él mismo, como veremos en el relato del sueño). Es decir: si el militante Valentín es parte y resultado de una red de solidaridad política y afectiva que procura hacer la revolución; su autocrítica sobre el "enemigo interno" tiene que verificarse en el fundamento colectivo que lo constituye.

En ese punto aparece "una muchacha campesina" y guerrillera que conduce hábilmente al muchacho hacia el jefe guerrillero, "compañero de la Sorbona [de él...] que volvió a su patria para organizar la subversión campesina", y que considera "que tal vez deba *sacrificar a un amigo* para continuar su lucha de liberación" (131-132; subrayado mío). He aquí cómo la telaraña del sacrificio se enlaza con la revolución explícitamente del modo más crudo: no como el resultado no deseado de la acción, sino como el acto premeditado del 'amigo' que lo convoca.

El sueño continúa cuando esa misma muchacha, *"que lo mira con arrobamiento"* y *"que tal vez lo odie"*, lo lleva en silencio por la montaña de *retorno* a su mansión la de él. Es con ella que se esconde de *"una patrulla de rastreamiento"* en una cueva donde deben pasar la noche. Allí tienen un encuentro sexual donde *"la muchacha es tratada como una cosa [...] Una muchacha que tiene fuerte olor a transpiración [...] a la que se usa y luego se deja arrumbada"* y que, en fin, *"no puede hacer olvidar a una sofisticada parisiense* [la mujer del inicio del relato]" (132). Este *desprecio de clase* que sostiene la escena es tal vez el negativo del enojo de Valentín contra sí mismo. Es este muchacho que vive dentro de él su 'peor enemigo' quien, a pesar de añorar la revolución, no deja de seguir sintiendo y ejerciendo (en este terreno de lo inconsciente) su privilegio de clase. Más precisamente: su sensibilidad, su deseo históricamente formado, está aún cargado de un desprecio ancestral por el otro con quien pretende hacer la revolución. Y entonces esa misma muchacha campesina *"se atreve a decir [le al muchacho] que ha visto a su madre con el ex-administrador"* de la estancia, insinuando que son ellos los verdaderos asesinos de su padre. Las respuestas del muchacho son *"una bofetada"* e *"insultos"*, una extensión de la dominación social y de género contra la que supuestamente debería luchar.

En este *refugio momentáneo* de la cueva resurge la hipocresía del pequeño burgués que alimenta el corazón machista de la militancia política de izquierda. Es decir: si hasta aquí Valentín reconocía en su enojo el sustrato de clase como parte de su propio deseo, aquí en el sueño aparece como relación de dominación puesta en acto entroncada con su sustrato patriarcal. No sólo en el maltrato de la mujer guerrillera y su desprecio de clase y género, sino también en la estructura misma del sueño donde las mujeres apuntalan el cumplimiento del deseo del guerrillero novato.

Al final del capítulo 7, luego de que Valentín se tira a descansar nuevamente debido al dolor de estómago, el sueño continúa cuando el muchacho invita a su madre a huir con él a Europa, con la ilusión de *"repetir su viaje de niño y volver a esquiar con su bella madre"* (148). He aquí el retorno nostálgico de *los sueños tristes de un amor extraño*. Es decir: del mismo modo que en su retorno a la mansión él había despreciado a la muchacha campesina, ahora es su madre quien lo rechaza porque se va a casar "*con el otro administrador*" y a rehacer su vida. Entonces el muchacho, que ya había tomado un avión para volverse a París, decide regresar y unirse "*a los guerrilleros en la montaña*" (149). Y en una operación militar, "*encabeza el asalto guerrillero a la hacienda donde*" sus compañeros, bajo su orden, matan a su madre y al exadministrador. Pero al verla agonizando, el muchacho "*pierde la razón*" e intenta arremeter contra los guerrilleros "*quienes, a su vez, lo ejecutan inmediatamente*" (149).

He aquí la traición que subyace como fantasma a toda fidelidad: el retorno histórico del mártir revolucionario en una estructura similar a la de la mujer pantera y a Leni. Este es el sacrificio que había pergeñado su amigo de La Sorbona cuando le escribió una carta incitándolo a unirse a la revolución. En este caso, la tragedia soñada lleva en el vientre de la muchacha campesina el hijo o hija de esta revolución fallida. Nuevamente: *La carta y la panza*; pero ahora desdobladas y desplazadas en la trama ensoñada, vuelven para resignificar el sustrato ominoso de la novela. Se trata de la huella que el muchacho percibe, antes de morir, cuando "*quiere pedir perdón* [...]*y*] *ve en los ojos de la campesina una condena eterna*" (150).

Ahora bien. Este sueño trágico que 'se vive' a nivel inconsciente de la novela, expone los elementos crudos del *modus operandi* revolucionario para mostrar los límites propios de la subjetivación política. Las telarañas del encierro vuelven a tejer la lógica del olvido sobre la muerte del (deseo del) otro, sobre el sacrificio patriótico y maquiavélico, sobre el patriarcado y la saga familiar "burguesa". Pues las mujeres no sólo sostienen el relato "cargando" la muerte del otro masculino, sino que también su narrativa funciona como correa de transmisión afectiva, corporal e intelectual de lo supuestamente revolucionario: la mujer parisiense anunciándolo, la madre ocultándolo, y la muchacha campesina denunciándolo primero y llevándolo en el cuerpo después (en la mirada y en la panza). Porque si no es posible plantearse esa *distancia interior*, aquello que es ajeno retorna como una reminiscencia propia cuya fuerza es aún más potente ya que cobija los sentimientos más ancestrales.

En efecto, la mirada de condena de la mujer campesina apropiada en la experiencia personal le resulta al mismo tiempo ajena porque se asienta en siglos de explotación y falsas promesas: el retorno de un tiempo arcaico que asienta el peso de esa condena eterna en la hija o hijo que lleva en el vientre. Pero como dice Rozitchner, habría dos retornos posibles de lo arcaico "como lugar de acogimiento o rechazo amoroso" ("El retorno" 360). Allí, en la frontera entre la vida y la muerte, habría, por un lado "la de quienes ponen la muerte fuera de sí, en los otros, para no experimentar el límite doloroso de su propia vida y su sufrimiento intransferible" (360). Tal el caso de la reacción impulsiva del muchacho en la cueva. "Y, por el otro lado, la de quienes por el contrario necesitan animar la vida del otro para expandir la propia y la acogen como ellos mismos, en el principio de la vida, fueron acogidos".[49] Es decir, sólo partiendo del fundamento inconsciente del *acogimiento a la relación con los otros*, y de eso *Otro* que llega por sorpresa, se sostiene la posibilidad histórica de un cambio radical en la sociedad.

Este acogimiento del otro (y lo Otro) que deviene del análisis de la novela puede contraponerse con el clima generado alrededor de la entrevista realizada por Urondo en la prisión en la noche previa al *Devotazo*.[50] En efecto, mientras Urondo preguntaba y los tres presos respondían a coro sobre la fuga de Rawson y la masacre de Trelew, en las celdas contiguas del pabellón reinaba el silencio: un silencio que organizaba otros silencios. Algunos más 'visibles', como el hecho que en la entrevista, dada la naturaleza de la misma, no hubiese ningún militante del ERP. O "la orden [...] de que en el piso donde estaba[n] los cuatro, nadie gritara, nadie hablara en voz alta siquiera" (17). Este silencio ordenado, "cuidado por guardias", a su vez se colaba en la trama de la entrevista donde la concentración era tal que inclusive ninguno bajó a comer esa noche. El propio Urondo recuerda cuando Julio Roqué, de las FAR, resumió ese encuentro: "Ustedes se sustrajeron al clima del triunfo popular que hervía en el penal —y agregó— pero fueron la presencia, en ese momento, de todos los compañeros caídos en dieciocho años de guerra popular" (18). Esta sustracción se asentaba, de un lado, en la predisposición de los sobrevivientes quienes, a pesar de lo terrible del relato, no dejaron aflorar sus emociones: "hemos sobrevivido para contarlo", decía Haidar; y del otro lado, en el impulso de Urondo de registrarlo para sobrevivirlo.

---

49. Rozitchner destaca que se trata de "dos relaciones distintas desde el arcaico cuerpo de la madre originaria" ("El retorno" 360).
50. Paco Urondo (1930–1976) fue poeta, periodista y militante político de Montoneros. Su presencia en el imaginario militante representa de algún modo la figura del intelectual comprometido que decidió tomar las armas por la revolución. Y acaso la entrevista en el penal significa, entre otras cosas, una extensión de la literatura en la política que busca esa 'palabra justa', como le gustaba decir, en la experiencia misma.

En todo caso, el despliegue de esta sensibilidad militante que opera en la entrevista no dejaba de funcionar bajo las prescripciones de la época: el deber de contar la tragedia y el halo místico que cubría a los sobrevivientes. Pero hacia adentro, en esa celda aislada del tiempo, el propio Urondo reflexionaba *a posteriori*: "Me sentía como cuidándolos [...] ¿o acaso no hay que cuidarlos?" (19). Esta otra sensibilidad que acude al resguardo del otro, al acogimiento del otro, nos permite pensar esa entrevista como un *refugio* 'propio' de la militancia. Del mismo modo que Molina se acerca a Valentín para cuidar de él y de su cuerpo enfermo, Urondo contiene a los tres fusilados que confluyen por única vez en una memoria conjunta sobre los fusilamientos. Y así como Valentín atraviesa las telarañas tejidas en su interior para confrontarse a sus miedos y a sus contradicciones de clase, el relato de los sobrevivientes va a identificar una capacidad de resistencia colectiva —cuyo enfrentamiento con el poder represor se debatía entre la efectividad política and el destino trágico—.

Esta ambivalencia que se explaya en la entrevista abre *un intervalo* entre la fuga y la masacre, por donde se podía vislumbrar una victoria sobre el régimen militar. Pero a la vez se hacía evidente la potencia represiva del poder militar y, por lo tanto, la prescripción de una derrota. ¿Cómo fueron posibles ambas evaluaciones de la situación? No se trata de pensar qué hubiera podido hacerse diferente. Tampoco compete, desde este punto de vista, endilgar responsabilidades.[51] Sino de pensar a Urondo y los sobrevivientes de la masacre como los voceros de ese *evento singular dentro del evento*. Es decir, si la liberación equivale a la fuga, el trasfondo inconsciente de la entrevista en Devoto es el advenimiento inevitable de la masacre —la muerte individual—. Lo que ellos

---

51. La discusión sobre la responsabilidad de intelectuales y militantes durante los años setenta estalló a partir de una carta del lector de Oscar Del Barco donde sostenía el principio de "no matarás" o "no matar", y la necesidad de aceptar la responsabilidad y la culpa de los intelectuales setentistas que, si bien no mataron a nadie, apoyaron grupos políticos y guerrilleros que sí lo hicieron. Rozitchner respondió a la disyuntiva criticando el sustrato cristiano absoluto de la acepción del "no matarás" como principio anterior a la vida. Para Rozitchner, lo que hay que pensar es el "sentimiento del valor de la vida del otro" como fundamento del sacrificio personal por la revolución, que no solo resultó ineficaz políticamente, sino que dejó trunca a toda una generación de activistas ("Primero" 47). La discusión es muy extensa y controvertida, pero pueden consultarse los tomos colectivos *No Matar. Sobre la responsabilidad* (Vol. I; Vol. II). Ver también Bosteels.

han contado una y otra vez, dispersos y por separado, ahora se hace letra en *La Patria Fusilada* en un relato común: ¿quiénes sino estos *fusilados que hablan* podrían encarnar mejor este pasaje histórico por las prisiones argentinas? Y, por lo tanto, lo que se está cuidando, o lo que Urondo se pregunta como confirmación de *su cuidado*, es ese hilo de vida que habla desde la muerte.[52] Es decir, desde esa temporalidad sin retorno que habita lo inconsciente de los prisioneros, el cuidado de este hilo de vida busca sustraerse a la fusión dolor/satisfacción en el devenir trágico de un acontecimiento revolucionario fallido.[53] Pero ¿cómo hacerlo sin dejar de repetir el dilema del deseo insatisfecho en esos mismos términos?

En resumidas cuentas, la primera parte de la novela, entendida como un todo, presenta los conflictos entre deseo y revolución como *un encierro dentro del encierro*. El despliegue de telarañas que se entrelazan entre la letra (la carta) y el cuerpo (la panza) van a *desplazarse* hacia el registro del sueño, para mostrar la hipocresía del militante *y condensarse* en el acogimiento de lo otro (y lo Otro) como nuevo punto de partida. Esta cuestión coincide con

---

52. Marta Vasallo, quien trabajaba con Urondo cuando éste dirigía el Departamento de Filosofía y Letras en la Universidad de Buenos Aires en 1973, recuerda cuando el intelectual "se burlaba de la noción de héroe. [...] Lo que pasa es que la vida de uno deja de ser mi vidita [decía Urondo] y pasa a ser la vida de todos" (Memoria abierta, *Testimonio de M. Vasallo*). En ello se puede leer cierto desprecio hacia la vida individual; pero también, la intervención de Urondo procura elaborar una noción colectiva de la vida. Marta Vasallo prosigue: "[Urondo] Hizo una comparación con la gente que es muy pobre, por ejemplo, con la vida en las villas miserias donde la noción colectiva es natural, y donde se vive en riesgo permanente por otras razones y a nadie se le ocurre que eso es heroico. Hay como una naturalidad y una sabiduría en cuanto que a uno le puede tocar la desgracia como le tocó al de al lado". Pensado desde este registro del cuidado del otro, lo que la entrevista en la celda pone en juego es justamente esta *distancia interna* entre la valorización de esa "vidita" y ese "hilo de vida" que nos une con el otro como fundamento inconsciente de una noción colectiva de la vida.

53. Urondo murió a consecuencia de tragarse la pastilla de cianuro cuando estaba rodeado por las fuerzas represivas en junio de 1976. Camps fue asesinado por las mismas fuerzas en agosto de 1977. María Antonia Berger fue secuestrada en diciembre de 1979 y aún continúa desaparecida. Lo mismo sucedió con Haidar, quien regresó al país en 1982 y fue capturado y llevado a la ESMA. Él también se encuentra desaparecido (Urondo 145-147).

nuestra lectura de la transacción política que, lucha de clases mediante, hizo carne en la subjetivación política. Es decir, hasta este momento del análisis, la transacción política va de lo externo a lo interno y viceversa: sea la lectura/escritura de la carta para Valentín o el relato de la fuga y la masacre en Devoto. Pero a partir de este sueño, que va de lo interior a lo interior, el problema del deseo y la revolución se va a elaborar desde este registro del acogimiento del otro (y lo Otro). Es decir: ahora va a ir desde adentro hacia afuera con la potencia de la transformación inconsciente para generar un evento del evento.

La grieta y la fidelidad

En efecto, mientras Valentín continúa sintiéndose mal del estómago decide dictarle una carta a Molina destinada a su ex novia, Marta. Allí el militante dice: "adentro estoy todo llagado...y solamente vos me vas a comprender... porque vos también fuiste criada en tu casa limpia para gozar de la vida... y yo como vos, no me conformo con ser un mártir" (Puig 182). En ese momento, Valentín reniega de su lucha política, no por los valores que sostiene sino por el sacrificio que ésta implica. Visibiliza la forclusión que —aunque sabía del peligro que corría su vida— lo había habilitado a ser militante en esos términos. Y en su punto límite, pide por "una justicia...divina" que intervenga para cambiar su destino (183). Aquella identificación de clase que en un principio le había producido un enojo enorme contra sus *enemigos*, ahora aparece como sustrato de sí mismo, como experiencia común desde donde establecer una relación (imaginaria) con Marta. Para ello recurre a un doble mecanismo de la identificación: de un lado rechaza el *sacrificio* y el *martirio* requerido por la revolución y, al mismo tiempo, ruega por una intervención divina. Este retorno del sustrato cristiano de la subjetivación política en la figura de la salvación ahora se erige contra los valores exaltados por la revolución, cuando antes era parte constitutiva de la misma. Y en la lógica de la novela, ese llamado a *la justicia divina* viene a sofocar el *sentimiento desbordante* que se había abierto al final de la película de la pantera.

Sin embargo, este primer intento de trazar un acercamiento entre el yo y el ello, le exige a Valentín anclarse en una *fidelidad de otro tipo*. En efecto, el preso político le pide explícitamente a Marta (en la carta) que se pase la mano por su cuerpo, como si fuese su propia mano: "que consuelo tan grande sería... porque sería como tocarte yo mismo, porque algo de mí te quedó dentro tuyo, ¿verdad?" (183). Este reconocimiento que busca Valentín desdobla la identificación de clase y el sentimiento de un poder divino, y se hace cuerpo en el cuerpo del otro, condensando el instante de refugio deseado: el sitio donde se puede descansar, en el otro interiorizado dentro de uno. Pero esto sólo puede acicalarse en la subjetivación imaginando la situación inversa: que Valentín también vive en Marta. Acaso esa correspondencia pueda relacionarse con el rol cedido a los sobrevivientes de la masacre, como testigos de la muerte que llevan dentro por haber presenciado (y sufrido) los fusilamientos de sus compañeros. No es que Marta sea una fusilada que vive, sino que ambos recaen en un terreno de *ensueño* que los acoge con un cuidado y un lenguaje que les exige una fidelidad más allá de sí mismos: los sobrevivientes cargando la muerte de los otros; Marta, sosteniendo la vida de su supuesto amado.

El correlato histórico se sostiene en la confianza ciega de Urondo (y de muchos militantes del peronismo revolucionario) de que Perón iba a liberarlos. Esta transacción política de interior a exterior, hacia el Estado y el líder, si bien efectiva en *El Devotazo*, prontamente se iba a resquebrajar. Primero, en la masacre de Ezeiza producida el 30 de julio de 1973, con ocasión del retorno de Perón al país luego de dieciocho años de exilio. Allí, desde el palco oficial de bienvenida, militantes peronistas de derecha, en connivencia con los militares (apostados en un edificio cercano) abren fuego indiscriminadamente contra la columna de la juventud peronista que venía a recibir a su líder.[54] La masacre significó, por sobre todas las cosas, "la gran representación del peronismo [...] el estallido de sus contradicciones de 30 años" (Verbistky 13).[55] De hecho, el palco de recepción alojaba, al mismo tiempo, a los peronistas armados de derecha y sus "opositores peronistas": los sobrevivientes de Trelew, quienes en el momento de los disparos forcejearon para intentar impedirlos (17–18).[56]

---

54. Al final, debido a la masacre, Perón no pudo aterrizar en Ezeiza para saludar a la multitud que lo fue a recibir,

55. Perón viajaba en un avión repleto de sus aliados políticos, de izquierda y derecha, e iba a aterrizar en el aeropuerto de Ezeiza donde una multitud se había congregado (se calcula entre 1 y 3 millones de personas). El resultado fueron 13 muertos (de los cuales sólo tres eran partidarios de izquierda) y cientos de heridos (ver Verbitsky).

56. La interpretación inmediata, que emergió de la confusión generada, se refirió a un enfrentamiento entre la izquierda y la derecha. Pero en su libro, *Ezeiza*, Horacio Verbitsky despeja esa hipótesis mediante la reconstrucción minuciosa de los detalles de la masacre, al mejor estilo walshiano.

Pero más evidente resultó que, en segundo lugar, luego de la elección presidencial, Perón se haya reunido con los grupos paramilitares clandestinos de derecha para dar el aval de la formación del grupo paramilitar Triple AAA (Alianza Anticomunista Argentina), que perseguiría a toda persona de izquierda (incluso peronista) considerada subversiva (Izaguirre 91).

A pesar de ello, la lealtad a Perón por parte del peronismo revolucionario prosiguió hasta el 25 de mayo de 1974 cuando se produce la ruptura del líder con la izquierda de su partido.[57] Esta especie de ceguera constitutiva de la racionalidad militante del peronismo de izquierda fue muy criticada (Izaguirre et al. 91). Pero no hubo tiempo para procesarla en términos de la subjetivación ya que poco más de un mes después, el primero de julio de 1974, Perón fallece cambiando nuevamente el escenario político y reconfigurando la conexión de fidelidad recientemente perdida. En todo caso, el hecho que nos interesa destacar es que, a partir de ese momento, la juventud peronista y sus organizaciones armadas van a quedar aisladas políticamente. O tal vez ya estaban solas, pero a partir de entonces no era posible negarlo.

Esta sensación de aislamiento "propio" de la militancia emula la lógica de la transacción fallida de Valentín en la continuación del dictado de la carta. El preso político le pide a Molina que escriba: "siento que no estoy en esta celda más que yo solo..." (Puig 183). Pero de hecho no está solo. Está con Molina. Y de algún modo, su compañero de celda, al traerle a colación el recuerdo de Marta, pasa un poco a ocupar el lugar de ella. Es más, en este exacto momento del dictado de la carta, Molina le repite la frase, como quien automáticamente está copiando lo que se le dice: "Sí...que yo solo... seguí" (183). Con esta expresión, Molina reafirma su presencia contradiciendo el contenido de la carta dictada. En su fantasía, las palabras de Molina parecen establecer lo siguiente: Valentín dice que está solo, pero en realidad está conmigo (Molina), único interlocutor de la declaración de amor. Es decir: la formación de la transferencia se asienta en el deseo del otro. Y, en definitiva, como Marta no puede responder, el depositario de esa transferencia va a ser Molina. En efecto, el dictado de la carta termina cuando Molina se ofrece para limpiarle el cuerpo con un trapo mojado y quitarle el escozor a Valentín. Es que el preso político no se puede bañar con agua fría por temor a enfermarse

---

57. En ese acto en Plaza de Mayo, Perón increpó de "imberbes" a la juventud peronista, quienes reclamaban en su canto "que pasa general que está lleno de gorilas el gobierno popular" (Izaguirre et al. 90).

aún más. Entonces, Valentín decide romper la carta: "Está mal dejarse llevar por la desesperación [...] yo tengo que aguantarme" (185).

Simbólicamente, este retorno a la *realidad concreta del encierro* le permite ver, por primera vez, cómo el calentador (donde se calienta el agua para el baño "seco") "echa" sombras por toda la celda (185). Sombras fantasmales que han estado ahí desde antes y que sólo este *intervalo* le permite a Valentín reconocerlas. Esas sombras, que atraviesan el cuerpo de los prisioneros para latir en las paredes que los contienen, tiene al *otro* como punto de referencia. O más precisamente: se sitúan en esa *distancia interior* entre *ese otro*, que devuelve una sensación extraña al yo sobre sí mismo, ominosa, familiar y ajena a la vez, y *eso Otro* que desborda la subjetivación y se inscribe en una trama histórica y colectiva que también la determina. Pues en la indistinción de las sombras que todo lo iguala, también hay un lenguaje que exige ser descifrado.

La fusión teórica: sexualidad y revolución

Para Sigmund Freud, anota Puig en el pie de página cuando Valentín se siente nuevamente mareado por la comida, "la sublimación [... es] la operación mental mediante la cual *se canalizan los impulsos libidinosos inconvenientes*" (en Puig 168; subrayado propio). Este *cambio de investidura,* como decía Freud, "puede ser saludable [a diferencia de la represión], ya que resulta ser indispensable para el mantenimiento de una sociedad civilizada" (168). Pero al mismo tiempo, Freud no busca terminar con la represión porque ésta funciona como un primer dique de contención contra "los impulsos destructivos del hombre".[58] Por el contrario, continúa Puig, para Henry O'Brown y Herbert Marcuse, los impulsos agresivos son el resultado de una transformación de "los impulsos libidinosos preexistentes" mediante la introyección de los mecanismos represivos propios de la sociedad (169). Pero mientras el primero propone la eliminación de la represión, el segundo distingue el concepto de "*surplus-repression*" como una "parte de la represión sexual creada para

---

58. En este punto, Freud comenzó trabajando la hipótesis de lo inconsciente como impulsos de vida (Eros) que, reprimidos por la sociedad, se trastocan en agresivos. Pero a partir de 1920, cambia su pensamiento y propone la hipótesis de un trasfondo de impulsos amorosos (pulsión de vida) y agresivos (pulsión de muerte), donde se estaría jugando la batalla de lo inconsciente de la humanidad (ver "Más allá").

mantener el poderío de la clase dominante". Y de ese modo, Marcuse aboga por la eliminación de ese suplemento represivo a la vez que busca "proporcionar la posibilidad práctica de realizar esos deseos" en pos de una "erotización entera de la personalidad" (170-171).

Con esta cita, Puig incorpora a su crítica de la teoría de la sexualidad un pensamiento marxista que procura un cambio radical de la sociedad. Y si bien critica su consideración de la homosexualidad, parece acordar con la propuesta de cierta política del deseo que retorna justamente en la última nota al pie de toda la novela. Allí, citando a la autora inventada Aneli Taube, en su libro (también inventado) *Sexualidad y Revolución*, va a sostener que "los modelos burgueses de la homosexualidad" generaron una marginación tal que funcionó "en todo movimiento de liberación de clases y en general en toda acción política", inclusive "en los países socialistas" (211). Pero todo esto, concluye, "empezó a cambiar en la década de los sesenta, con la irrupción del movimiento de liberación feminista [… y] la posterior formación de frentes de liberación homosexual". En consecuencia, en la grieta de la sexualidad, el enlace teórico final que propone Puig, paradójicamente, es una fusión entre deseo y política que busque la liberación y la defensa de las identidades sexuales marginales.

Esta unión teórica, o más precisamente, el deseo de una unión entre sexualidad y revolución fue una inquietud constitutiva del pensamiento de izquierda de la época, y continúa hasta nuestros días. En el libro *Marx y Freud en América Latina*, Bruno Bosteels sostiene que "una cierta lógica del desencuentro, como antagonismo histórico-estructural o como descontento constitutivo, sería entonces la 'verdad' última sobre la política y el deseo como el núcleo conceptual de las doctrinas respectivas de Marx y Freud" (29). Es decir, allí donde se procura una articulación de ambos, en el fondo, habría una distancia histórica insalvable, una *grieta* que valdría la pena pensar como el corazón de su *desencuentro*. Bosteels sitúa allí a Rozitchner para estudiar "la paradoja de las inscripciones subjetivas del poder [...en] nuestra idiosincrasia más íntima" (31). Y bajo el mismo esquema podríamos sugerir que Puig y Rozitchner tendrían su 'propio' desencuentro entre las *telarañas del deseo-encierro* que identificamos en la novela, y la *transacción política* entre el yo y el ello propuesta por el filósofo. Dos modos de pensar lo inconsciente político que, si bien coincidieron históricamente, no entraron en diálogo ni se registraron entre sí.

En la novela, la trama de estos encuentros desencontrados (*missed encounters*) se expresa en la transformación individual de cada uno de los personajes.

Tanto la grieta de la fidelidad como la fusión teórica preparan el terreno para esa mutación personal y política. En el esquema trágico general, la derrota efectiva del proyecto revolucionario puede leerse, como ya vimos, en esta transformación individual cuando Molina es asesinado por los compañeros de Valentín para evitar que cuente el mensaje que tiene para ellos. Mientras tanto, el preso político es torturado en la prisión. Sin embargo, pensado desde el evento dentro del evento, la subjetivación política retiene la experiencia de haber generado un refugio propio bajo el halo del acontecimiento revolucionario. El análisis de la segunda parte del libro nos permite distinguir este pasaje de las telarañas a la araña, si se quiere, y ponderar a partir de ello la huella subjetiva que la vivencia política en la cárcel ha dejado como memoria efectiva de la experiencia militante en esa época.

PARTE 3

Hasta aquí hemos llevado a cabo dos recorridos superpuestos: primero, hemos podido pensar *El Devotazo* como un evento carcelario dentro del acontecimiento político de la época para identificar las tensiones entre el imaginario revolucionario y la subjetivación política. Desde allí, a través de la lectura de la primera parte de *El beso de la mujer araña*, pudimos hilvanar las telarañas del encierro entre deseo y revolución que anudaban una racionalidad militante de la búsqueda de la unidad y el compromiso de dar la vida mediante distintos desplazamientos, sueños, y transacciones políticas inconscientes. Desde esa perspectiva, el devenir ominoso de esa subjetivación deseante/deseosa/deseada se enfrentaba con el origen social, clasista y de género que la apuntalaba. De ese modo, en el sueño de Valentín vimos cómo estallaban las contradicciones que anidaban en el imaginario revolucionario. Y aun cuando no se trata de generalizar la experiencia de los presos políticos de toda una época, dicho análisis nos permitió acceder a un sustrato inconsciente de la racionalidad militante. Me refiero por un lado a la doble fidelidad y el cuidado del otro, y por el otro, a la pregunta por el origen del poder político y del sacrificio personal.

Ahora bien. La nueva hipótesis de trabajo va a considerar al *Devotazo* como un encuentro político que desbordó las expectativas habilitando la emergencia de una experiencia subjetiva transformadora y la promesa de una revolución por venir. Desde esa perspectiva, la subjetivación y el acontecimiento no pueden ser concebidos solamente como una trama agujereada; ni tampoco reducirse a un conflicto de deseos. Para que ambos tengan lugar como eventos políticos inscriptos en el cuerpo y el discurso, tiene que haber un encuentro, un momento de satisfacción donde el imaginario político sostiene su hilo de realidad. Si en el análisis histórico *El Devotazo* cumple esa función política y subjetiva, en la novela esto sucede cuando Valentín y Molina tienen un encuentro sexual.

El encuentro sexual: el evento y el refugio

En el capítulo 11, los protagonistas de la novela realizan un *pasaje a la acción* justo donde las grietas de la fidelidad y la fusión teórica encuentran su propio límite. En efecto, esta última nota al pie sobre la *unidad* entre sexualidad y revolución surge cuando Valentín se "tir[a] a *descansar*" porque le duele la cabeza (Puig 209). Y al despertar en la próxima escena del diálogo que concluye el capítulo, se produce el primer encuentro sexual entre ambos. Me refiero al encuentro donde la sexualidad, finalmente abierta a disfrutar del otro, produce un resultado inesperado que quiebra las telarañas del encierro. Aquello reprimido alrededor de lo cual funcionaba el deseo desplazado en la primera parte de la novela anclado en la doble fidelidad, ahora se atraviesa mediante la acción para reestructurar la relación entre ambos. El punto de quiebre sucede en medio del acto sexual, cuando Molina siente que se toca un lunar en su cara. Pero él no tiene un lunar, sino que éste le pertenece a Valentín.

—¿Sabes qué otra cosa sentí, Valentín? Pero por un minuto, no más.
—¿Qué? Habla pero uedate asi, quietito...
—Por un minuto solo me pareció que yo no estaba acá, ... ni acá, ni afuera...
—...
—Me pareció que yo no estaba...que estabas vos solo.
—...
—O que yo no era yo. Que ahora yo...eras vos (222).

En una primera lectura, esta desaparición momentánea de sí mismo puede leerse, en retrospectiva desde el final, como el anuncio de su propia muerte. Molina se vuelve corporalmente el otro, para más adelante ocupar su lugar de 'heroína' que muere por amor, superpuesto con el posible destino del otro, 'mártir' de la revolución. Al mismo tiempo, el acto sexual es el momento culminante donde Molina, como mujer araña, logra finalmente atrapar a su presa: un triunfo trágico y romántico unido por una trama sacrificial que lo precede. Al respecto, Jaime Rodríguez Matos sostiene que "la idea más perdurable del Romanticismo es la de la búsqueda de la unidad, en la cual el sujeto se presenta a sí mismo como el soberano absoluto" (62). Pues es precisamente esta sensación omnipotente del sujeto la que obnubila el proceso de transformación subjetiva misma cuando se anuncia precisamente esa transformación.

Sin embargo, en segundo lugar, esa misma transferencia no le sucede inmediatamente a Valentín. Es decir: Valentín no pasa a ser Molina sino a cumplir el *deseo del otro* quien a través de toda la novela fue insertando, sensual y sutilmente, las telarañas de su deseo hasta anidar en el corazón de su compañero de celda. En consecuencia, Valentín se encuentra con su propio deseo homosexual superpuesto con su deseo sexual para con Marta. Pues como ya vimos, Molina, interlocutor y escritor de *la carta*, queda parcialmente identificado con ella. Paradójicamente, el deseo de todo militante, de transformar al otro en pos de la revolución, de convencerlo de unirse a la lucha política, se invierte para generar una transformación subjetiva personal en el preso militante.

Pensado desde el despliegue de la novela, en tercer lugar, el encuentro sexual termina con aquella dinámica del deseo desplazado establecida desde el relato de la película de la pantera. Y en su lugar aparece un nuevo fundamento inconsciente que disuelve este choque entre deseos insatisfechos. Me refiero a la transacción política de la prolongación del *otro* (Molina/Marta) en *lo otro*, lo desconocido de sí mismo que emerge como un 'encuentro dentro del desencuentro', que genera un refugio para ambos prisioneros donde ambos sienten que son ellos mismos al conectarse con el otro (cada uno a su manera). Es otras palabras, se puede decir que allí donde antes había un *encierro* en la celda, ahora se produce un *refugio* donde nadie puede arrebatarles lo que sienten.

En la novela, este refugio va a desplegar un nuevo registro de la afectividad y el pensamiento en términos de la subjetivación política. Por un lado, el refugio conseguido es el sitio que habilitó esta transformación personal de los presos: Molina se vuelve Valentín, y Valentín opera en función del deseo del otro (Molina/Marta) interiorizado. Por el otro lado, lo han conseguido sin derribar la celda que todavía los contiene. Es decir: no hay un quiebre político como en el *Devotazo* y, sin embargo, la celda-refugio funciona como la novedad producida por el evento.

En contraposición, la liberación de prisioneros tras la asunción de Cámpora viene enganchada con las transformaciones subjetivas de los militantes que formaron parte de ésta, al menos en los casos de los testimonios, escritos y videos que he podido recabar hasta ahora. Desde esa perspectiva, *El Devotazo* fue un evento dentro del evento que dejó la marca política radical en el corazón de la subjetivación a pesar de la debacle posterior. El impacto subjetivo del evento se retiene como un refugio en la memoria que certifica la potencialidad revolucionaria en el imaginario político: la sensación retrospectiva de que la revolución era posible. Pero es justamente esta retención triunfalista de la liberación la que necesita ser elaborada. Sobre todo, teniendo en cuenta el destino trágico que se avecinaba tanto en la novela como en la historia misma. El intento de retener la potencia fulgurante de ese momento único opera en un delicado equilibrio entre sacrificio y promesa de satisfacción propia del proceso de la subjetivación. Porque tal como decían Butler y Foucault, la subjetivación opera en la tensión entre la autonomía de volverse un nuevo sujeto y la dependencia radical a un nuevo poder.

En lo que queda del capítulo se abordan las ramificaciones de este refugio en la novela en tres registros: el cuidado del otro, el beso de la mujer araña y el sueño final de Valentín. El modo en que los prisioneros intentan dar cuenta de lo que les ha pasado como sujetos reorganiza la relación entre ambos. Y si bien no pueden evitar el destino trágico, ofrecen un modo de pensar las huellas subjetivas que *El Devotazo* dejó en el imaginario revolucionario —las cuales se extienden hasta nuestros días—.

El cuidado del otro (y lo Otro)

> —Es que cuando estas acá, ya te dije, ya no soy yo, y ese es un *alivio* [dice Molina]. Y es que cuando me quedo solo en la cama ya tampoco soy vos, soy otra persona, que no es ni hombre ni mujer, pero que se siente...
> —...*fuera de peligro*.
> —Sí, ahí está, ¿cómo lo sabías?
> —Porque es lo mismo que siento yo.
> (Puig 238; subrayado mío).

Esta nueva sensación de alivio profundo que ambos comparten les permite conectarse con una parte desconocida de sí mismos: un sitio indefinible, sin género y sin riesgo, donde no llega ni el poder ni el saber. Eso Otro que los acoge, se produce como resultado de un acercamiento entre el yo y el ello, donde el *deseo propio* por primera vez está *fuera de peligro* de la mediación cultural. Y, por lo tanto, les exige dar cuenta del impacto de ello en su subjetividad.

Para Molina, ese impacto se va a plasmar en otra sensación: la de "querer morirse" (239). Como si no hubiese un lugar más sublime al cual llegar que sentirse otro indefinible. Y para mantenerse en esa temporalidad, dice Molina, "quisiera no despertarme más una vez que me duermo". Este deseo de morirse en el sueño, que al decir de Rozitchner es *lo más cercano en lo más lejano*, implica para Molina no sólo estar *fuera de peligro* de esa articulación cultural entre el yo y el superyó, sino que también significa dejar de preocuparse por el deseo-mandato del otro: ni por Valentín, ni por el mozo del bar del cual estaba enamorado, ni por su madre. Y en ese sentido, Molina plantea quedarse en esa zona indefinible sin producir telarañas que anuden un tejido de *otros*: una especie de *cuidado de lo Otro* en el refugio ahora conseguido.

En cambio, Valentín va a cuidar a su compañero, pero sin acercarse a *eso Otro* que lo fundamenta. Y como si fuese un mandato militante, le pide a Molina que "cuente la película que a [al propio Molina le] guste [...que ya no] la piense" para él (Valentín), sino para poder disfrutarla por sí mismo (225). Es decir, le cede el lugar que antes le estaba asignado, y con ello lo ayuda a concentrarse en sí mismo. Pero a la vez no se pone en su 'nuevo' lugar: como si Molina fuera el único que estuviera *fuera de lugar*. Es decir: así como antes Valentín se sentía solo en la celda, ahora Molina está solo en el refugio. Y esta pequeña distancia que se abre nuevamente entre los dos, le provoca a Valentín una agresión hacia su compañero de celda.

Tal es el caso cuando Molina elige contar una película melancólica donde la protagonista, que está casada con un magnate del cual se vuelve 'prisionera', no logra formalizar una relación con su amante poeta (226). Otra vez, el *sueño de un amor extraño*, que ahora comienza en un baile de máscaras donde ella le pide a él que le ponga letra a la música que los unió, en un momento idílico, sin saber nada uno del otro. Este encuentro "a ciegas" emula el encuentro sexual entre ambos protagonistas: un nuevo punto de partida diferente al que —en el relato— funciona como el sitio donde la mujer siempre quiere retornar (tal como Molina quiere quedarse en el nuevo refugio). Y, sin embargo, a medida que se desarrolla la relación entre los amantes, ese momento sublime inicial empieza a resquebrajarse. Cuando esto sucede, Molina, escuchando su propio relato, se ensombrece bajo un manto melancólico.

En la identificación con la película, Molina va sintiendo el derrumbamiento de ese momento idílico inicial (el baile sensual de máscaras que equivale al encuentro sexual entre los presos). En respuesta, Valentín se enoja y sacude a Molina: "¡Carajo!, te he dicho que hoy acá no entra la tristeza, ¡y no va a entrar!" (235) Y entonces, en nombre del *cuidado del otro*, pone en funcionamiento el mecanismo de represión propio del mandato militante que había aparecido en la película de la pantera: *los placeres de los sentidos son secundarios*. Pero lo hace de modo invertido: "en este día [—le dice a Molina—]... no te voy a dejar pensar en cosas tristes" (235).

Tomando en cuenta *El Devotazo* como síntoma de la distancia entre imaginario y subjetivación en el campo de la izquierda política, la dinámica general de los militantes subsumía el cuidado del otro al recuerdo de los compañeros caídos —como el objetivo que los unía era dar la vida por la revolución, la glorificación del sacrificio personal era moneda corriente—.[59] No obstante, esos modos de percibir y analizar el presente estaban atravesados de una carga melancólica que funcionaba como un halo místico que obstaculizaba el procesamiento del evento carcelario. De ese modo, en el imaginario revolucionario (y de la izquierda en general), la masacre de Trelew ha quedado como el preámbulo de lo que vendría después: el terrorismo de Estado.[60] Es decir, el ensayo torpe e impulsivo de una masacre que luego se llevará a cabo a gran

---

59. Carnovale sostiene que hay una especie de fidelidad al compañero/a caído que en muchos casos sostiene a los militantes en sus momentos de duda más profunda (195–204).

60. Los fusilamientos de Trelew se inscriben en una serie de masacres producidas por las fuerzas represivas del Estado nacional argentino que la preceden históricamente. Acaso la más infame haya sido la así denominada "Campaña del Desierto", cuando en 1880 se persiguió y exterminó a los indígenas de la Patagonia para terminar de definir los límites territoriales del Estado nacional (Izaguirre et al. 15). Pero esa especie de "acumulación originaria" del poder político, continuó haciéndose presente durante el siglo XX: en la "Semana Roja" (1910), la "Semana Trágica" (1921) y la "Patagonia Trágica" (1922), así como también en los fusilamientos de los anarquistas durante los años treinta, para señalar las más tristemente recordadas. Al respecto, se puede consultar el artículo de Felipe Pigna, "Las Grandes Huelgas", donde se cuenta sucintamente la represión policial en Plaza de Mayo a una manifestación anarquista y la semana de huelga y enfrentamientos que prosiguieron a la misma, conocida como "La Semana Roja". Las otras masacres han

escala, premeditada y sistemáticamente por las fuerzas represivas durante la dictadura militar (1976-1983).[61] Y del otro lado, *El Devotazo* se impregna en la memoria como *un momento maravilloso*, un triunfo contra la dictadura. ¿Cómo fue posible no vislumbrar también allí la represión que se avecinaba?

El impacto de esta lectura de coyuntura tuvo su efecto tardío en las organizaciones de izquierda que, basadas en ello, no plantearon una estrategia de retirada y cuidado de sus militantes frente al advenimiento del golpe militar de 1976. La propuesta sería trazar el recorrido que hicieron esas organizaciones para arribar a esa decisión que, más allá de las diferencias entre sí, los hacía confluir inefablemente en el comienzo de la época más oscura de la historia argentina del siglo XX. Pensado en retrospectiva, cabe preguntarse lo siguiente: ¿cuáles fueron entonces las transacciones inconscientes que tuvieron lugar para coincidir en un diagnóstico de situación que el devenir de los hechos catapultó? Tal vez parte de esta confluencia desencontrada con la realidad política se debió a un aislamiento político de la izquierda que había crecido por dentro en el entorno del ciclo de movilizaciones callejeras y estallidos sociales que desbordaron el marco institucional más de una vez en esos años. Al respecto, Pilar Calveiro destaca que uno de los resultados de la política emprendida por las organizaciones armadas luego del *Devotazo*, y más particularmente después de la muerte de Perón en 1974, consistió en un auto-aislamiento que, en pos de privilegiar el enfrentamiento militar por sobre el trabajo político de base, potenció ese rasgo ya constitutivo de la visión vanguardista de la guerrilla. En parte, la guerrilla se concebía a sí misma en relación externa a las masas populares, y no como un grupo político proveniente de las mismas. Y en parte, los grupos sociales y políticos que formaban el área de influencia y apoyo de la guerrilla le daban carta blanca para actuar y decidir en función de los logros ya obtenidos en otras acciones políticas.

En los días previos al *Devotazo*, la toma de los penales cobró un matiz inesperado y unificador que, comparado con la situación que se desarrolló luego, quebró ese aislamiento carcelario (y de la izquierda) por un momento. Es decir, del mismo modo que el cuidado del otro que señala Urondo en relación con ese hilo de vida (lo Otro) se encontraba sustraído a la efervescencia

---

sido plasmadas en estudios más pormenorizados. Ver, respectivamente, Godio, y Bayer (*Severino*; *Los vengadores*).

61. Liliana Cheren sostiene que es "el momento de institucionalización del terrorismo de Estado" (97).

reinante, tampoco se podían vislumbrar los elementos trágicos que la entrevista misma ponía sobre la mesa. De hecho, como vimos al principio del capítulo, esa misma noche las fuerzas represivas mataron a dos jóvenes militantes que continuaban exigiendo la liberación de otros presos. Pero recordar esa parte trágica exigiría denunciar al nuevo régimen peronista que inauguraba su gobierno asesinando activistas de izquierda. Y aun cuando se pueda razonar que estos son resabios de la dictadura anterior que se esfumaba, el peso de este silencio de la memoria, aunque en alguna literatura se menciona, no ha sido elaborado como un problema político (Garraño y Pertot 59). ¿Por qué *El Devotazo* no es también recordado como un triunfo trágico como lo fue Trelew? Porque al llegar a tomar el poder (al menos la izquierda peronista así lo vivía), el primer acto estatal no podía discernir la liberación de los presos del asesinato de los dos militantes en la noche de Devoto. El anuncio, entonces, no estaba solamente escondido en la entrevista, en el evento dentro del evento del *Devotazo*; sino que también estaba ahí afuera, en el límite entre la multitud y los presos políticos, atravesado de cuajo por la bala policial. Pero los lentes triunfalistas no podían leerlo.

El problema contemporáneo para dilucidar es que este olvido sintomático se insertó en la memoria histórica. Acaso la fuerza simbólica del *Devotazo* las haya ocluido. En términos del cuidado del otro (y lo Otro), este límite de la racionalidad militante, que como parte de la liberación contiene también un momento trágico que proviene de ella, plantea la pregunta: ¿cómo puede "verificarse" un cambio radical en la subjetivación política? Si la auto-valorización de la militancia pasaba en torno a la acción, a "arriesgar la vida", esta posibilidad de morir por la *causa revolucionaria* se vuelve una muerte anunciada sin descanso. Esta carga corporal y psíquica en la vivencia misma de la práctica militante requiere olvidarse del otro para cuidarlo. Tal como decía Valentín, no hay que encariñarse para no generar una dependencia afectiva que derive en un dolor por la pérdida del otro. Esta prerrogativa, sin embargo, termina por distinguir entre los muertos recordados y los olvidados en cada evento (los fusilados de Trelew y los muertos del *Devotazo*). Esta jerarquización es parte de la estructura sacrificial que sobrevive a las masacres mismas. Y en todo caso, apuntala el acercamiento a la muerte como un elemento constitutivo de la racionalidad militante que termina por valorar el sacrificio por sobre la transformación política subjetiva y colectiva.

La lectura de la novela que propongo al identificar el refugio como un evento del evento consiste en detenerse a pensar la valoración del cuidado del otro (y lo Otro) como una elección vital de transformación política. Desde esa perspectiva, el compromiso político con el evento pensado de modo retrospectivo asume que la revolución no tuvo lugar, y que la reformulación del imaginario radical reside en elaborar un horizonte de transformación social a partir de esos refugios. Y así como al principio de la novela el deseo desplazado se situaba en el deseo del otro, ahora el deseo de permanecer fiel a ese refugio (o al evento del evento) produce el desplazamiento del deseo revolucionario como pregunta por el fundamento colectivo de la subjetivación.

La represión y el beso de la mujer araña

Cabe recordar que los procesos de subjetivación histórica tuvieron lugar en el contexto de la Guerra Fría, cuya especificidad en Argentina consistió en el pasaje de una estrategia carcelaria a una estrategia aniquiladora del enemigo interno. La expresión más acabada de esta última fue la instalación del *modelo represivo desaparecedor* con la dictadura cívico-militar (1976–1983). En ese sentido, como vimos antes, la novela se ubica en un momento bisagra donde la estrategia carcelaria cede finalmente a la eliminación del otro.

En los últimos capítulos, los servicios de inteligencia deciden liberar a Molina para ver si así, una vez en la calle, éste puede conducirlos hacia el grupo político de Valentín (Puig 249–254). Y, en efecto, Molina acepta enviar un mensaje, y en el intento de comunicarlo, cae abatido por los mismos compañeros de Valentín (279). Mientras tanto, este último es torturado salvajemente en la prisión —sabemos que ha recibido "golpes", ha estado "tres días sin comer" y ha quedado con "quemaduras de tercer grado" y "una quemadura en la ingle [...] que va a tardar semanas en cicatrizar" (281)—.

El final trágico de la novela que refleja este cambio de modelo represivo puede leerse bajo el esquema del último filme que Molina le cuenta a Valentín. De hecho, después de haber recibido la noticia de su liberación, Molina concluye el relato de la película que empieza con un baile seductor carnavalesco entre un hombre-poeta y una mujer que llevan máscaras y que se conectan profundamente —aunque no se conocen—. Una vez enamorados, atraviesan una serie de desencuentros que evoca la idea del constante *desencuentro* que Bosteels señalaba con respecto a Marx y Freud. Finalmente, el filme termina con la muerte del hombre-poeta consumido por el alcohol y la mujer recluida en un convento de monjas. En la última escena, la mujer camina por la orilla del mar "como una sonámbula" (263). Allí, la protagonista escucha que los pescadores tararean las canciones de él. La letra de su poesía, que tanto significaba para ella, ha calado hondo en los trabajadores que ahora la cantan como propia. Y la imagen final es un primer plano de ella "con los ojos llenos de lágrimas, pero con una sonrisa en los labios".

Para Molina se trata de un final enigmático. En cambio, Valentín esgrime que ese final "quiere decir que aunque [la mujer] se haya quedado sin nada, está contenta de haber tenido por lo menos *una relación verdadera en la vida*" (263). He aquí el *modus operandi* de la relación entre ambos personajes durante toda la novela: Molina describe la seducción romántica de las películas, y Valentín explica racionalmente los mecanismos sicológicos que la subyacen. Pensado desde la transacción política, la película va del cuerpo enmascarado, sensual y no identificado a la letra prometida, "anónima", apropiada por "el pueblo" mediante el "sacrificio" del poeta. La imagen final de la mujer llorando, triste y feliz a la vez, es el sello que corrobora el evento amoroso mientras el canto de los trabajadores transmite esa memoria hacia el futuro.

Paralelamente, Molina le pide a Valentín que le dé un beso en la boca, y éste le concede su pedido (264). El acto refuerza el evento original (el encuentro sexual) y lo lleva a un plano simbólico. De hecho, en el diálogo posterior, Molina le pregunta si el beso le había dado asco; a lo que Valentín responde que "debe haber sido de miedo que te conviertas en pantera, como aquella primera película que me contaste" (264). Justamente en este momento donde se van a ver por última vez, retorna el principio de la novela, pero Valentín lo cambia de investidura para rebautizar a Molina: "vos sos la mujer araña, que atrapa a los hombres en su tela" (265). Esta transformación de mujer-pantera a mujer-araña queda sellado por el beso como coronación del evento dentro del evento: el miedo a los instintos animales de la otra se ha transformado en una despedida *triste y feliz* a la vez, donde *ha habido una relación verdadera*.

Algo similar puede pensarse del *Devotazo*: el evento carcelario que venía a reforzar la idea del advenimiento de la revolución quedó inserto en el imaginario revolucionario como un momento revolucionario verdadero a pesar del trágico desenlace en los años posteriores. Me refiero a la convivencia en la cárcel entre los presos políticos de distintas organizaciones políticas que conformaron un intervalo de libertad singular e irrepetible.[62] Así, por ejemplo, la exprisionera Alicia Sanguinetti, perteneciente al ERP (la guerrilla trotskista), dice que al salir de la cárcel se produce un doble efecto: por un lado, la mayoría

---

62. Para un análisis detallado del *Devotazo* como un intervalo carcelario, ver Pous ("Los intervalos").

FIGURA 3. FOTOS SACADAS POR ALICIA SANGUINETTI

de los militantes reforzaron su compromiso ("militancia *full time*") y pasaron a "la clandestinidad, [pues] todos los que salimos del penal no teníamos la posibilidad de segur trabajando legalmente y militando" (Memoria abierta, *Testimonio de Sanguinetti*). Sin embargo, esta nueva realidad de la militancia clandestina carecía, paradójicamente, de la convivencia en los pabellones del penal donde, según la militante del ERP, fue posible

> haber estado en contacto con compañeros de todas partes del país, de haber aprendido la realidad de todas las otras partes. El haber aprendido cosas muy elementales como haber compartido la carta de un familiar, las penas de compañeros que habían caído. O sea: un criterio de construcción, de solidaridad, etc. Que afuera lo conocías, pero otra cosa es vivirla cotidianamente (Memoria abierta, *Testimonio de Sanguinetti*).

La retención de ese momento eufórico en la memoria de la época ilumina la experiencia carcelaria de los presos políticos en ese entonces como un refugio donde la solidaridad prometida efectivamente tuvo lugar. Y acaso ese fue uno de los únicos sitios donde de manera temporaria y paradójica, el imaginario revolucionario vio plasmado su ideal. De hecho, cuando parte del penal de Devoto estaba tomado en los días previos a la liberación, los presos y las presas estaban juntos en los pabellones de la cárcel, y las celdas estaban abiertas. Además, se permitía el ingreso de familiares y organizaciones de lucha a favor de los presos, generando una situación única de convivencia y organización centrada en forzar la liberación apenas asumiera el nuevo gobierno.

En medio de esa euforia, Alicia Sanguinetti, logró conseguir una cámara de fotos (ella no recuerda cómo le llegó a sus manos) y retrató ese momento singular desde dentro de la cárcel.[63] Sus fotografías destacan el trabajo de las mujeres en la organización interna, pintando y cosiendo banderas, conversando entre sí en medio de los pabellones liberados. También resaltan las fotos de rejas sacadas desde adentro hacia afuera, y los largos pabellones (sin guardias) llenos de grafitis con consignas políticas. Llama la atención que muchas de las celdas, por ejemplo, tenían escrito arriba de la puerta con pintura un nombre de los caídos de Trelew (recordemos que la masacre había ocurrido hacía unos meses no más). Esta conexión entre eventos carcelarios tanto en la entrevista de Urondo a los sobrevivientes como en las fotos de Sanguinetti

---

63. Las fotografías fueron publicadas en el libro *Devotazo. Fotografías/Documentos* (sin año de publicación).

(de hecho, María Antonia Berger aparece en una de sus fotos) predomina como ese halo de ensueño que aún está en duelo por la cercanía de la masacre. Es decir, como evento del evento, Trelew aún está viva en Devoto.

No obstante, las fotos de Sanguinetti no han tenido la repercusión que podría imaginarse dada la envergadura del *Devotazo* en la historia política de la izquierda en Argentina. De hecho, cabe destacar que no hay casi imágenes del evento salvo algunas fotografías periodísticas y alguna filmación del noticiero de la televisión. En todo caso, mi lectura es que las fotos de Sanguinetti fueron sacadas con el mismo impulso que Molina tuvo al pedirle un beso a Valentín: para sellar ese momento único en un refugio irrepetible donde la transformación subjetiva estaba teniendo lugar con todas sus contradicciones y fantasmas.

Si nos detenemos en esta comparación, tal vez podamos identificar el trabajo paciente de otra telaraña: la lectura propia de los acontecimientos históricos de la fuga seguida de la masacre de Trelew y la liberación en contrapunto con la novela. Es decir: si acaso pudiésemos imaginar que en la celda contigua donde se realiza la entrevista o se sacan las fotos se encuentran Molina y Valentín, entonces, nos sería permitido pensar el registro de una sensibilidad que habita la débil frontera entre el refugio y el encierro. La imagen de estas celdas juntas, atravesadas por la temporalidad del ensueño, contiene el sello de la subjetivación política: una lucha entre *el acogimiento del otro (y lo Otro)* y el retorno de la muerte puesta fuera de sí, en el otro.

Como ya vimos, luego de que Molina adoptara abiertamente esta nueva sensibilidad del cuidado del otro (y lo Otro), su emoción deriva en una carga melancólica. Acaso Molina presiente que este momento idílico no va a durar. En cambio, para Valentín, esa carga se desliza hacia Molina de modo ambivalente, entre amoroso y agresivo. Allí podríamos destacar el sentimiento de cuidado de Urondo frente a los entrevistados de Trelew, quienes a su vez relatan los eventos sin dejarse arrastrar por el terror que vive en ellos, Y el impulso fotográfico de Sanguinetti por registrar ese momento de libertad que está por esfumarse de las manos. En todo caso, Puig está indicando que el "sueño extraño" de la revolución requiere del cuidado de esa sensibilidad y de ese refugio obtenido. En términos políticos, se trata de discernir los distintos modos de reaccionar de la izquierda frente a la melancolía, la agresión, el cuidado o el distanciamiento emocional. O en palabras de Rozitchner: si el evento del evento tanto en la novela como en la experiencia del *Devotazo* indaga ese "lugar inasible de la resistencia" que constituye al sujeto como *núcleo de verdad histórica*, ¿habría otro tipo de racionalidad militante en la relación con el otro (y lo Otro) que pueda emerger de este refugio?

El sueño y la fidelidad otra

Con esta pregunta leemos el último capítulo de la novela donde Valentín está en la sala de emergencias médicas de la cárcel. Allí, un enfermero le inyecta clandestinamente morfina para calmar el dolor de las heridas producidas por la tortura. Entonces Valentín entra en un sueño profundo donde retorna a esa sensación de descanso, de *fuera de peligro*, propia del refugio generado por ambos en la celda. Es decir: aquel sitio indiferenciado donde Molina quería *quedarse a morir* aparece ahora introyectado en la trama ensoñada de Valentín. Y a diferencia del sueño del muchacho guerrillero que analizamos antes, esa distancia identitaria entre el joven y el propio Valentín está ahora desplazada. En este sueño, el preso político es protagonista de su propia subjetividad. En otras palabras, el refugio se despliega en su forma ensoñada para recorrer el flujo de deseos y la impronta de la revolución revisitando las telarañas del encierro que lo habitaron durante toda la novela. Desde ese punto de vista, más que una utopía donde "Valentín es el nuevo hombre que puede habitar un mundo sin barreras sexuales", el sueño refleja las instancias de transacción política en torno a los valores del compromiso y la unidad donde la satisfacción de deseos predomina sobre la *articulación* trágica del destino (Muñoz 373).

En el sueño, Valentín le cuenta a Marta —quien se encuentra 'dentro' suyo como su *alter ego* femenino— cada parte del sueño que está teniendo. De esa manera, al igual que había sucedido en la celda, este diálogo con Marta extiende la transformación del *encierro en un refugio* generando un sitio novedoso que prolonga el evento del evento en el corazón de la subjetivación. La transacción política que Marta le exige desde el principio evoca las tensiones de la doble fidelidad: "no me escondas nada de lo que pensés, porque en ese momento, aunque te quiera oír, ya no voy a poder" (Puig 282). Esa condición exige que Valentín sea fiel a sí mismo. O más precisamente: solo como consecuencia de la transformación anterior (el refugio) se hace presente la posibilidad de quebrar con la telaraña de la doble fidelidad. Y con eso se hace posible un acercamiento entre el ello y el yo, tal como propiciaba Rozitchner, donde el sueño funciona como índice de verificación de la distancia interior de la subjetivación.

El relato del sueño es confuso y está cargado de símbolos y reminiscencias de la novela. La nueva condición de fidelidad funciona como un encantamiento sexual y político cuya unidad (la de Valentín con Marta) navega en una secuencia alucinatoria. Así, la primera imagen que Valentín le describe a Marta es la de un túnel oscuro donde el preso político (que no puede ver) confía en la promesa del enfermero que hay una salida al final. Esta posibilidad de la fuga mantiene despierto a Valentín, que varias veces a lo largo del sueño menciona la tentación de cerrar los ojos y seguir durmiendo. Pero se resiste, para poder retener ese momento único y satisfactorio.

Más adelante, Marta lo incita a que siga el chorro de agua (que ella escucha, pero no ve), para identificar de dónde viene. Entonces esta imagen inicial se torna en un inmenso desierto, sin "árboles ni casas, nada más que los médanos" que toman todo el horizonte, "hasta donde me llega la vista", dice Valentín, que ahora sí puede ver porque salió del túnel. Es decir: justo cuando se da cuenta de que el escape "real" no es posible, el sueño lo compensa alucinatoriamente en un mar. Efectivamente, Marta insiste en el ruido del agua, y Valentín reconoce el mar y se zambulle en búsqueda de "una orquídea" después de correr sobre "un trecho de playa muy caliente [...] para no quemarme los pies" Ya sumergido, el prisionero dice que, en lugar de la flor que buscaba, "lo que se ve ahora es una mujer" (283).

Estas tres imágenes espaciales, la del túnel de la fuga, el desierto de la desesperanza y el mar de los deseos, funcionan como tres grietas donde las pulsiones inconscientes han operado durante toda la novela. Acaso el túnel sea la imagen más directamente relacionada con la experiencia carcelaria de los presos políticos: la confianza ciega en la revolución que espera como "una luz" al final del camino. Sin embargo, en el sueño, este túnel lo conduce a un desierto. En esa segunda imagen se asientan los momentos depresivos o de enojo de Valentín en la celda donde el militante llega a dudar de la revolución y su potencial martirio. En esa aridez, el horizonte revolucionario se ha vuelto intransitable y hasta indeseable. Y finalmente el mar, que hace de la arena el pasaje arduo y urgente (*se le queman los pies*) hacia el terreno deseado de las mujeres: el fluir deseante del ello que lo conecta con su subjetivación.[64] Es decir, para Valentín, la *distancia interior* ha llegado a su límite: ha reconocido aquello que se resistía en él a cambiar, y ha incorporado esa otra mujer dentro

---

64. Carl Gustav Jung considera que el océano y las olas son la metáfora más fiel del reino inconsciente.

de sí mismo para volver a transitar su vivencia carcelaria, ahora en la espesura y el lenguaje alucinante del sueño.

Desde mi lectura, ese recorrido alucinante en el sueño revela que lo femenino opera como fundamento interiorizado de la fidelidad otra, lo cual reformula el cuidado del otro (y de lo Otro) como principio guía de la militancia. Para Puig, "la mujer que cada hombre lleva encerrada en los calabozos de su propia psiquis" tiene que ser liberada (Jill Levine 262). En ese sentido, el sueño final ha sido interpretado como "la liberación de la mujer que el militante lleva adentro" (373). Aunque más precisamente, se trata de un encuentro de liberación con lo femenino (Escobar Vera 30).[65] No obstante, esto puede resultar problemático, en tanto la novela se ocupa exclusivamente del deseo de Valentín, mientras que tanto Marta como las otras mujeres en el sueño sólo funcionan para satisfacerlo. Si bien es su sueño y, por lo tanto, está guiado por la búsqueda de satisfacer sus deseos, la telaraña del cuidado de las mujeres no resulta predominante.

Efectivamente, en la continuación del sueño, Valentín se encuentra con "una mujer nativa," silenciosa, que lo guía por las profundidades del mar hasta que tienen un encuentro sexual (Puig 283–284). Esta mujer sin nombre, ante la cual Marta le pide que se imagine que está con ella, tiene reminiscencias de aquella mujer campesina embelesada con el guerrillero en el sueño de Valentín antes referido. Esa mujer, que llevaba en los ojos *una condena eterna*, ahora retorna para cerrarlos "porque tiene sueño y quiere descansar" (284). Esta compensación de un sueño por otro, si es tal, se sostiene en una misma estructura del relato: en el primero, la mujer campesina guía al muchacho deseante de la revolución y terminan haciendo el amor en la montaña, mientras este último se imagina que está con la mujer parisiense. Igualmente, ahora, en el sueño final, la mujer nativa lo guía al fondo del mar donde el encuentro sexual está imaginado con Marta, una mujer perteneciente a la pequeña burguesía. En este juego de espejos ensoñado, lo trágico se vuelve redentor y, en lugar de esa condena eterna de la mujer campesina, Valentín es 'perdonado'.

---

65. Este capítulo ha sido interpretado por Elías Miguel Muñoz como el momento en que "la novela subvierte el discurso patriarcal judeocristiano y las categorías de lo verosímil en la creación de un personaje, dándole al 'macho revolucionario' una toma de conciencia que termina siendo una toma de la homosexualidad" (373). Esa "isla primordial" donde llega Valentín sería, para Muñoz, la utopía sexual hecha texto. Para Hernando Escobar Vera, en cambio, "la sexualidad liberada es lo femenino liberado, lo cual incluye la liberación de los hombres de la estructura patriarcal" (30).

En ese momento, el preso político se esfuerza por seguir 'despierto en el sueño'. Entonces, acostado sobre "una isla" comienza a sentir la sábana real de la cama donde duerme, que a su vez se confunde con la piel de una mujer. Se trata de una mujer gigante en la que el protagonista pasa a ser "un granito de maíz en la palma de su mano". Esta mujer, también innombrada, no es objeto de deseo, pero lo contiene encarnando lo que habíamos denominado *el acogimiento de lo otro* femenino.

De ese modo, luego de obtener la satisfacción sexual y el acogimiento incondicional, Valentín se reconecta con tres figuras femeninas que reconfiguran el refugio ensoñado: su madre, Marta y la mujer-araña (el propio Molina). Mientras sigue buceando en ese mismo mar de los deseos, escucha la voz de su madre, quien desde las profundidades le reprocha haberle "traído tanta mala suerte" a su compañero de celda. Valentín acepta "que fue culpa mía, y que estoy muy triste, pero no hay que ponerse triste porque el único que sabe es él, si estaba triste o estaba contento de morirse así por una buena causa" (284-285). Pero Marta lo corrige: "¿por una causa buena? Uhmm... yo creo que se dejó matar porque así se moría como la heroína de una película" (285).

Esta igualación del mártir y la heroína señala la telaraña del sacrificio socavando aquí la trama patriarcal que la sostiene, en el sentido de la liberación de lo femenino antes mencionada.[66] Sin embargo, a pesar de haber transformado el encierro en refugio, en el sacrificio también se expresan otras estructuras de dominación más arcaicas que revierten ese mismo socavamiento. Por un lado, la narrativa de las películas romántico-trágicas y las canciones populares que cuenta Molina funcionan con una estructura similar al pensamiento revolucionario. Al menos, el impulso sacrificial del sujeto las anuda en un destino similar, donde la "buena causa", sea amorosa o política, no resulta relevante.

Por otro lado, "la totalidad sentida, sentimiento oceánico", que corresponde básicamente a la religión (aunque no sólo a ella), "aparece como el refugio subjetivo, imaginario, frente a la imposibilidad histórica de pensar y construir otro campo de totalidad [...] el yo [...] aterrado por el más allá histórico, prefiere el refugio infantil del más acá infinito" (Rozitchner, *Freud* 108). En ese sentido, el mártir y la heroína expresan la cristianización de la militancia política que ha sido transmitida históricamente en el sustrato inconsciente de la subjetivación.

---

66. En consonancia con Muñoz, quien habla de la subversión del "discurso patriarcal judeocristiano", y con Escobar, que destaca "la liberación de los hombres de la estructura patriarcal" (Muñoz 373; Escobar, 30).

En consecuencia, el trabajo político en el entramado subjetivo consiste precisamente en elaborar ese refugio en el encuentro con los otros: en la distancia entre esa totalidad sentida que Valentín siente con la película de la pantera, y el más acá infinito del tiempo primitivo de la subjetivación. Por lo tanto, la consumación del deseo sexual y del deseo de ser acogido se ve *apuntalado* por las mujeres reales, su madre y Marta, que recurren a la *culpa cristiana* y a la *razón moderna* respectivamente. En ese sentido, al recordar el deseo de Molina de quedarse en el refugio, el argumento de Marta es irrevocable: no se trata de nadar en los deseos sino de no perder nunca el débil equilibrio entre el otro y lo Otro. Pues el fundamento mismo de lo político se traza en la distancia entre ese refugio, lugar contenedor donde se está *fuera de peligro,* y las prolongaciones de ese evento en la subjetivación.

Finalmente, esa transacción política ensoñada de Valentín lo guía hacia "una mujer muy rara, con vestido largo que brilla, [...y] tiene una máscara". Tal cual la última película que Molina le había contado. Pero ahora, en la realidad soñante, su compañero de celda se fusiona con la protagonista de esa película. Es *Ella misma*, la mujer araña, que "no puede moverse, ahí en lo más espeso de la selva está atrapada, en una tela de araña, o no, la telaraña le crece del cuerpo de ella misma, de la cintura y las caderas, le salen los hilos, es parte del cuerpo de ella" (Puig 285). Esos hilos que ha tejido para atrapar al otro, han terminado por sumergirla en *lo más espeso de la selva*. Atada por su propia tela, la mujer-araña "está llorando, o no, está sonriendo, pero le resbala una lágrima por la máscara". Esta reminiscencia de la imagen final de la última película, ahora mimetizada con la *mujer-araña* repite el diálogo que los presos tuvieron entonces (263): un final enigmático para Molina, que le reprocha a Valentín querer explicarlo todo (285).

El sello del final del filme, *triste y feliz* a la vez, se prolonga en los otros registros del texto: en la mueca de Molina, en la despedida de ambos en la cárcel y en el propio cierre de la novela. En el sueño, la imagen invita a explorar una región desconocida: "la mujer-araña me señaló con el dedo un camino en la selva, y ahora no sé por dónde empezar a comer tantas cosas que me encontré" (286). Así como la revolución lo impulsaba a ver la luz al final del túnel, y él seguía a Marta por el mar de los deseos, ahora la mujer-araña lo dirige hacia esa satisfacción del hambre, reminiscencia de todas las veces que Molina compartió su comida con él en la celda. Este nuevo refugio inexplorado es un retorno a la tierra, porque ya Valentín se siente preparado para dejar el sueño y volver a la militancia. Sobre todo, porque Marta le asegura que lo único que no va a preguntarle es "el nombre de sus compañeros", lo cual retiene la posibilidad de reestablecer la telaraña de la doble fidelidad.

En todo caso, queda claro que el soporte afectivo en *El beso de la mujer araña* aparece ligado a figuras femeninas, y que el fundamento de cualquier proyecto político no puede desdeñar esa dimensión de ensueño a la hora de pensar sus categorías y sus intervenciones. Pues como dice Marta: "lo más difícil de darse cuenta [es] que vivo adentro de tu pensamiento y así te voy a acompañar siempre, nunca vas a estar solo" (286). En esta nueva dependencia radical de la subjetivación, al decir de Foucault, se juega la batalla política, pues al no preguntarle por el nombre de sus compañeros de militancia (lo único que Valentín no está dispuesto a ceder, y que lo mantiene anclado en la realidad no soñada), la transacción primera —de ser honesto y contarle "todo" a Marta— permite cerrar este sueño entre esos dos compromisos. En ese sentido leemos la frase final de la novela, "un sueño corto pero feliz" (287). Es decir: así como el sueño es un evento dentro del evento que prolonga la transformación subjetiva desde el refugio conseguido en el encuentro sexual entre los presos, *El Devotazo* es también el 'sueño vivido', corto pero feliz, del imaginario revolucionario. Y así como ELLA, en la primera frase de la novela evocaba los instintos sexuales de la mujer pantera, la seducción de Molina y el objeto deseado de la revolución en el registro del deseo insatisfecho, ahora la realización de los deseos de Valentín en el sueño reconfigura la distancia entre *el otro* y *lo Otro*: en vez de un encierro, se vive como un refugio donde reside la fuente femenina de ensueño para la potencial transformación de la sociedad.

PALABRAS FINALES

Los eventos del evento

A LO LARGO DE ESTE libro se ha buscado vislumbrar las potencias y las tensiones de la imaginación política radical propia de los años sesenta y setenta en los casos analizados de América Latina. Las transformaciones subjetivas que alimentan el imaginario de izquierda actual, con sus contradicciones y virtudes, contienen una de sus genealogías más resonantes en la experiencia militante de aquella época. Sin embargo, resulta llamativo la reivindicación de los valores de aquel imaginario revolucionario por parte de los militantes defensores de los proyectos estatistas de centroizquierda contemporáneos. Desde mi perspectiva, esa distancia notable entre las propuestas progresistas del nuevo milenio y los valores radicales de otrora ya estaba funcionando como trama discursiva dentro del imaginario revolucionario de los setenta.

El análisis de las obras *Hijo de hombre* de Augusto Roa Bastos (1960), *Torquemada* de Augusto Boal (1972) y *El beso de la mujer araña* de Manuel Puig (1976) procuraron avanzar sobre esta hipótesis de lectura para indagar el modo en que esa distancia estaba profundamente conectada con la subjetivación política en aquellos años. Más allá de las diferencias de cada caso y sus contextos específicos, el hecho es que el acontecimiento revolucionario soñado no tuvo lugar, y lo que quedó grabado a nivel subjetivo fueron los eventos que pudieron haber conducido al mismo. El estudio de los eventos carcelarios de la fuga de Peña Hermosa en Paraguay (1961), el intercambio de prisioneros por el embajador secuestrado en Brasil (1969), y la liberación de prisioneros conocida como *El Devotazo* en Argentina (1973) procuró destacar la intensidad de esas vivencias y sus memorias como reflejo del espíritu político de la época.

Estos eventos, que funcionaron dentro del evento revolucionario en tanto lograron sus objetivos específicos, cargaban la paradoja de la "indecidibilidad"

—tal como la definía Badiou— en torno a la interpelación de la pertenencia del acontecimiento a la situación (206). Es decir: si bien estos eventos carcelarios desbordaron los esquemas represivos de las respectivas dictaduras y demostraron la potencia de la militancia de entonces, al mismo tiempo, no constituyeron un evento porque no lograron traer una novedad política al mundo, o sea, una revolución social. O más precisamente, cada evento carcelario analizado aquí, quedó insertado en una cadena lógica que prometía el advenimiento de la revolución; pero una vez que ésta fue cancelada, se reconstituyen como eventos del evento alimentándose del recuerdo de la promesa que esa victoria provisoria les había dado.

En todo caso, la 'indecidibilidad' de determinar si fue o no realmente un acontecimiento ha quedado marcada a fondo en el imaginario político de izquierda. Aun cuando para Badiou esta constelación específica de los sucesos en América Latina no conforman un acontecimiento en sus propios términos, la singularidad de estos eventos carcelarios continúa interpelando la subjetivación política en la actualidad. No solamente en cuanto a su memoria reivindicativa concreta, sino más profundamente como un mecanismo imaginario que opera en función de un acontecimiento que, si bien está ausente en el pasado, conserva su potencia imaginaria de tal modo que actualmente se lo trata como si hubiese existido. De esa manera, la persistencia de ese mecanismo se convierte en un obstáculo para la imaginación radical contemporánea. Para ponerlo en términos de la subjetivación foucaultiana (*assujetissement*), el procesamiento colectivo de esos eventos privilegia la dependencia radical de un pasado ausente sobre la autonomía de una nueva subjetividad.

Desde esa perspectiva, las tensiones entre imaginario político y subjetivación que surgen de este mecanismo singular contienen su propia especificidad histórica según el caso. Para ello, retomo los testimonios sobre las vivencias de los eventos (del evento) que hicieron posible imaginar una transformación radical de la sociedad y las contrasto con el análisis crítico de las obras literarias. Como resultado de ese cruce, *Eventos carcelarios* proporciona distintas instancias de reflexión política y cultural sobre la experiencia de las izquierdas en el Cono Sur de América Latina. Aquí me detengo a elaborar tres de ellas que creo resultan relevantes para pensar el impacto de esos eventos en el imaginario político contemporáneo. En primer lugar, me refiero a las figuras literarias desarrolladas en el libro para destacar la huella específica que han dejado en la cultura política de cada país. A continuación, identifico algunas introyecciones subjetivas de estos eventos en la trama melancólica de la memoria histórica. Y, por último, esbozo esquemáticamente algunas de las marcas de estos eventos en los gobiernos progresistas contemporáneos.

Figuras literarias del evento carcelario

En la construcción del argumento busqué seleccionar un marco conceptual que, a mi parecer, cuajaba de modo más adecuado con la efervescencia de los sucesos históricos que se desarrollaron en cada país. En el primer capítulo, siguiendo el trabajo de Jacques Rancière (*El inconsciente*), puse a funcionar la trama del *pensamiento que no piensa* en torno a la resistencia de raigambre indígena y popular para indagar por el aislamiento político propio del Paraguay. En el segundo capítulo, esgrimí una estética de las interrupciones para pensar las características de la militancia de izquierda en Brasil en torno a la idea el *régimen estético del arte*, propia del mismo Rancière (*The Politics*), lo cual me permitió destacar la formación de un imaginario carcelario que se asentaba en la interrupción como *modus operandi*. Por último, en el tercer capítulo, utilicé el concepto de las telarañas del encierro para desentrañar *la distancia interna* de la subjetivación política en Argentina según la perspectiva de León Rozitchner, con el objetivo de identificar los dilemas políticos y afectivos que enfrentaron *les* militantes en las prisiones de la dictadura (Rozitchner, *Freud*). A partir de estos análisis, desplegué las figuras literarias de la fuga aislada, la equivocación triunfal, y la transformación del encierro en refugio (respectivamente) como lentes de inteligibilidad de las mutaciones subjetivas que dejaron la experiencia militante en ese entonces. Con ellas, procuré reflexionar sobre los patrones propios de una generación de activistas que dejó un impacto muy profundo en las venideras.

De modo esquemático, la fuga aislada se puede ver como una suerte de pulsión de escape del autoritarismo paraguayo que contiene la paradoja que, al llevarse a cabo, se esfuma de la historia. En cierto modo, esa potencia de fuga no quiere dejar de fugarse porque corre el peligro de ser absorbida por ese mismo autoritarismo que quiere derrocar. En efecto, la persistencia de las estructuras autoritarias en la posdictadura paraguaya en el Estado, ligada a la expansión del neoliberalismo y el extractivismo sojero en el país, podría pensarse como el terreno de intervención de la fuga. Y aunque ésta no es la única tendencia propia del imaginario político paraguayo, la fuga de los catorceros en 1961 contiene esa misma paradoja en la memoria de los propios fugitivos:

entre aquellos exiliados cuyo motivo mayor era volver a su patria, y los que querían hacer la revolución "a la cubana" a toda costa (Arellano 80).

Por su parte, la figura de la equivocación triunfal puede pensarse como un resultado del optimismo compulsivo de la militancia brasilera de los años sesenta y setenta, del cual hasta el propio Boal no era ajeno. La espectacularidad del secuestro del embajador y el intercambio por quince prisioneros políticos llevada a cabo por un Grupo de Acción Táctica (GTA) muy pequeño, sin provocar ningún asesinato en el proceso, llama fuertemente la atención. Sin embargo, la efectividad mediática del evento contrasta con la falta de percepción de la desigualdad de la lucha armada contra unas fuerzas estatales represivas muchísimo más poderosas —algo que también sucedió en los países vecinos—. Esto se expresa en el personaje del 'japonés equivocado', que gritó victoria antes de tiempo creyendo que había sido uno de los quince elegidos y, cuando descubrieron que no iba a ser liberado, lo llevaron a la cámara de tortura. Pensado como triunfo equivocado, el análisis de las interrupciones nos permite vislumbrar que el evento carcelario termina siendo doblemente 'extranjero' a su propia revolución. Como el japonés, el evento llega a destiempo y se confunde con el nombre de guerra: una guerra desigual a todas luces.

Por último, la transformación del encierro en un refugio como resultado del encuentro sexual entre los protagonistas de la novela de Puig nos permite vislumbrar algunos eventos dentro del evento carcelario. Se trata de pequeños eventos que suceden en los días anteriores a la liberación de prisioneros en *El Devotazo*, cuando el penal de Devoto ya estaba tomado. Me refiero a las fotos de Sanguinetti o la entrevista de Paco Urondo a los sobrevivientes de la masacre de Trelew, que funcionan como refugios que contienen la trama del cuidado del otro/a como principio militante. Y son precisamente estos eventos-refugios, que se inscriben en *la distancia interna* de la subjetivación —al decir de Rozitchner— el punto de partida para repensar el imaginario político de la cultura militante actual.

Cabe aclarar que la comparación de la especificidad de cada figura podría llegar a indicar que la resolución de la novela de Puig es acaso la única vía de reformulación de la imaginación radical. Sin embargo, las figuras literarias de la fuga aislada y el triunfo equivocado también han dejado su marca en el imaginario político. La potencialidad de la fuga es que no se deja atrapar porque siempre se está escapando. Y el triunfo equivocado habilita la formación del imaginario carcelario exponiendo las contradicciones propias del imaginario revolucionario de la época. Porque en última instancia, todas estas figuras procuran contribuir a la elaboración crítica de las transformaciones de la práctica militante a lo largo de la historia.

Introyección subjetiva en la memoria: sacrificio y melancolía

El imaginario político de izquierda latinoamericano se fue construyendo de tal modo que el advenimiento de la revolución resultaba un hecho. ¿Cómo pensarlo de otro modo? La duda personal o grupal frente a este llamado de la historia hubiese reducido la potencialidad de la lucha armada como el camino viable a ese objetivo de arraigo colectivo. Y a la vez, la radicalidad de las consignas tales como 'patria o muerte' expresaban el compromiso personal exigido a los militantes que se trocaba en un sacrificio de la propia vida.

Más allá de las circunstancias individuales, esta elección vital que muchos tomaron entonces quedó grabada en el imaginario político de izquierda, y hoy en día predomina el sentimiento de deberle tributo a esos luchadores sociales que fueron abatidos por la represión dictatorial cuando aspiraban a construir, con sus diferencias y contradicciones, una nueva sociedad. De ese modo, la trama de la memoria histórica contemporánea se construye en torno a la reivindicación de la reconstrucción de ese recuerdo, la vitalidad que lo impulsaba y la tragedia de la muerte, en tensión permanente con la necesidad de cerrar las etapas del duelo correspondiente. Por lo tanto, la melancolía, entendida como el duelo detenido que no logra avanzar en su elaboración, se vuelve un elemento constitutivo de la memoria histórica.

Federico Galende sostiene que la melancolía "no es una tristeza en la que se expresa la impotencia del saber o una tristeza a través de la cual habla el silencio de la cosa, sino la co-pertenencia de impotencia y silencio en un saber sin distancia" (91). Desde esa perspectiva, la política de la melancolía resguarda ese *saber sin distancia* como sustrato de una nueva lucha por venir. La astucia de la memoria consiste en desplazarse desde esa melancolía para desentrañar los mecanismos subjetivos que llevaron a los militantes a tomar esas elecciones vitales, y vislumbrar en ello los conflictos y los deseos que las justificaron.

Al mismo tiempo, no hay que desdeñar la potencia del imaginario político: su fuerza hizo posible estos eventos carcelarios que se inscribieron en la historia. Pero la distancia entre la vivencia y la escritura agrega otra capa (podríamos decir telaraña o interrupción) inherente a la experiencia misma. Como dice Marcelino Viera sobre el sujeto rioplatense, "el querer decir" que impulsa toda narración "deviene gesto performativo de escritura a modo de un 'perdón por no querer decir'" (333). Esta suerte de *"performance* de la *performance"*, donde una se contradice a la otra mientras ambas se llevan a cabo, estaría poniendo en evidencia el "engaño" sobre el que se funda toda narración. A saber, la pretensión de decir algo distinto de lo que se es, y pedir perdón por revelarlo al mismo tiempo. En ese sentido, la melancolía por el imaginario revolucionario, a pesar de no ser lo que dice ser, cumple la función política de retener la potencialidad del cambio social como pregunta detenida en el tiempo.

Efectivamente, la introyección de ese tributo melancólico por el sacrificio de otros se desdobla narrativamente en las novelas (*performance* de *performance*) para expresar la impronta del imaginario revolucionario. En el caso de *Hijo de hombre*, el pensamiento que no piensa late bajo la potencia impredecible de la fuga que se instala en esa *realidad que deliraba* producto de las guerras y los conflictos internos en Paraguay. Así, en la novela de Roa Bastos, los personajes Casiano y Nati se fugan de la explotación de los yerbales y retornan a Sapukai, su pueblo natal. Una vez allí, retoman el vagón-requecho entre los escombros de la revolución abortada por una explosión en la estación de tren, y deciden empujarlo al monte junto a otros personajes marginales que se suman a la imposible empresa. Este acto sólo tiene sentido en ese delirio de una fuga aislada que no cesa de fugarse.

En efecto, al entrar en contacto con el trauma de la revolución fallida de la que formaron parte, Casiano, Nati y los otros buscan transformar ese requecho en otra revolución. Al introyectar esta *herencia revolucionaria* cargan simbólicamente a los muertos rindiéndoles tributo en su propio accionar. De ese modo, le imprimen una continuidad a la fuga que después de años se trastoca en un nuevo intento de insurrección. La marca de la escritura de este *pensamiento que no piensa* aparece en la frase que Casiano talla en el vagón una vez que éste ya está metido en el monte: "Sto. Casiano Amoité - Primera Compañía- Batalla de Asunción" (Roa Bastos, *Hijo* 31). Esta *Batalla de Asunción* expresa el recuerdo de algo que no sucedió, y se re-bautiza con un nombre indígena, Amoité, que significa *distante... más allá del tiempo y el espacio*. De ese modo, su fuga aislada no puede ser capturada, porque aunque la frase quede inscrita en el vagón que luego va a ser quemado en el monte, su significado señala esa lejanía indeterminada que retiene la potencialidad revolucionaria.

De manera similar, los exiliados que formaron el Movimiento 14 de mayo en 1958, no pueden desprenderse de ese trauma del que necesariamente provienen: haber sido expulsados de su patria. En medio de ese imaginario político, los catorceros reorganizan su potencia revolucionaria para elaborar el plan de una invasión al Paraguay desde el exterior con el objetivo de llegar a la capital (la *Batalla de Asunción* está ahora en el futuro) y terminar con la dictadura. Por lo tanto, en ese sacrificio desmedido no hay una ruptura con el pasado porque ese pasado quedó retenido melancólicamente como la fuerza que impulsaba su rebelión.

En el caso de *Torquemada*, la *performance* de Boal consiste en delinear un imaginario carcelario donde aparezcan crudamente las crueldades humanas de la tortura y las contradicciones propias de los revolucionarios, incluyendo su impronta patriarcal y clasista. Por ejemplo, en la obra de teatro, luego de que muchos presos cuentan cómo fueron capturados y no pudieron suicidarse antes de tiempo, el prisionero Ismael asevera haberse muerto. Con ello, el preso interrumpe la distancia entre la *performance* de una muerte anunciada que no fue (y pide perdón por no haberlo sido), develando el *engaño* performativo que lo sostiene.

En su reverso, está el episodio de la parábola religiosa de la madre que justifica el sacrificio de sus 7 hijos frente a los represores por no confesar el paradero del líder de la revolución. Allí, la madre sostiene que sus hijos han nacido de nuevo después de muertos. Tanto Ismael como esta madre asumen una instancia después de la muerte que arroja luz sobre la transacción política sacrificial. Pero en el primer caso, esta vida-después-de-la-muerte (*afterlife*) opera para interrumpir la *performance* militante pretenciosa y, en el segundo, ensalza la supuesta valentía del sacrificio prototípica del cristianismo. De ese modo, se destaca cómo la función melancólica de la narrativa y la interrupción puede tener destinos contrapuestos.

Por último, en *El beso de la mujer araña*, Puig indaga en la subjetivación política del preso político Valentín para cuestionar la procedencia patriarcal y clasista del sueño revolucionario. Así, cuando el militante se entera de que un compañero ha muerto en la lucha, reivindica el principio de no encariñarse entre militantes para no dejar que el otro sufra. Esta prerrogativa revolucionaria que procura que los militantes se tienen que cuidar entre sí mediante esa distancia emocional, deviene en una negación *a posteriori* sobre la posibilidad del duelo. No obstante, más adelante en la novela, el militante se quiebra emocionalmente y duda profundamente de su compromiso de ser mártir por la revolución pidiendo clemencia a una fuerza divina. Y al darse cuenta de que está enamorado de una mujer de su clase social (y no de su compañera militante), confiesa sentirse igual de clasista (y patriarcal) que sus propios represores. De ese modo, el duelo negado por la prerrogativa primera, lo golpea en sus entrañas.

Este drama de la subjetivación se expresa en el sueño personal de Valentín donde primero él tiene relaciones sexuales con una mujer guerrillera a la que también maltrata. Y luego de comandar una insurrección donde matan a su madre, se arrepiente y es asesinado por los revolucionarios. Antes de morir, la mujer guerrillera, que lleva un/a hijo/a de él en el vientre, lo mira con una condena eterna. De esa manera, el sacrificio de ser mártir de la revolución no sólo lo implica a él, sino a toda su familia, e inclusive a su descendencia. Para Valentín, estos episodios lo enfrentan a su propio ser, y entonces se da cuenta que al que tiene que enterrar para hacer el duelo es a ese otro represor/clasista que vive dentro de sí mismo.

En resumidas cuentas, la trama melancólica del tributo a los muertos toma lugar en un registro de la ficción que asume su potencial político transformador. Sea en el delirio de Casiano, la vida después de la muerte de Ismael o el sueño de Valentín, la incorporación de esta trama ficcional funciona, paradójicamente, como un acercamiento a los dilemas propios de la subjetivación.

La impronta de los gobiernos progresistas y la nueva radicalidad

Por último, las implicancias de estas reflexiones pueden contrastarse con el destino contemporáneo de ese sueño revolucionario *setentista* en América Latina. Me refiero a la serie de gobiernos de centroizquierda en las primeras décadas del milenio que tuvo uno de sus soportes narrativos e ideológicos en la reivindicación de aquel imaginario revolucionario. Justamente el carácter reformista de las propuestas políticas de los gobiernos progresistas en comparación con la agenda revolucionaria de los años sesenta y setenta, marcan una distorsión entre la narrativa y la acción propia del devenir del imaginario político de izquierda en la región. Aun así, las diferencias marcadas por el desarrollo nacional de cada país analizado son significativas y, por lo tanto, vale la pena pensar algunas imágenes políticas sobre su especificidad a partir de las hipótesis manejadas en este libro.

Históricamente, el patrón más resonante de la posdictadura en Paraguay ha sido la imposibilidad de doblegar la continuidad del Partido Colorado en el poder. Salvo la presidencia de Fernando Lugo (2008–2012), el coloradismo se ha mantenido en el gobierno desde el fin de la dictadura en 1989 hasta la actualidad. El Golpe Parlamentario del 22 de junio de 2012 que derrocó a Lugo, orquestado por sectores tradicionales de la clase política paraguaya tanto del Partido Liberal como del Partido Colorado, puso fin al único gobierno alternativo en tiempos de democracia. Por eso es importante destacar, como sostiene Lorena Soler, que la fuerza del régimen stronista residía en la triangulación de las fuerzas armadas, el Estado burocrático, y el Partido Colorado (23).

A diferencia de Brasil y Argentina, donde los gobiernos progresistas lograron instalarse por largos periodos en el gobierno, la potencia de los movimientos sociales en Paraguay ha tenido que enfrentarse a esta estructura autoritaria heredada de la dictadura. Por ejemplo, durante la última década, las distintas coordinadoras de movimientos campesinos han acampado innumerables veces en Asunción exigiendo condonación de deudas y reconocimiento de sus tierras. Este constante retorno a la capital del país para exigir sus derechos nos retrotrae a la novela de Roa Bastos cuando el personaje Casiano recordaba, en su delirio, la *Batalla (ausente) en Asunción*. Esa figura de la conquista de la capital vive en el imaginario político paraguayo en consonancia con la lucha por la tierra. Y, paradójicamente, la actualidad de *Hijo de hombre*, al menos desde nuestra lectura, reside en esa insistencia de campesinos e indígenas por hacerse visibles en Asunción, a la vez que quieren fugarse del Estado hacia su propia tierra.

Por su parte, las presidencias de Néstor Kirchner (2003-2007) y Cristina Fernández (2007-2015) en Argentina y de Lula (2003-2010) y Dilma Rousseff (2011-2016) en Brasil fueron representantes fundamentales de estos regímenes políticos. Las reformas populares en ambos países tuvieron un fuerte impacto social reformulando el campo de disputa política en una estructura bipolar entre sectores conservadores de derecha y populares de centroizquierda. Y si bien esta línea divisoria puede rastrearse históricamente, cabe destacar que, a partir de la llegada de estos gobiernos al poder, la misma se hizo visible y tiñó políticamente a toda la sociedad. Ambos gobiernos progresistas pusieron a funcionar una maquinaria política que conducía un capitalismo de carácter social sin lograr atacar radicalmente los problemas de las desigualdades de fondo. En su *modus operandi*, distintos funcionarios se vieron envueltos en casos de corrupción y mal manejo de fondos públicos, lo cual llevó al desgaste de ambos gobiernos. Sin embargo, en Argentina, hubo un cambio de poder por elecciones democráticas cuando el conservador Mauricio Macri asumió la presidencia en 2015, mientras que en Brasil se perpetró un golpe de estado parlamentario en 2016 que derrocó a Dilma y derivó en la posterior elección del actual presidente, Jair Bolsonaro, un populista de derecha.

Esta diferencia fundamental, que marca la distancia histórica de los procesos democráticos de las estructuras dictatoriales heredadas, puede pensarse desde las figuras analizadas en ese capítulo. A saber, el triunfo equivocado que refería al evento carcelario provenía en parte de ese optimismo compulsivo propio de la izquierda brasilera que no vislumbró en su momento el poderío de las fuerzas armadas. Tal vez ese mismo optimismo se ha acicalado en la subjetivación política contemporánea como uno de los obstáculos de la izquierda para visualizar un horizonte aún más radical. Y no es que no haya habido movimientos sociales sólidos tales como el *Movimento Sem Terra*; o procesos de movilización urbana masivos como el que se inició en 2013 y se extendió ampliamente, sobre todo desde que el mandatario actual asumió el poder. El problema fue que el vínculo entre Estado y movimientos sociales, clave central de los gobiernos progresistas, no logró solidificar una base de poder para destronar la continuidad de la estructura dictatorial tanto en las fuerzas represivas como en los entramados del poder judicial. El triunfo equivocado, tal vez, haya sido estar en el gobierno y no haber logrado desmantelar esas estructuras heredadas.

Por su parte, en Argentina, el retorno al capitalismo financiero más salvaje con el gobierno de Macri (2015-2019) tuvo un impacto brutal en la economía nacional, multiplicando exponencialmente la deuda pública en detrimento de los sectores populares. A pesar de ello, el kirchnerismo logró reestructurarse junto al partido peronista para ganar las elecciones en 2019. Acaso la asunción del nuevo presidente, Alberto Fernández, haya simbolizado la capacidad transformadora que en nuestro análisis de la novela iba del encierro al refugio, para poder seguir ahuyentando el fantasma dictatorial y la preeminencia del neoliberalismo en la economía.

Aun así, en ambos casos, el precio pagado por sostener un gobierno estatista fuerte en un campo político de disputa bipolar no se ha transformado en una potencialidad radical. Los movimientos sociales han operado en tensión con estos gobiernos por mantener su autonomía política y su margen de acción. Así, por ejemplo, el crecimiento de los movimientos feministas en Argentina es multifacético y su potencia no proviene del vínculo Estado-movimiento. Según la pensadora Verónica Gago, se trata de un "dinámica antineoliberal desde abajo" que pone en práctica tácticas de intervención, tales como la huelga general feminista o el paro internacional feminista, que permiten la "visibilización e insubordinación" contra la estructura patriarcal de la sociedad (213). Es decir: desde su emergencia el 3 de junio de 2015, el movimiento *Ni una menos* en Argentina ha logrado instalar en la agenda política oficial la urgencia por tratar el tema de la violencia machista, desde los feminicidios hasta la legalización del aborto (esta última lograda finalmente en diciembre de 2020).

En su gran mayoría, los nuevos feminismos no niegan una relación de tensión y exigencia para con el Estado ni rechazan los procesos legales. Más bien, el Estado es otra instancia donde se diversifica el campo de disputa partiendo de su propia lucha. Por eso, tal como vimos en la novela de Puig, su modelo de militancia privilegia el *cuidado de la otra* como fuente de solidaridad entre mujeres. Y de esa manera, han transformado uno de los mandatos patriarcales para las mujeres (cuidar a los otr@s) en una fuente de empoderamiento propia.

De ese modo, la potencia de trastocar el encierro en un refugio no está guiada por la reproducción del poder (como en el caso del kirchnerismo), sino que apunta a cambiar las relaciones sociales en su conjunto. En consecuencia, impulsados por una nueva generación de jóvenes, los feminismos actuales, no sólo en Argentina sino en todo América Latina, plantean un horizonte de radicalidad que visualiza el fin del patriarcado, sin por ello dejar de exigirle y responsabilizar al Estado y a la sociedad por sostener el vínculo entre capitalismo y patriarquía.

Corolario

El gesto final de enfatizar el crecimiento de los feminismos como uno de los pilares del nuevo horizonte radical trastoca la orientación de la frase que titula esta conclusión. Es decir, si invertimos la ecuación temporal de los eventos del evento, el feminismo es el evento (continuador) de los eventos del evento revolucionario. Aunque, más precisamente, los movimientos feministas han funcionado en los últimos años como una punta de flecha de las protestas contra el neoliberalismo colonial y patriarcal. Y, como bien destacamos en este libro, esos eventos del evento son múltiples. Por lo tanto, *Eventos carcelarios* procura contribuir con sus hipótesis y análisis para poder elaborar la confluencia de los movimientos campesinos, indígenas, sindicales, estudiantiles, autónomos, etc., e indagar en clave feminista la dinámica de las transformaciones subjetivas actuales en torno a la gestación de esta nueva imaginación radical.

BIBLIOGRAFÍA

Acha, Omar. *Reflexiones sobre poder popular*. Buenos Aires: Editorial El Colectivo, 2007.
Agüero Wagner, Luis. *La paz del Chaco*. Asunción: Dibujos de Joel Filartiga, 2007.
Albuquerque, Severino João. "Representando o Irrepresentável: Encenações de Tortura no Teatro Brasileiro da Ditadura Militar". *Latin American Theatre Review*, Otoño 1987, pp. 5–18.
———. *Violent Acts*. Detroit: Wayne State University Press, 1991.
Alves, Maria Helena Moreira. *State and Opposition in Military Brazil*. Austin: University of Texas Press, 1985.
Almada, Martín. "Prólogo". En Arellano, Diana. *Movimiento 14 de Mayo para la liberación del Paraguay. 1959 Memorias de no resignación*. Posadas: Editorial Universitaria de Misiones, 2005.
Amícola, José. *Manuel Puig y la tela que atrapa al lector*. Buenos Aires: El Ateneo, 1994.
———. "Manuel Puig y la conversación infinita". En Elsa Drucaroff (dir.). *La narración gana la partida*, Tomo 11, *Historia de la literatura argentina*. Buenos Aires: Emecé Editores 2000.
Arellano, Diana. *Movimiento 14 de Mayo para la liberación del Paraguay. 1959 Memorias de no resignación*. Posadas: Editorial Universitaria de Misiones, 2005.
Atencio, Rebecca J. *Imprisoned Memories: Trauma and Mourning in Brazilian Testimonials of Political Violence*. University of Wisconsin. Disertación doctoral, 2006.
———. "Treinta años después". Asunción: Manuscrito inédito, 2012.
Avelar, Idelber. *Alegorías de la derrota: la ficción postdictatorial y el trabajo del duelo en América Latina*. Santiago: Editorial Cuarto Propio, 2000.
Babagge, Frances. *Augusto Boal*. New York: Routledge, 1998.
Badiou, Alain. *El ser y el acontecimiento*. Buenos Aires: Manantial, 1999.
Balve, Beba y Marín, Juan Carlos (comps.). *Lucha de calles, Lucha de clases*. Buenos Aires: Razón y Revolución, 2005.
Bareiro Saguier, Rubén. "Estratos de la lengua guaraní en la escritura de Augusto Roa Bastos". *Revista de Crítica Literaria Latinoamericana,* Año 10, No. 19, 1984, pp. 35–45.

Barrett, Rafael. *El dolor paraguayo*. Caracas: Biblioteca Ayacucho, 1978.
Bayer, Osvaldo. *Severino Di Giovanni. Idealista de la violencia*. Buenos Aires: 1970.
———. *Los vengadores de la Patagonia trágica*. Buenos Aires: Editorial Galerna, 1972–1978.
———. *Los Anarquistas Expropiadores y Otros Ensayos*. Montevideo: Ediciones Recortes, 1992.
Beasley-Murray, John. *Posthegemony: Political Theory and Latin America*. Minneapolis: University of Minnesota Press, 2010.
Benizs, Carla Daniela. *La "literatura ausente". Augusto Roa Bastos y las polémicas del Paraguay pos-stronista*. Buenos Aires: SB, 2018.
Bensayag, Miguel. *Utopía y Libertad*. Buenos Aires: Eudeba, 1998.
Bergero, Adriana y Fernando Reati. *Memorias colectivas y políticas del olvido. Argentina y Uruguay, 1970–1980*. Rosario: Beatriz Viterbo Editora, 1997.
Betto, Frei. *Batismo de sangue*. São Pablo: Casa Amarela, 2000.
Beverley, John. *Testimonio: on the Politics of Truth*. Minneapolis: University of Minnesota Press, 2004.
Bissett, Judith I. "Victims and Violators: The Structure of Violence in *Torquemada*". En *Latin American Theatre Review,* Spring 1982, pp. 27–34.
Black, Jan Knippers. *United States Penetration of Brazil*. Philadelphia: University of Pennsylvania Press, 1977.
Boal, Augusto. "Torquemada". En *Teatro Latinoamericano de Agitación*. La Habana: Ediciones Casa de las Américas, 1972.
———. *Teatro del oprimido*. Buenos Aires: Ediciones de la Flor, 1974.
———. *Milagre no Brasil*. Buenos Aires: Ediciones de la Flor, 1976.
———. *Legislative Theatre*. London: Rutledge, 1998.
Boccia Paz, Alfredo, González, Myriam y Palau, Rosa. *Es mi informe. Los archivos secretos de la policía de Stroessner*. Asunción: Servilibro, 2006 (1994).
Boccia Paz Alfredo, López Miguel, Pecci Antonio, Giménez Guanes Gloria. *En los sótanos de los generales. Los documentos ocultos del Plan Cóndor*. Asunción: Servilibro, 2002.
Bonasso, Miguel. *El presidente que no fue*. Buenos Aires: Planeta, 1997.
Bonavena, Pablo. "Guerra contra el campo popular en los '70: Juan Domingo Perón, la depuración ideológica y la ofensiva contra los gobernadores". En Izaguirre, Inés y colaboradores. *Lucha de clases, guerra civil y genocidio en Argentina*. Buenos Aires: Eudeba, 2009.
Bosteels, Bruno. *Marx and Freud in Latin America. Politics, Psychoanalysis and Religion in Times of Terror*. London/New York: Verso, 2012.
Butler, Judith. *The Psychic Life of Power*. Stanford: Stanford University Press, 1997.

Caballero Ferreira, Carlos. *La Celda del Miedo*. Asunción: Ediciones La República, 1986.
Calloni, Stella. *Los años del lobo. Operación Cóndor*. Buenos Aires: Ediciones Continente, 1999.
Calveiro, Pilar. *Poder y desaparición*. Buenos Aires: Colihue, 1995.
——. "Prólogo". En Garraño, Santiago y Pertot, Walter. *Detenidos-aparecidos. Presas y presos políticos desde Trelew hasta la dictadura*. Buenos Aires: Editorial Biblos, 2007.
Carbone, Rocco y Soler, Lorena. *Franquismo en Paraguay: El golpe*. Buenos Aires: El 8vo Loco Ediciones, 2012.
Cardoso, Fernando H. y Faletto, Enzo. *Dependencia y desarrollo en América Latina*. México D.F.: Siglo XXI, 1969.
Carnovale, Vera. *Los combatientes*. Buenos Aires: Siglo XXI, 2011.
Castro-Gómez, Santiago y Mendieta, Eduardo (eds.). *Teorías sin disciplina. Latinoamericanismo, poscolonialidad y globalización en debate*. México D.F.: Miguel Ángel Porrúa, 1998.
Celesia, Felipe y Waiberg, Pablo. *La ley y las armas. Biografía de Rodolfo Ortega Peña*. Buenos Aires: Aguilar, 2007.
Cepal. *Cincuenta años del pensamiento de la CEPAL*. Santiago: FCE, 1998.
Chaves, Gonzalo. *La masacre de Plaza de Mayo*. Buenos Aires: Editorial La Campana, 2003.
Cheren, Liliana. *La masacre de Trelew. 22 de agosto de 1972. Institucionalización del Terrorismo de Estado*. Buenos Aires: Corregidor, 1997.
Chesney Lawrence, Luis. *Las teorías dramáticas de Augusto Boal*. Caracas: Comisión de Estudios Postgrado, Facultad de Humanidades y Educación, Universidad Central de Venezuela, 2000.
Cole, Rizky. "Una lectura transgénera de *El beso de la mujer araña*". En *Tiresias* Nro. 3: "By other means: between sex and sexuality", Abril 2009, pp. 134–144. www.lsa.umich.edu/rll/tiresias/previous%20issues/pdf3/Tiresias%20 Issue%203/Tiresias%20Issue%203%20-%20April%202009.pdf. Consultado el 6 de Marzo de 2012.
Colectivo Situaciones. *19 y 20*. Buenos Aires: Ediciones De Mano en Mano, 2002.
Comisión de Verdad. *Brasil: Nunca Mais*. Sao Paulo: Arzobispado de Sao Paulo, 1985.
Comisión de Verdad y Justicia del Paraguay (CVJP). *Informe Final. Anive haguá oiko, Tomos I-VIII*. Asunción del Paraguay: 2008.
Comisión Nacional sobre la Desaparición de Personas (CONADEP). *Informe Nunca Más*. Buenos Aires: Eudeba, 1984.

Coordinadora de Derechos Humanos del Paraguay (Codehupy). *Testimonio de AC*. Asunción: 2011.

Courthés, Eric. *La isla de Roa Bastos*. Asunción: Servilibro, 2009.

Crenzel, Emilio. *La historia política del Nunca Más. Las memorias de las desapariciones en la Argentina*. Buenos Aires: Siglo XXI, 2008.

Crenzel, Emilio (editor). *Los desaparecidos en la Argentina*. Buenos Aires: Editorial Biblios, 2010.

Cuervo Hewitt, Julia. "El texto ausente en 'El beso de la mujer araña' de Manuel Puig: Silencios y reticencias de una época". En *Revista Chasqui*, Vol. 19, No. 2, Nov. 1990, pp. 51–57.

Da-Rin, Silvio. *Hércules 56*. Río de Janeiro: Zahar Editor, 2008.

Derrida, Jacques. "Firma, acontecimiento, contexto". En *Márgenes de la filosofía*. Madrid: Cátedra, 1994.

———. *Políticas de la amistad*. Madrid: Trotta, 1998.

De Santos, Blas. *La fidelidad del olvido*. Buenos Aires: El cielo por asalto, 2006.

Dinges, John. *The Condor Years. How Pinochet and His Allies Brought Terrorism to Three Continents*. New York: The New Press, 2004.

Dos Santos, Teotonio. *Dependencia y cambio social*. Santiago: Cuadernos de Estudios Socio Económicos, Universidad de Chile, 1970.

Draper, Susana. *Afterlives of Confinement*. Pittsburgh: Pittsburgh University Press, 2012.

Dulles, John. *Castello Branco: The Making of a Brazilian President*. College Station: Texas A&M University Press, 1978.

Dure Víctor R. y Silva V. Agripino. "Frente Unido de Liberación Nacional (1960–1965), guerra de guerrillas como guerra del pueblo". En *Revista Novapolis*, Asunción, 2004, pp. 61–88.

Eidelman Ariel. "EL PRT y la lucha por la libertad de los presos políticos 1971–1973". *Sociohistórica 25*, 2009, pp. 13–39.

Escobar Vera, Hernando. "La isla-mujer. Lo femenino como liberación en El beso de la mujer araña de Manuel Puig". En *Revista Acta Literaria* Nro. 36, I Sem, 2008, pp. 27–45.

Esteche, Mario. *Movimiento 14 de mayo*. Asunción: Editorial Emegebe, 1986.

———. *Comandante Rotela: Soldado de la Libertad*. Asunción: Gráfica Dolly, 1989.

Fast, Howard. *Torquemada, a novel*. New York: Garden City, 1966.

Ferla, Salvador. *Mártires y Verdugos*. Buenos Aires: Ediciones Continente, 2007 (1964).

Fleming, Laurence. *On Torquemada's sofa: a novel*. London: Black Spring, 2005.

Foster, David William. *The Myth of Paraguay in the Fiction of Augusto Roa Bastos*. Chapel Hill: University of North Carolina Press, 1969.

Foucault, Michel. *Vigilar y Castigar*. Buenos Aires: Siglo XXI, 1997 (c1976).

———. "La tortura es la razón". En Foucault, Michel. *El poder, una bestia magnífica*. Buenos Aires: Siglo XXI, 2012.

Franco, Jean. *The Decline and Fall of the Lettered City. Latin America in the Cold War*. Cambridge/London: Harvard University Press, 2002.

Freud, Sigmund. "Moisés y la religión monoteísta". En James Strachey (ed.).*Obras Completas (1937-39)*, vol. XXIII. Buenos Aires: Amorrortu, 1980.

———. "Introducción al narcisismo". En James Strachey (ed.). *Obras Completas (1914-16)*, vol. XIV. Buenos Aires: Amorrortu, 1980.

———. "La represión". En James Strachey (ed.). *Obras Completas (1917-19)*, vol. XVII. Buenos Aires: Amorrortu, 1979.

———. "Lo inconsciente". En James Strachey (ed.). *Obras Completas (1914-16)*, vol. XIV. Buenos Aires: Amorrortu, 1980.

———. "Lo ominoso". En James Strachey (ed.). *Obras Completas (1917-19)*, vol. XVII. Buenos Aires: Amorrortu, 1979.

———. "Más allá del principio del placer". En James Strachey (ed.). *Obras Completas (1920-22)*, vol. XVIII. Buenos Aires: Amorrortu, 1979.

Gabeira Fernando. *O que É isso companheiro?* São Pablo: Companhia das Letras, 2001 (1979).

Gago, Verónica. *La potencia feminista o el deseo de cambiarlo todo*. Buenos Aires: Tinta Limón, 2019.

Galende, Federico. *La oreja de los nombres*. Buenos Aires: Editorial Gorla, 2005.

Garavaglia, Juan Carlos. "Un modo de producción subsidiario: La organización económica de las comunidades guaranizadas durante los siglos XVII-XVIII en la formación regional altoperuana-rioplatense". En Varios Autores. *Modos de Producción en América Latina*. México D.F.: Cuadernos de Pasado y Presente, 1986 (1973).

Garraño, Santiago y Pertot, Walter. *Detenidos-aparecidos. Presas y presos políticos desde Trelew hasta la dictadura*. Buenos Aires: Editorial Biblios, 2007.

Gavilán Cañete, Lourdes. "Reclusión y Relación Laboral Penitenciaria en Paraguay". En *Cuadernos Electrónicos N° 7 Derechos humanos y sistema penitenciario*. Asunción, Febrero 2011, pp. 37-53. www.portalfio.org/inicio/repositorio/CUADERNOS/CUADERNO-73_Lourdes%20Gavilan%20_para%20CEDHD.pdf Consultado el 12 de mayo de 2012.

Godio, Julio. *La semana trágica de enero de 1919*. Buenos Aires: Garnica, 1973.

González del Valle, Alcibíades. *La Hegemonía Colorada 1947-1954*. Asunción: El Lector, s.f.

González Oscar, Gigena Enrique y Shapiro Jaskel. *Los Rosariazos de 1969. De mayo a setiembre*. Rosario: Homo Sapiens Ediciones, 2010.

Giardinelli, Mempo. *La revolución en bicicleta*. Buenos Aires: Bruguera, 1980.

Grandin, Greg. "Living in Revolutionary Time: Coming to Terms with the Violence of Latin America's Long Cold War". En Greg Grandin y Gilbert Joseph (eds.). *A Century of Revolution: Insurgent and Counter-insurgent during Latin American's Long Cold War*. Durham: Duke University Press, 2010.

Grupo Latinoamericano de Estudios Subalternos. "Manifiesto inaugural". En Santiago Castro-Gómez y Eduardo Mendieta (eds.). *Teorías sin disciplina. Latinoamericanismo, poscolonialidad y globalización en debate*. México D.F.: Miguel Ángel Porrúa, 1998.

Guglielmucci, Ana. *La consagración de la memoria*. Buenos Aires: Antropofagia, 2013.

Gunder Frank, Andre. *América Latina: Subdesarrollo o Revolución*. México D.F.: Editorial ERA, 1963.

Huggins, Martha K. *Political policing*. Durham: Duke University Press, 1998.

Izaguirre, Inés y colaboradores. *Lucha de clases, guerra civil y genocidio en Argentina*. Buenos Aires: Eudeba, 2009.

James, Daniel. *Resistance and Integration: Peronism and the Argentine Working Class (1946–1966)*. Cambridge: Cambridge University Press, 1988.

Jameson, Fredric. *The Political Unconscious. Narrative as a Socially Symbolic Act*. Ithaca: Cornell University Press, 1981.

Jelin, Elizabeth. *Los trabajos de la memoria*. Madrid: Siglo XXI, 2002.

Jelin, Elizabeth y Ana Longoni (comps.). *Escrituras, imágenes y escenarios ante la represión*. Madrid: Siglo XXI, 2005.

José, Emiliano. *Carlos Marighella: O inimigo número um da ditadura militar*. São Pablo: Sol e Chuva, 1998.

Joseph, M. Gilbert. "What we now know and should know. Bringing Latin America more meaningfully into Cold War Studies" En Joseph, M. Gilbert y Spencer, Daniela. *In from the Cold*. Durham: Duke University Press, 2008.

———. "Latin America's Long Cold War: a century of revolutionary process and U.S. power". En Grandin, Greg and Joseph, M. Gilbert editores. *A Century of Revolution: Insurgent and counter-insurgent during Latin American's Long Cold War*. Durham: Duke University Press, 2010.

Jung, Carl. *Lo inconsciente*. Buenos Aires: Losada, 2009.

Kamen, Herny. *The Spanish Inquisition*. London: Weidenfeld and Nicolson, 1965.

Lachi, Marcelo (comp.). *Insurgentes: La resistencia armada a la dictadura de Stroessner*. Asunción: Universidad del Norte, 2004.

Langland, Victoria. *Speaking of Flowers: Student Movements and the Making and Remembering of 1968 in Military*

Lambert, Peter y Nickson, Andrew (comps.). *The Paraguay Reader Brazil*. Durham/London: Duke University Press, 2013. : *History, Culture, Politics*. Durham: Duke University Press, 2010

Legrás, Horacio. *Literature and Subjection:Tthe Economy of Writing and Marginality in Latin America*. Pittsburgh: University of Pittsburgh Press, 2008.
Levine, Suzanne Jill. *Manuel Puig y la mujer araña*. Buenos Aires: Seix Barral-Planeta, 2002.
Lewis, Paul H. *Paraguay under Stroessner*. Chapel Hill: The University of North Carolina Press, 1980.
Licht, Silvia. *Agustín Tosco y Susana Funes. Historia de una pasión militante*. Buenos Aires: Editorial Biblios, 2004.
Daniel Lvovich y Jaquelina Bisquert. *La cambiante memoria de la dictadura: discursos públicos, moviemintos sociales y legitimidad democrática*. Buenos Aires: Editorial Biblioteca Nacional, 2008.
Marighella, Carlos. *Por que resiti a prisão?* São Pablo: Editora Brasilense, 1994 (1965).
———. *For the Liberation of Brazil*. Middlesex: Penguin Books, 1971.
Marín, Juan Carlos. *Los hechos armados*. Buenos Aires: La Rosa Blindada, 2003.
Martin, Gerald. "Yo el Supremo. The Dictator and his Script". En *Forum for Modern Language Studies 15*, no 2, Abril 1979, pp. 169–183.
Martínez, Gustavo y Margarita Carriquiry. *Roa Bastos: dos miradas desde Uruguay*. Montevideo: Rebeca Linke Editoras, 2010.
Marx, Carlos. *El Capital. Volumen 1*. México D.F.: Fondo de Cultura Económica, 1973.
Mc Sherry, Patrice. *Predatory States. Operation Condor and Covert War in Latin America*. Lanham: Rowman & Littlefield Publishers, 2005.
Memoria Abierta. *Testimonio de Marta Vasallo*. Buenos Aires: Archivo Oral Memoria Abierta, 2002.
———. *Testimonio de Eduardo Menajovsky*. Buenos Aires: Archivo Oral Memoria Abierta, 2007.
———. *Testimonio de Julio Menajovsky*. Buenos Aires: Archivo Oral Memoria Abierta, 2007.
———. *Testimonio de Alicia Sanguinetti*. Buenos Aires: Archivo Oral Memoria Abierta, 2008.
Mendes Faith, Teresa. *Paraguay: novela y exilio*. University of Michigan. Tesis de doctorado, 1979.
Mignolo, Walter. *Local Histories/Global Designs: Coloniality, Subaltern Knowledges, and Border Thinking*. Princeton: Princeton University Press, 2000.
Montenegro, Antonio, Rodeghero, Carla y Araújo, María Paula (org.). *Marcas da Memória: História oral da anistia no Brasil*. Recife: Ed. Universitária da UFPE, 2012.
Moreiras, Alberto. *The Exhaustion of Differences: The Politics of Latin American Cultural Studies*. Durham: Duke University Press, 2001.

———. *Línea de sombra: El no sujeto de lo político*. Santiago de Chile: Palinodia, 2006.

———. *Infrapolitics*. New York: Fordham UP, 2020.

———. "Beggaring Description: The Republican Secret in Augusto Roa Bastos' *Yo el Supremo*". En *Journal of Latin American Studies*. Volume 22, Number 1, 1 March 2013. 71–87.

Muñoz, Elías Miguel. *El discurso utópico de la sexualidad en El beso de la mujer araña de Manuel Puig*. Madrid: Editorial Pliegos, 1987.

Neri Fariña, Bernardo y Boccia Paz, Alfredo. *El Paraguay bajo el stronismo 1954–1989*. Asunción: El Lector, s.f.

Nickson, Andrew. *Las guerrillas del Alto Paraná*. Asunción: El Lector, 2013.

Oberti, Alejandra y Pittaluga, Roberto. *Memorias en Montaje*. Buenos Aires: El cielo por asalto, 2006.

Ortiz, Rubén. *Historia de paraguayos en el exilio. Movimiento 14 de Mayo. Memorias del Dr Mendoza*. Montecarlo, Misiones: Manuscrito inédito, 2019.

Pecci, Antonio. *Roa Bastos. Vida, Obra y Pensamiento*. Asunción: Servilibro, 2007.

Pereira, Antonia. "A Poética do Oprimido e o papel do espectador no jogo e debate teatrais CM.H.LB". *Caravelle* 70, Toulouse, 1998, pp. 151–164.

Pérez Galdós, Benito. *Las novelas de Torquemada*. Madrid: Alianza Editorial, 1976.

Pigna, Felipe. "Las Grandes Huelgas". www.elhistoriador.com.ar/articulos/movimiento_obrero_hasta_1943/grandes_huelgas.php. Consultado el 29 de diciembre de 2011.

Pomer, León. *La guerra del Paraguay. Estado, política y negocios*. Buenos Aires: Colihue, 2011 (1968).

Ponza, Pablo. *Los intelectuales y la violencia política (1955–1973)*. Córdoba: Editorial Babel, 2010.

Pous, Federico. "La sonrisa de Perón. Setentismo y hospitalidad política en Bombita Rodríguez". En Alfredo Falero, Lorena Soler, y Charles Quevedo (eds.). *Intelectuales, democracias y derechas*. Buenos Aires: Consejo Latinoamericano de Ciencias Sociales Colectivo Editorial IEALC, 2020.

———. "Rozitchner en el intersticio generacional. Figuraciones de una conversación inverosímil entre el 2001 y el latinoamericanismo". *Revista Escrituras Americanas,* Santiago de Chile, Enero, 2017, pp. 63–88.

———. "Los intervalos carcelarios. Apuntes sobre la liberación de presas y presos políticos en el Devotazo". *Revista Contemporánea*, Diciembre, 2013, pp. 61–78.

Pous, Federico, Alejandro Quin, Marcelino Vieira (eds.). *Authoritarianism, Cultural History, and Political Resistance in Latin America: Exposing Paraguay*. Londres: Palgrave Mcmillan, 2017.

Puig, Manuel. *El beso de la mujer araña*. Barcelona: RBA Editores 1993.

Quin, Alejandro. *Taming the Chaos: Nature, Sovereignty, and the Politics of Writing in Modern Latin America*. University of Michigan, Tesis de doctorado, 2011.

Rancière, Jacques. *El inconsciente estético*. Buenos Aires: Fondo de Cultura Económica, 2007.

———. *The Politics of Aesthetics*. London; New York: Continuum, 2004.

Richard, Nelly y Moreiras, Alberto (eds.). *Pensar en/la posdictadura*. Santiago de Chile: Editorial Cuarto Propio, 2001.

Ricoeur, Paul. "Narrative Time". En *Critical Inquiry*, Vol. 7, No. 1, Autumn 1980, pp.169–190.

Ridenti, Marcelo. *Em busca do povo brasileiro: artistas da revolução, do CPC à era da TV*. Rio de Janeiro/São Paulo: Editora Record, 2000.

———. *Brasilidade Revolucionaria: un século de cultura e política*. São Pablo: Editora Unesp, 2010.

Rivarola Milda. *Vagos, pobres & soldados: la domesticación estatal del trabajo en el Paraguay del siglo XIX*. Asunción: Editorial Servilibro, 2010.

———. *Letras de sangre: diarios inéditos de la contrainsurgencia y la guerrilla (Paraguay, 1960)*. Asunción: Editorial Servilibro, 2012.

Roa Bastos, Augusto. *Hijo de hombre*. Buenos Aires: Losada, 1980 [1960].

———. "Prólogo". Barrett, Rafael. *El dolor paraguayo*. Caracas: Biblioteca Ayacucho, 1978.

———. "Liminar". Prólogo a *Hijo de hombre*. Buenos Aires: Losada, 1982.

———. "La narrativa paraguaya en el contexto de la narrativa hispanoamericana actual". En Sonowsky, Saúl (comp.). *Augusto Roa Bastos y la producción cultural americana*. Buenos Aires: Ediciones de la Flor, 1986.

Rockhill, Gabriel. "Appendix I". En Jacques Rancière. *The Politics of Aesthetics*. London New York: Continuum, 2004.

Rodríguez, José Carlos. *El Paraguay bajo el Nacionalismo 1936–1947*. Asunción: El Lector, s.f.

Rodríguez Alcalá, Guido (comp.). *Residentas, Destinadas y Traidoras*. Asunción: Criterio Ediciones, 1991.

Rodríguez Alcalá, Guido. *Ideología autoritaria*. Asunción: RP Ediciones, 1987.

Rodríguez Matos, Jaime. *Writing of the Formless. José Lezama Lima and the End of Time*. New York: Fordham UP, 2016.

Ros, Ofelia. *Lo siniestro se sigue riendo*. Pittsburgh: Instituto Internacional de Literatura Iberoamericana, 2016.

———. "La causa justa de la violencia de Buenos Aires a través del humor de Osvaldo Lamborghini". En *Revista Canadiense de Estudios Hispánicos,* Vol 37, No 3, Primavera 2013, pp. 523–544.

Rozas, Adolfo. *Los Rosariazos, un camino vigente*. Rosario: publicación propia, 2020.
Rozitchner, León. "La izquierda sin sujeto". En *Las desventuras del sujeto político*. Buenos Aires: El cielo por asalto, 1997.
——. *Freud y los límites el individualismo burgués*. México DF: Siglo XXI, 1979.
——. "El Retorno a lo Arcaico". En *El terror y la gracia*. Buenos Aires: Norma, 2003.
——. "Primero hay que saber vivir. Del vivirás materno al no mataras patriarcal". En *Acerca de la derrota y de los vencidos*. Buenos Aires: Quadrata/Biblioteca Nacional, 2011.
Ruiz, Marisa y Sanseviero, Javier. *Las rehenas*. Montevideo: Fin de Siglo Ediciones, 2012.
Sanguinetti, Alicia. *Devotazo. Fotografías/Documentos*. Buenos Aires: El Topo Blindado, (sin año de publicación). eltopoblindado.com/wp-content/uploads/2017/08/el-devotazo.pdf. Consultado el 18 de febrero de 2021.
Schlesinger, Stephen, y Stephen Kinzer. *Bitter Fruit. The Story of the American Coup in Guatemala*. Cambridge: Harvard University Press, 2005.
Schmitt, Carl. *Teoría del Partisano*. Buenos Aires: Struhart y Cía., 2005.
Servicio de Paz y Justicia (Serpaj). *Uruguay Nunca Más: Human Rigths Violations, 1972-1985*. Philadelphia: Temple University Press, 1992.
Skidmore Thomas E. *The Politics of Military Rule in Brazil, 1946-85*. New York: Oxford University Press, 1988.
Stepan, Alfred. *Re-thinking Military Politics: Brazil and the Southern Cone*. Princeton: Princeton University Press, 1988.
Sloterdijk, Peter. *Derrida: un egipcio*. Buenos Aires: Amorrortu, 2008.
Soler, Lorena. *Paraguay, la larga invención del golpe*. Buenos Aires: Imago Mundi, 2012.
Sonowsky, Saul (ed.). *Augusto Roa Bastos y la producción cultural americana*. Buenos Aires: Ediciones de la Flor, 1986.
Spivak, Gayatri. "Can the subaltern speak?". En Nelson Cary y Grossberg Lawrence (eds.). *Marxism and the Interpretation of Culture*. Chicago: University of Illinois Press, 1988.
——. *A Critique of Postcolonial Reason*. Cambridge: Harvard University Press, 1999.
Stavrakakis, Yannis. *La izquierda lacaniana*. México D.F.: Fondo de Cultura Económica, 2007.
Tarcus, Horacio. "Elogio de la razón militante". En *Políticas de la Memoria* Nro 8/9. Anuario de investigación e información del CeDinCi, Buenos Aires, pp. 19-37.

Tavares Flavio. *Memorias do esquecimento*. Rio de Janeiro/São Paulo: Editora Record, 2005.

Torre, Juan Carlos. *El gigante invertebrado: los sindicatos en el gobierno, Argentina 1973-1976*. Buenos Aires / Madrid: Siglo XXI de Argentina y Siglo XXI de España, 2004.

Trotta, Alberto. *Las luces no alcanzaron: presos políticos, de Lanusse al Devotazo*. Buenos Aires: Imago Mundi, 2009

Urondo Francisco. *La Patria Fusilada*. Buenos Aires: Libros del Náufrago, 2011.

Ventre Buzarquis, Juan G. *Prisión, Torturas y Fuga. Movimiento 14 de Mayo 1959-1961. Memorias de un Guerrillero*. Asunción: Edición de Autor, 2001.

Verbitsky, Horacio. *Ezeiza*. Buenos Aires: Planeta, 1996.

Verdesio, Gustavo. "Verba Volant, Scripta Malent: Orality and Literacy in *I the Supreme*". En Weldt-Bason, Helene Carol (ed.). *Postmodernism's Role in Latin American Literature. The Life and Work of Augusto Roa Bastos*. New York: Palgrave MacMillan, 2010.

Vezzetti, Hugo. *Presente y pasado*. Buenos Aires: Siglo XXI, 2002.

———. *Sobre la violencia revolucionaria*. Buenos Aires: Siglo XXI, 2009.

Víctor Hugo. *Torquemada*. Lanham: University Press of America, 1989.

Viera, Marcelino. *Modernidad sublimada*, Madrid: Iberoamericana, 2019.

VVAA. *No matar. Sobre la responsabilidad*. Córdoba: Ediciones del Cíclope, 2007.

———. *No matar. Sobre la responsabilidad. Segundo Volumen*. Córdoba: Editorial Universidad Nacional de Córdoba, 2010.

Walsh, Catherine. "¿Qué saber, qué hacer y cómo ver? Los desafíos y predicamentos disciplinarios, políticos y éticos de los estudios (inter)culturales desde América andina". En Walsh Catherine (comp.). *Estudios culturales latinoamericanos. Retos sobre la región andina*. Quito: Universidad Andina Simón Bolívar /Abya-Yala, 2003.

Walsh, Catherine (comp.). *Estudios culturales latinoamericanos. Retos sobre la región andina*. Quito: Universidad Andina de Simón Bolívar/Abya-Yala, 2003.

Walsh, Rodolfo. *Operación Masacre*. Buenos Aires: Ediciones de La Flor, 2010.

Williams, Gareth. *The Other Side of the Popular Neoliberalism and Subalternity in Latin America*. Durham / Londres: Duke University Press, 2002.

———. *Deconstruction and Subaltern Studies, or, a Wrench in the Latin Americanist* Assembly Line. faculty.arts.ubc.ca/jbmurray/blog/williams _wrench.pdf. Consultado el 1 de abril de 2014.

———. *Infrapolitics Passages. Global Turmoil, Narco-Accumulation, and the Post-Sovereign State*. New York: Fordham UP, 2020.

Žižek, Slavoj. *Acontecimiento*. México D.F.: Editorial Sexto Piso, 2016.

Zub K., Roberto. *Ataque a Fram*. Asunción: El Lector, 2005.

Filmografía

Operación Masacre. Dirigida por Juan Pablo Cedrón. Producción independiente, 1972.

Ni Olvido Ni Perdón. Dirigida por Raimundo Gleyzer. Producción independiente, 1972.

El beso de la mujer araña. Dirigida por Héctor Babenco. HB Filmes, Film Dallas Pictures, Sugarloaf Films Inc, 1986.

P4R+. Operación Walsh. Dirigida por Gabriel Marlotto y Gustavo Gorosito. Productora de la Universidad Nacional de Lomas de Zamora, 2000.

Trelew: La fuga que fue Masacre. Dirigida por Mariana Arrutti. Fundación Alumbrar, 2005.

Gaviotas Blindadas. Dirigida por Aldo Getino, Laura Lagar, Mónica Simoncini, Omar Neri y Susana Vázquez. Mascaró Cine, 2006.

Cuatro días de setiembre. Dirigida por Bruno Barreto. Coproducción Brasil-Ecuador, Pandora Cinema, LC Barreto Production, Filmes do Ecuador, 1997.

Hércules 56. Dirigida por Silvio Da-Rin. Antoioli & Amado Produções, 2006.

Hijo de Hombre. Dirigida por Lucas Demare. Argentina Sono Film, 1961.

www.ingramcontent.com/pod-product-compliance
Lightning Source LLC
Chambersburg PA
CBHW021838220426
43663CB00005B/309